清宫林則徐檔案匯編

22

中國第一歷史檔案館
福建省林則徐研究會 編

海峽出版發行集團
海峽文藝出版社

第二二册　目録

上諭	著林則徐接兩江督篆後將漕運變通各款通盤籌劃具奏	道光十九年七月初四日 一八三九年八月十二日	三九
上諭	著陳鑾裕謙將漕運變通通盤籌劃俟林則徐到任會商具奏	道光十九年七月初四日 一八三九年八月十二日	四〇
欽差大臣林則徐等奏摺	粵東續獲烟犯烟膏槍具情形	道光十九年七月十八日 一八三九年八月二十六日	四一
上諭	著林則徐頒發檄諭英吉利國王文並新定章程准改來内地等字	道光十九年七月十九日 一八三九年八月二十七日	四七
上諭	林則徐奏撤任梧州知州失察家丁賄放烟土著將劉錫方革職	道光十九年七月十九日 一八三九年八月二十七日	四八
上諭	著將廣東守備蔣大彪倫朝光俱革職交林則徐等審擬具奏	道光十九年七月十九日 一八三九年八月二十七日	四九
欽差大臣林則徐等奏摺	英人圖賣新來鴉片拒不交兇相機督辦情形	道光十九年七月二十四日 一八三九年九月一日	五〇
欽差大臣林則徐奏摺	查明廣東洋船出口間有私帶華民但無收買幼孩戕生事	道光十九年七月二十四日 一八三九年九月一日	六五
欽差大臣林則徐等奏片	細察英人情形請降旨將新烟查明全繳照新例懲辦	道光十九年七月二十四日 一八三九年九月一日 *	七四
欽差大臣林則徐等奏摺	英船開礮擊師船被轟退求葡人轉寰情形	道光十九年八月十一日 一八三九年九月十八日	八二

欽差大臣林則徐等奏摺	巡閱澳門抽查華洋户口傳見洋人頭目情形	道光十九年八月十一日 一八三九年九月十八日	九一
兩江總督林則徐奏片	漕運事宜俟原奏寄到再體察奏聞	道光十九年八月十一日 一八三九年九月十八日　*	一〇〇
上諭	著林則徐等相機驅逐可疑英船斷其接濟	道光十九年八月十七日 一八三九年九月二十四日	一〇二
欽差大臣林則徐奏摺	鈔録英吉利國領事義律面遞澳門同知説帖	道光十九年八月十七日 一八三九年九月二十四日	一〇四
欽差大臣林則徐等奏摺	諭辦查烟具結緝兇等情形	道光十九年八月二十九日 一八三九年十月六日	一一二
欽差大臣林則徐等奏片	議覆御史步際桐條奏英商具結	道光十九年八月二十九日 一八三九年十月六日　*	一二三
上諭	著林則徐等相機籌劃妥辦洋務並奬勵賴恩爵等員	道光十九年九月初五日 一八三九年十月十一日	一二六
上諭	著林則徐等妥議清查澳門華洋户口章程具奏	道光十九年九月初五日 一八三九年十月十一日	一二八
欽差大臣林則徐等奏摺	審明廣州鋪户翁亞潑刊賣假捏照會外國公文按律定擬	道光十九年九月十九日 一八三九年十月二十五日	一三〇
欽差大臣林則徐等奏摺	粵東查辦鴉片續獲人烟槍具實數	道光十九年九月十九日 一八三九年十月二十五日	一三八

上諭	著林則徐等派員巡查以防鴉片入口並令英船交兇無得逗留	道光十九年十月二十二日 一八三九年十一月二十七日	二一二
上諭	著翁亞瀧照林則徐等擬杖徒陳姓逸犯仍飭嚴拏究辦	道光十九年十月二十二日 一八三九年十一月二十七日	二一四
上諭	著林則徐等認真盤驗韶州東西二關查明有無包庇冒稱等弊	道光十九年十一月初六日 一八三九年十二月十一日	二一五
上諭	著林則徐等驅逐英船停止貿易曉諭各國獎恤出力員弁兵	道光十九年十一月初八日 一八三九年十二月十三日	二一七
上諭	著准已革遊擊馬辰縣丞彭鳳池均留於廣東交林則徐差委	道光十九年十一月初八日 一八三九年十二月十三日	二二〇
欽差大臣林則徐等奏摺	察看英商反覆情形仍為圖賣鴉片遵旨不准交易	道光十九年十一月初九日 一八三九年十二月十四日	二二一
欽差大臣林則徐等奏片	請以高廉道暫駐澳門督辦洋務内河水都司由易中孚節制	道光十九年十一月初九日 一八三九年十二月十四日 *	二三〇
上諭	林則徐等奏參陳道坦拴住失察摺内烟土數目錯誤著即更正	道光十九年十一月二十二日 一八三九年十二月二十七日	二三四
上諭	著周天爵查明林則徐原辦江漢隄塍漫潰事具奏	道光十九年十一月二十九日 一八四〇年一月三日	二三五
上諭	著鄧廷楨調補兩江總督林則徐調補兩廣總督	道光十九年十二月初一日 一八四〇年一月五日	二三七

目録

上諭	著林則徐驅逐英船籌劃堵塞偷漏弊竇	道光十九年十二月初二日 一八四〇年一月六日	二三八
上諭	林則徐奏變通漕運著琦善體察直隸天津情形	道光十九年十二月初二日 一八四〇年一月六日	二四〇
上諭	著照林則徐等奏高廉道暫駐澳門查辦洋務内河水都司歸其節制	道光十九年十二月初二日 一八四〇年一月六日	二四一
上諭	著林則徐嚴審廣西巨盜關九興	道光十九年十二月初三日 一八四〇年一月七日	二四二
欽差大臣林則徐等奏摺	拏獲廣東沿海各犯出洋買烟接濟洋商船隻審明分別定擬	道光十九年十二月初四日 一八四〇年一月八日	二四四
欽差大臣林則徐奏摺	審明革役譚升謝安等販烟案分別定擬	道光十九年十二月初四日 一八四〇年一月八日	二六二
欽差大臣林則徐奏片	查拏廣東會案各犯情形	道光十九年十二月初四日 一八四〇年一月八日	二七六
欽差大臣林則徐等奏摺	遵旨宣布英商罪狀驅逐英船出口封港停其貿易情形	道光十九年十二月初四日 一八四〇年一月八日	二八〇
上諭	著林則徐等妥議曾望顏封關禁海並澳洋互市定限摺片具奏	道光十九年十二月十一日 一八四〇年一月十五日	二八八
上諭	粤東洋船難保不逃往閩浙著桂良吳文鎔密查	道光十九年十二月十二日 一八四〇年一月十六日	二八九

具奏者	事由	日期	頁碼
欽差大臣林則徐等奏摺	粤東查辦鴉片續獲人烟槍具實數	道光十九年十二月十九日 一八四〇年一月二十三日	二九一
欽差大臣林則徐等奏摺	遵旨密查韶關並無包庇烟犯冒稱别物報税等弊	道光十九年十二月二十四日 一八四〇年一月二十八日	二九六
欽差大臣林則徐等奏摺	遵旨籌議駱秉章整飭洋務章程	道光十九年十二月二十四日 一八四〇年一月二十八日	三〇四
兩廣總督林則徐奏片	遵旨封港查驗進口洋船堅拒英人换官封繳欽差大臣關防	道光十九年十二月二十四日 一八四〇年一月二十八日 *	三一八
兩廣總督林則徐等奏片	陳道坦拴住限内弋獲全犯請開復頂戴	道光十九年十二月二十四日 一八四〇年一月二十八日 *	三二二
上諭	林則徐責無旁貸著委員嚴查斷絶英商售私之路	道光十九年十二月二十六日 一八四〇年一月三十日	三二六
上諭	粤省已責成林則徐等查拏私售著沿海各省一體嚴查防範	道光十九年十二月二十六日 一八四〇年一月三十日	三二八
欽差大臣林則徐等奏摺	審明永靖營額外外委曾日恩等縱放烟犯賣土得銀案	道光十九年十二月二十八日 一八四〇年二月一日	三三〇
欽差大臣林則徐等奏摺	審明守備蔣大彪等縱犯私售烟土案	道光十九年十二月二十八日 一八四〇年二月一日	三四〇
欽差大臣林則徐等奏摺	遵旨查明籌辦洋務出力員弁請分别鼓勵	道光十九年十二月二十八日 一八四〇年二月一日	三六二

文件	事由	日期	頁碼
欽差大臣林則徐等清單	辦理洋務在事出力員弁清單	道光十九年十二月二十八日 一八四〇年二月一日	三六八
兩廣總督林則徐等奏片	革員彭鳳池馬辰繳烟剿防得力請分別補用開復	道光十九年十二月二十八日 一八四〇年二月一日	三七六
清單	遵旨查開林則徐等王大臣年歲生日單	道光二十年正月初二日 一八四〇年二月四日	三七八
兩廣總督林則徐奏摺	在粤接督篆日期謝恩	道光二十年正月初四日 一八四〇年二月六日	三八四
兩廣總督林則徐等奏摺	遴員遞署司道篆務	道光二十年正月初四日 一八四〇年二月六日	三八九
兩廣總督林則徐題本	題報接印任事日期	道光二十年正月初六日 一八四〇年二月八日	三九三
上諭	江漢隄塍漫潰獎勵各員著即注銷林則徐交部議處	道光二十年正月初七日 一八四〇年二月九日	三九八
上諭	著林則徐降四級留任伍長華降二級留任均不准抵銷	道光二十年正月十四日 一八四〇年二月十六日	四〇〇
吏部尚書奕經等奏摺	遵議林則徐伍長華等處分	道光二十年正月十四日 一八四〇年二月十六日	四〇一
上諭	著林則徐堅拒英吉利官員勿與通商封貯欽差大臣關防	道光二十年正月十八日 一八四〇年二月二十日	四〇七

具奏者	事由	日期	頁碼
上諭	林則徐等奏陳道垣拴住限内弋獲全犯著准其開復頂戴	道光二十年正月十八日 一八四〇年二月二十日	四〇九
兩廣總督林則徐等奏片	請以吳思樹調署香山縣知縣	道光二十年正月二十四日 一八四〇年二月二十六日	四一〇
兩廣總督林則徐等奏摺	紳民捐建遂溪縣沈塘墟義學請量加奬勵	道光二十年正月二十四日 一八四〇年二月二十六日	四一二
兩廣總督林則徐題本	題參廣東督糧道王篤等疎防劫案限滿贓犯未獲	道光二十年正月二十四日 一八四〇年二月二十六日	四一八
兩廣總督林則徐題本	題銷廣東省道光十五年份駐防緑營兵丁賞給紅白事件銀兩	道光二十年正月二十四日 一八四〇年二月二十六日	四三〇
大學士穆彰阿等奏摺	林則徐等議覆駱秉章條陳洋務章程均應照所議辦理	道光二十年正月二十六日 一八四〇年二月二十八日	四五〇
兩廣總督林則徐奏摺	領賞福壽字及鹿麅肉謝恩	道光二十年二月初四日 一八四〇年三月七日	四六一
兩廣總督林則徐奏片	請展限保奏陸路總兵	道光二十年二月初四日 一八四〇年三月七日	四六五
兩廣總督林則徐奏摺	廣西試用同知鄭繼祖係臣妻胞侄應照例迴避改發補用	道光二十年二月初四日 一八四〇年三月七日	四六七
兩廣總督林則徐等奏摺	廣東各屬道光十九年秋冬二季續獲人犯數目	道光二十年二月初四日 一八四〇年三月七日	四七一

兩廣總督林則徐等奏摺	燒毀攏近英國商船之奸船並拏獲接濟漢奸	道光二十年二月初四日 一八四〇年三月七日	四七七
兩廣總督林則徐等奏片	諭令葡人驅逐英人出澳並呈譯出英人往來信件	道光二十年二月初四日 一八四〇年三月七日	四八六
兩廣總督林則徐清單	恭呈義律與澳門西洋兵頭近日往來密信	道光二十年二月初四日 一八四〇年三月七日	四九一
上諭	著將林則徐等保奏籌辦洋務出力員弁分別獎勵	道光二十年二月初十日 一八四〇年三月十三日	五〇三
上諭	著准林則徐等奏彭鳳池馬辰差遣得力以知縣都司補用	道光二十年二月初十日 一八四〇年三月十三日	五〇六
上諭	林則徐等所奏廣東布政使熊常錞患病著賞假兩個月	道光二十年二月十一日 一八四〇年三月十四日	五〇七
兩廣總督林則徐題本	奏銷兩廣各屬督銷道光十八年份鹽引全完數目	道光二十年二月十六日 一八四〇年三月十九日	五〇八
上諭	著准林則徐等保舉余保純遇有廣東應選知府缺出准其補用	道光二十年二月十九日 一八四〇年三月二十二日	五二二

欽差大臣林則徐等奏摺

巡緝守備蔣大彪倫朝光訪有劣跡請旨革職審辦

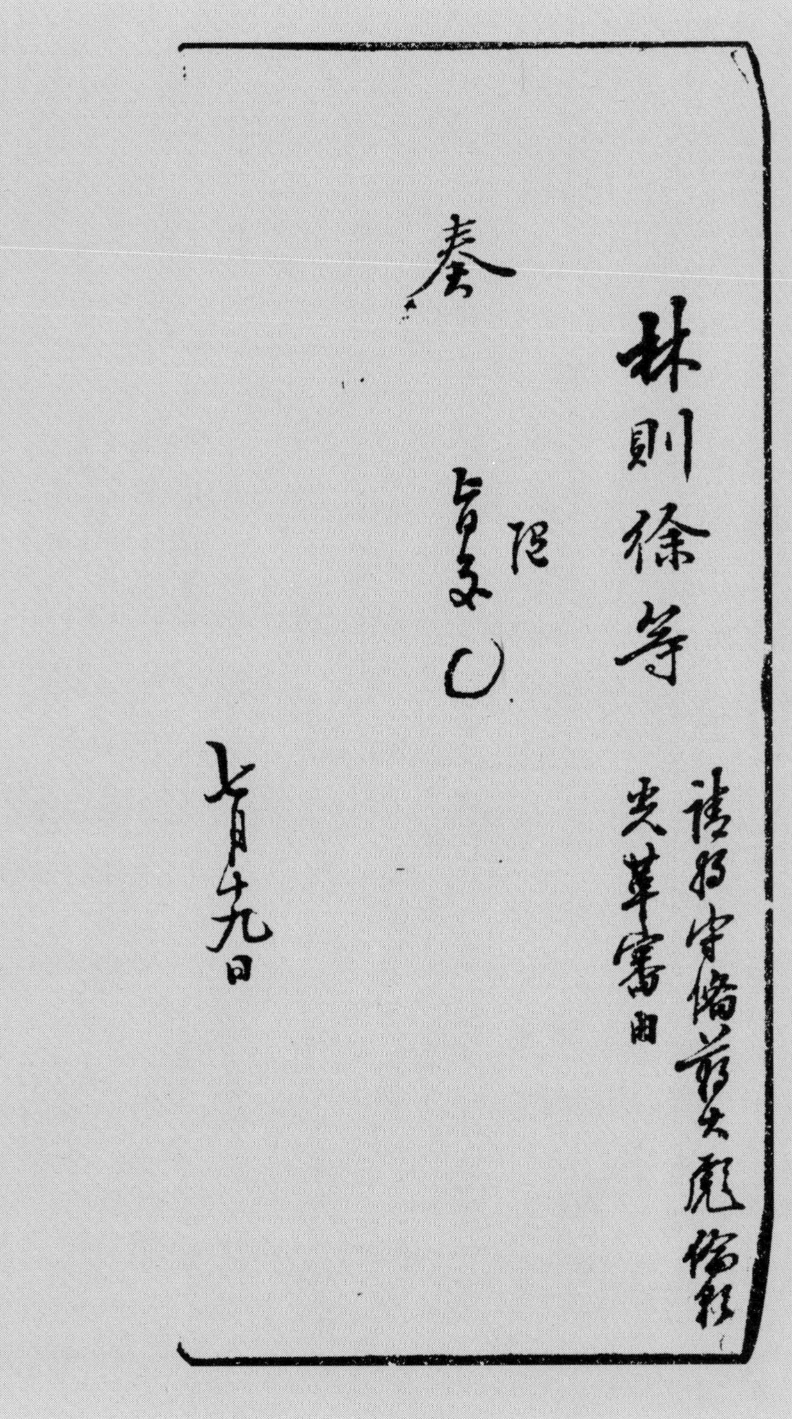
林則徐等

請將守備蔣大彪倫朝光革審由

奏

旨 已

七月十九日

欽差大臣林則徐等奏摺　巡緝守備蔣大彪倫朝光訪有劣跡請旨革職審辦

道光十九年六月二十四日

臣林則徐、臣鄧廷楨跪
奏為原派巡緝守備於撤巡後訪有劣跡請
旨革職審辦恭摺奏祈
聖鑒事竊照廣東各海口因販鴉片偷漏紋銀久已積
為弊藪而港汊叢雜防範難周是以向設巡船分
投查緝既不能不派委備弁亦不能不雇用眼線
但其中專以守法者緝捕自能所長而破案得
力者又難保別無私弊惟有信賞必罰纔能知肅
旋該犯既自圖事便設其勞績一有弊竇即不敢
稍予姑容蓋此等駕馭之難各省皆然而尤莫甚
於粵東諸弊皆然而尤莫甚於鴉片也即如前任
兩廣督臣盧坤任內捐設巡船飭派副將秦裕昌

欽差大臣林則徐等奏摺　巡緝守備蔣大彪倫朝光訪有劣跡請旨革職審辦　道光十九年六月二十四日

以捐職都司王振高帶領壯丁往廣東請捕務守備
陸船出洋先後拿獲犯多名經廣坤將王振高勝著
山協水師勤力並責令往廣記委頂戴隨陞任旋日
部境兼署督篆復於拏獲盜犯海匪有以奏內奉
諭旨王振高著該督留心察看如果一二年後再著勞績即
奏請以都司補用欽此旋據鄧廷楨將候補因王振高尚須
察看責著陸路南韶連鎮右營旋任部駮仍著
水師勤力並承派查緝因捕務緊要復派
船以資緝匪據署督標中軍副將韓肇慶以
委守備戴文彪千總范大彪倫朝光仍帶記委
往廣壯丁畢恩附並往來外海內河巡查緝捕先
後拿獲私販運紋銀出洋販賣鴉片以及盜巢土匪

名犯共二百六十五名起獲紋銀番銀共六萬二千六

百餘兩烟土一萬六百餘兩均經

奏報題咨在案陞戴文彪奉部議陞江西都司今已

病故外倫朝光蔣大彪以疊獲紋銀先後

題陞守備梁恩陞亦已獲犯勞績拔補[illegible]於

近年秋間臣鄧廷楨與前撫臣祁𡊮亦准

廷寄因有人陳奏王振高係廣州奸弁沙廣梁忠即

梁恩陞甘情開窰口甘圖

諭旨查究當經該員密查實無開設窰口受賄合詞恭

摺覆

奏並附片瀝陳此時因以揀補本屬舍短取長仍不時

留心察看如查有弊端即將稟懇撤不稍徇存

迴護前案
聖鑒亦在案此次臣鄧廷楨更加留心查看雖據稱弊
竊占雖犯猶續不絕而弊端之業較前頗少因思巡
船出赴於海究恐稽察難周安知不特為之名藉
端嚇詐且慮多為營私因有另設巡船轉相視當
遂於十八年撤去前項巡船以專營汛一面查
將前巡之王振高及近年之蔣大彪等有無假公濟
私尚未得有實據臣林則徐奉
命來粵查辦海洋積弊如先後賞加出巡船之弁丁以及眼線
人等每不理於人口而亦未得確憑近五月內銷化夷
船煙土事竣由虎門回至省垣訪得前在巡船充當頭
舵之馮亞潤因畢得等保舉擢用常作眼線之

已革外委保安泰隔別研訊據供此船實係販烟
運銀各匪犯俱在外洋截拏人船並獲並無要拏
邀功挾嫌栽害情弊所獲烟土如有零星何利
各船向或勾串若在偏僻口門遇著販烟之船亦有
送錢洋銀就放開去之語是侵匿賄縱之弊已屬
顯然臣等查提王振高倫朝光畢恩得廣反覆
詰訊堅不認尽行狡賴而供詞尚多閃鑠且因守備
蔣大彪引
退來回倫朝光等來皆謂諸蔣大彪一人其所行此面目無
契現在推卸避就尤可概見當此力除積弊之際正須
肅清捕務杜絶姑勝臣鄧廷楨在因不諳無稽犯者
名並經訊畢參請

欽差大臣林則徐等奏摺　巡緝守備蔣大彪倫朝光訪有劣跡請旨革職審辦

道光十九年六月二十四日

恩施，予以湔祓，今既查有劣跡，愧恨之深，必當倍加
嚴辦，斷不敢意存回護，稍予姑容，致負
聖明。至該外委吳恩照所記各項，載在廣協，已由臣鄧
廷楨于等並將王振高、楊綱、鄭司成、衛澄部革退
一面將文武全載，督率委員解回粵穩審外，相應請
旨將准升水師提標後營守備兼大鵬順治協右營
守備倫朝光一併革職，以便提同各犯，訊明確
情，按擬具奏，所以為備弁營私者戒。臣等謹會同水師
提督臣關天培合詞恭摺具
奏，伏乞
皇上聖鑒訓示。謹
奏。

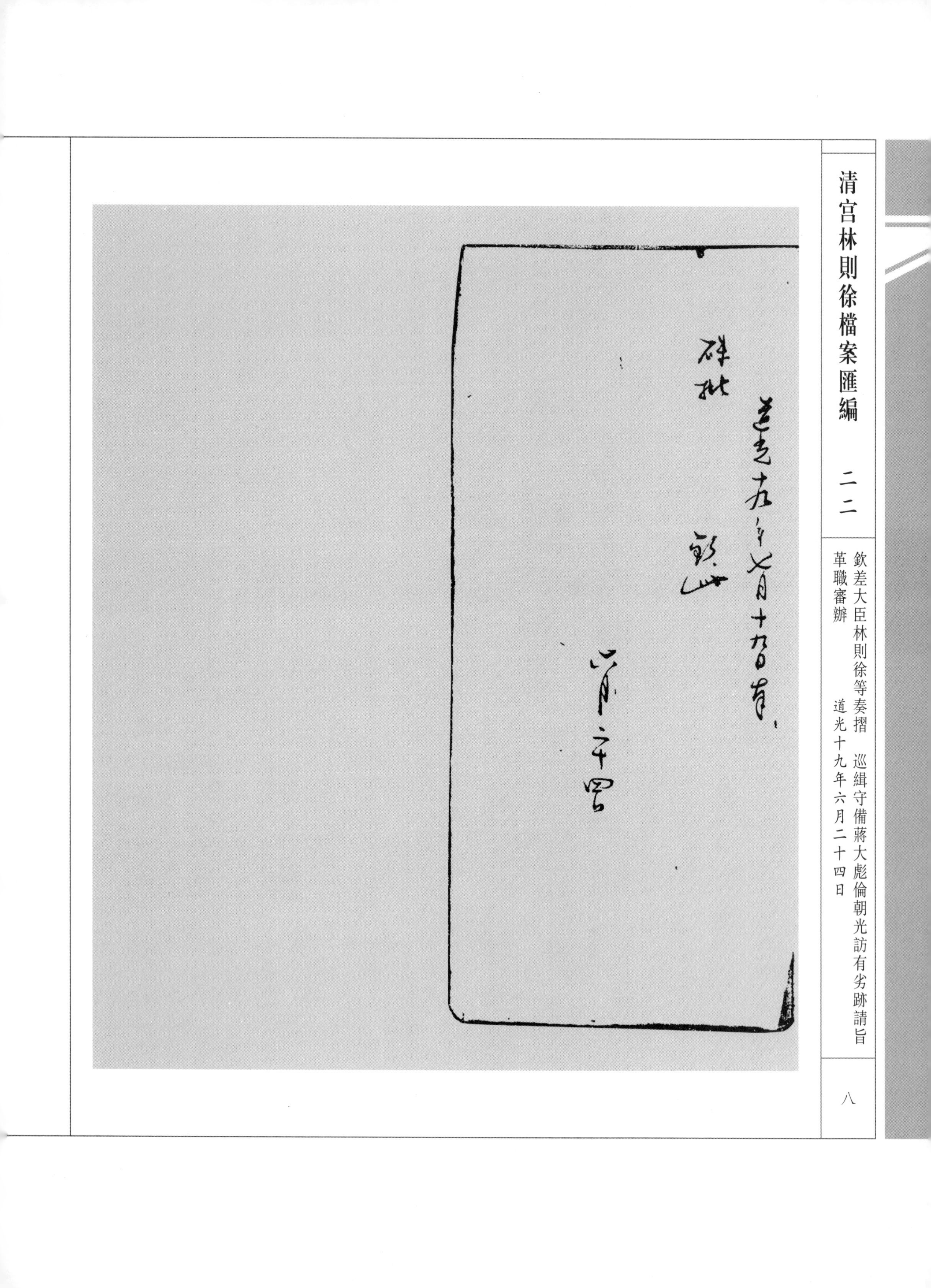

欽差大臣林則徐等奏摺 巡緝守備蔣大彪倫朝光訪有劣跡請旨革職審辦

道光十九年六月二十四日

硃批

欽此

欽差大臣林則徐等奏摺

遵旨擬具檄諭英吉利國王底稿恭呈御覽

林則徐等、

謹擬檄諭嘆咭唎國王檄 由

奏 ○

旨十九日

硃引、

欽差大臣林則徐等奏摺 遵旨擬具檄諭英吉利國王底稿恭呈御覽 道光十九年六月二十四日

欽差大臣林則徐等奏摺　遵旨擬具檄諭英吉利國王底稿恭呈御覽

道光十九年六月二十四日

欽差大臣林則徐等奏摺　遵旨擬具檄諭英吉利國王底稿恭呈御覽

道光十九年六月二十四日

再者將鈔近諭夷條內合詞附片奏
奏聞奉
上諭英吉利現有在粵領事及住省夷人經該大臣等就
近諭以辦理應手此次擬諭該國之處亦著暫緩
頒行統俟議定興販吸食各罪名在頒行新例時
併著該督等內另行詳細籌議仍遵前為檄稿
進呈再行頒發等因欽此仰見
聖主因時制宜周詳
指示之至意臣等當隨欽議新例業已頒到此次內
地興販吸食至夷人夾帶鴉片各罪名均經議
定因查粵省成案凡欽奉
諭旨事件行知外夷者大都由督撫檄諭照會該國王欽

欽差大臣林則徐等奏摺　遵旨擬具檄諭英吉利國王底稿恭呈御覽
道光十九年六月二十四日

道辦理此次現頒新例自應宣示各洋咸使恍
法畏
威遠著遠眾除一切善後章程容俟詳細籌議另
奏外此次檄諭外國之稿應先恭擬進呈惟查各
國夷船來至粵東者如西洋夷人久住澳門其
感著自可欽遵憲諭毋庸遠寄出洋其佛蘭
哂嗬囒大小呂宋及鷹單鷹嗹國瑞國近年
買賣較稀惟暎咭唎之船最多咪唎堅次之但
咪唎堅並無國主只分置二十四處頭人不得難遍
以備檄暎咭唎國現係女主年紀亦輕然內号
令係其所出則該國似宜先頒檄諭日等不
揣冒昧謹會同商擬底稿另摺恭錄進

欽差大臣林則徐等奏摺　遵旨擬具檄諭英吉利國王底稿恭呈御覽

道光十九年六月二十四日

呈伏祈

聖鑒折衷俾有依要(?)敕裁

欽定發回之後再行頒發至給各國俱先諭(?)之在

粵夷目暨夷商備諭該夷目等齎請發給其國王

飭收

奏明飭發其原(?)當(?)上等語(?)合詞恭摺具

奏伏乞

皇上聖鑒訓示遵行

奏

道光十九年七月十四日奉

硃批[illegible]　欽此

六月廿四日

欽差大臣林則徐等奏片　録呈擬頒發檄諭英吉利國王底稿
道光十九年六月二十四日

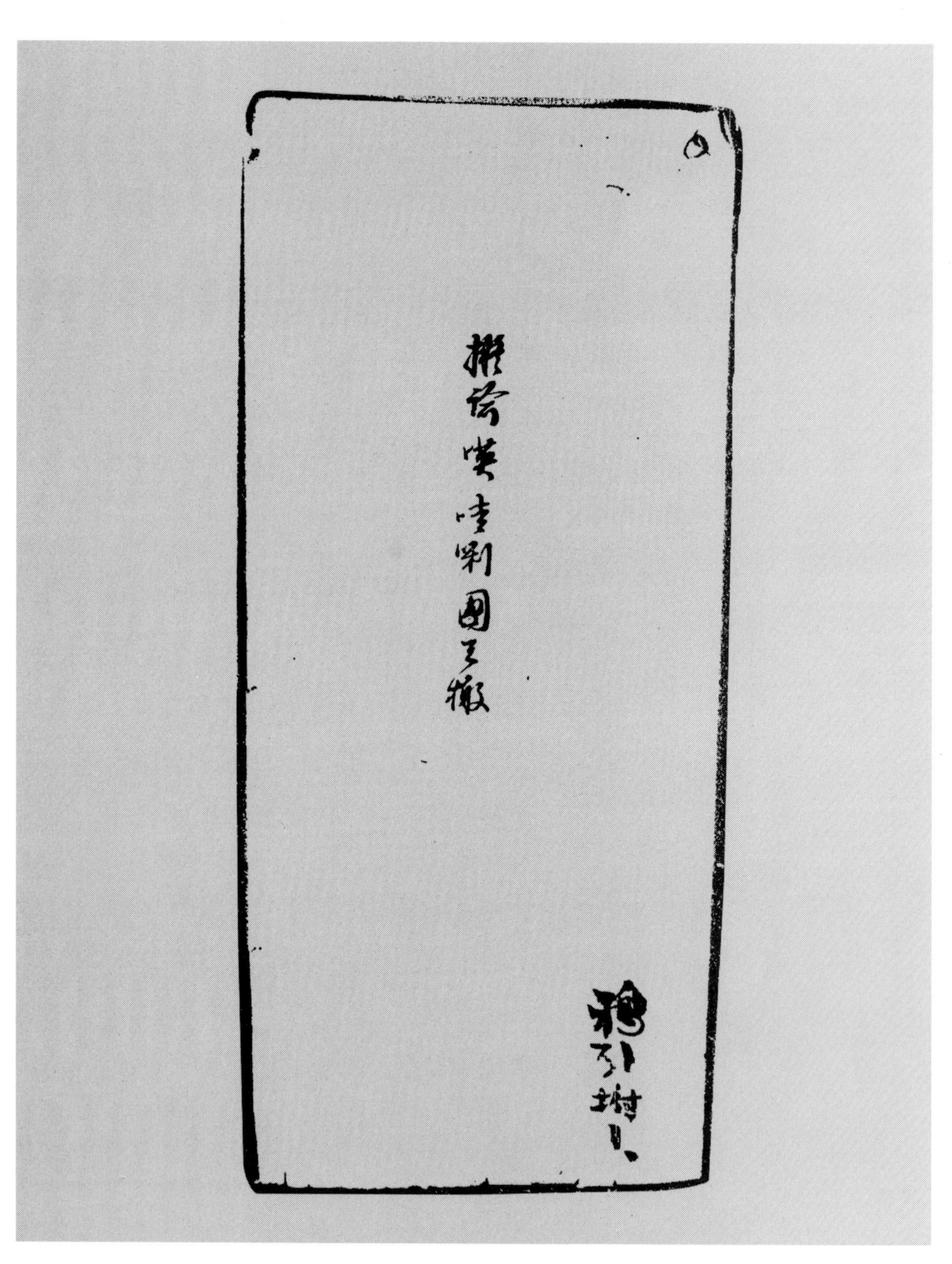
擬諭嘆咭唎國王檄

欽差大臣林則徐等奏片　**録呈擬頒發檄諭英吉利國王底稿**

欽差大臣林則徐等奏片　録呈擬頒發檄諭英吉利國王底稿
道光十九年六月二十四日

謹擬繕發檄諭英吉利國王底稿恭呈

欽定

為照會事洪惟我

大皇帝撫綏中外一視同仁利則與天下公之害則為

天下去之蓋以天地之心為心也貴國王累世

相傳皆稱恭順觀歷次進貢表文云凡本國

人到中國貿易均蒙

大皇帝一體公平恩待等語竊喜貴國王深明大義

感激

天恩是以

天朝柔遠綏懷倍加優禮貿易之利垂二百年該國

所由以富庶稱者賴有此也惟是通商已久衆

欽差大臣林則徐等奏片　録呈擬頒發檄諭英吉利國王底稿

道光十九年六月二十四日

本國莫不齊遭其害　鴉片流毒華民以為毒
況各有其行但知利己不顧害人乃天理所不容
人情所共憤
大皇帝聞而震怒
特遣本大臣來至廣東與本總督部堂巡撫部院會同查辦凡
內地民人販鴉片食鴉片者皆當處死若追究
夷人歷年販賣之罪則其貽害深而攫利重
本為法所當誅惟念眾夷尚知悔罪乞誠將躉船
鴉片二萬二百八十三箱由領事官義律稟請繳收
全行燬化疊經本大臣等據實具奏幸蒙
大皇帝格外施恩以自首者情尚可原姑寬免罪再
犯者法難屢貸立定新章諒貴國王向化傾心

[illegible]但以利害而論
王[illegible]法度[illegible]不懍然也查該國距內地[illegible]
[illegible]夷船年來貿易因其獲利之厚所以
中國之利利外夷是夷人所獲之厚利皆從
華民分去豈有反以毒物害華民之理即夷人
未必有心為害而貪利之極不顧害人試問天良
安在聞該國禁食鴉片甚嚴是固明知鴉片
之為害也既不使為害於該國則他國尚不可移
害況中國乎中國所行於外國者無一非利人
之物利於食利於用並利於轉賣皆利也中國
曾有一物為害外國否況如茶葉大黃外國所
不可一日無也中國若靳其利而不恤其害則夷

人何以為生又外國之呢羽嗶嘰非得中國絲斤
不能成織若中國亦靳其利夷人何利可圖
其餘食物自糖料薑桂而外用物自綢緞磁
器而外外國所必需者曷可勝數而外來之物
皆不過以供玩好可有可無既非中國要需何
難閉關絕市乃

天朝於茶絲諸貨悉任其販運流通絕不靳惜無他
利與天下公之也今貴國帶去內地貨物不特自資食
用且得以分售各國獲利三倍即不賣鴉片而其三
倍之利自在何忍更以害人之物恣無厭之求乎
設使別國有人販鴉片至英國誘人買食
當亦貴國王所深惡而痛絕之也向聞貴國

王存心仁厚自不肯以己所不欲者施之於人並
聞来粵之船皆經頒給條約有不許攜帶禁物
之語是貴國王之政令本屬嚴明祗因商船
衆多前此或未加察今行文照會明知
天朝禁令之嚴定必使之不敢再犯且聞貴國王所都之
蘭噸及嘶噶蘭嗳喻等處本皆不產鴉片惟所轄印
度地方如孟啊啦曼噠喇薩孟買八達拏嘛爾哇
數處連山栽種開池製造累月經年以厚其毒臭
穢上達天怒神恫貴國王誠能於此等處拔盡根株盡鋤其
地改種五穀有敢再圖種造鴉片者重治其罪此
真興利除害之大仁政天所祐而神所福延年壽
長子孫必在此舉矣至夷商來至內地飭令居處

無涯
天朝之恩膏積聚無窮無非
天朝之樂利其在該國之日漸少而在粵東之日轉多耶
欽明刑古今通義譬如別國人到暎國貿易尚須
遵暎國法度況
天朝乎今定華民之例賣鴉片者死食者亦死試思夷
人若無鴉片帶來則華民何由轉賣何由吸食是奸夷
實陷華民於死豈能獨予以生彼害人一命者尚須以
命抵之況鴉片之害人豈止一命已乎故新例於帶鴉片來
內地之夷人定以斬絞之罪所謂為天下去害者此也復查
本年二月間據該國領事義律以鴉片禁令森嚴求
寬限凡印度港腳屬地請限五月暎國本地請限十月

欽差大臣林則徐等奏片 録呈擬頒發檄諭英吉利國王底稿
道光十九年六月二十四日

然後即以新例遵行等語。今本大臣等未蒙
大皇帝格外天恩，倍加體恤，凡在一年六個月之內誤帶鴉片，
但能自首全繳者免其治罪，若過此限期仍有帶來，
則是明知故犯，即行正法，斷不寬宥，可謂仁之至義之
盡矣。我
天朝君臨萬國，儘有不測神威，然不忍不教而誅，故特明
宣定例。該國夷商欲圖長久貿易，必當懍遵憲典，
將鴉片永斷來源，切勿以身試法。王宜詰奸除慝，
以保乂爾有邦，益昭恭順之忱，共享太平之福，幸甚
幸甚。接到此文之後，即將杜絕鴉片緣由速行移
覆，切勿諉延。須至照會者。
道光十九年六月十九日奉

欽差大臣林則徐等奏片　録呈擬頒發檄諭英吉利國王底稿

道光十九年六月二十四日

硃批所議周到欽此

新頒洋人治罪專條內入口字樣請酌易為來內地

[illegible]

林則徐等片

再臣等准刑部咨通行夷人治罪專條內開一夷人
帶有鴉片烟入口圖賣者為首照開設窰口例斬立
決為從同謀者絞立決等語查治夷律情定議之意
以入口二字為關鍵原因海洋遼闊口以外直達夷
洋只以內地為內切劃清界址本極分明惟揆諸粵
省貿易章程尚有不得不防其遷影射之處緣廣
東中路通商向以船進虎門乃為入口番舶到粵之時
先於虎門口外校山桅杆山銅鼓洋大嶼山伶仃洋
尖沙嘴仰船洲琵琶洲上下磨刀沙灣石筍九洲沙
瀝潭仔雞頸等洋皆向准夷船寄泊之所此等洋面
並皆在老萬山以內而老萬山為各口門無[illegible][illegible]

欽差大臣林則徐等奏片 新頒洋人治罪專條內入口字樣請酌易為來內地

道光十九年六月二十四日

是以定例西船必待引水小船報明引入虎門口內停
泊黃埔始得開艙起貨按則納稅投行互市其在
虎門以外寄泊[illegible]外洋者皆未入口之船也而私售
鴉片之奸匪在於此蓋由此路向東而北則歷潮州南
澳以達閩浙北洋凡寧波上海山東天津奉天之商
船皆可直行由中路而西則本省之高廉雷瓊船隻
往來亦絡繹不絕所有外路興販鴉片多在洋面
舟次與夷人交易整運過船即或在口內議買亦須
赴口外運貨此內地快蟹扒龍艇所以乘間出沒
而夷人之囤鴉片之躉船常泊伶仃洋是外
也前來帶鴉片者[illegible]船向來早有之
歷有禁若來船未帶入口呈出祗保必無絲毫

較各洋商通屬保結，又於入口之後即行開艙起貨，
立見虛僞，故未入而帶鴉片無者，卻於口外躉船
然後入口。今若以界為界，彼正得以藉口趨避[illegible]
不於虎門口外再設躉船，照常辦理，又形棘手。且暎國
領事義律於鴉片烟定議之後，曾稟求在
澳門裝貨，照此式具結，遵守定例，狀既不准，該領事尚懷
觀望，是以近日他國之船進港者已有十餘隻，而
暎咭唎所屬港腳之船尚停虎門口外之尖沙嘴一帶，
支飾遷延。且另飭師船嚴密防範，一面示諭各船，
如無鴉片，即應入口報驗，有鴉片而肯繳淨盡者，亦
准入口。若自揣不敢報驗，即日揚帆回國，亦尚可免
窮追。倘敢透漏私售，殊難曲宥。此時該夷正在惶

欽差大臣林則徐等奏片　新頒洋人治罪專條內入口字樣請酌易為來內地　道光十九年六月二十四日

欽差大臣林則徐等奏片　新頒洋人治罪專條內入口字樣請酌易為來內地　道光十九年六月二十四日

於入口故口外之禁比之口內尤為要防不可不仰懇
聖裁將新例入口字樣均易為來內地等字請示洋通
俾無可以藉口之處恭候
命下祗遵以昔為夷情狡獪加意周防起見不揣冒昧
合詞附片瀆陳伏祈
聖鑒訓示謹
奏
道光十九年七月十九日奉
硃批　欽此

欽差大臣林則徐等奏摺
張鎬得賄私放烟土發遣新疆劉錫方失察家丁請從重革職

奏

林則徐等

請將程州判劉錫方
革職由

得旨○

七月十九日

欽差大臣林則徐等奏摺　張鎬得賄私放烟土發遣新疆劉錫方失察家丁請從重革職

道光十九年六月二十四日

臣林則徐 臣鄧廷楨跪
奏爲遵
旨審明定擬恭摺具奏祈
聖鑒事竊臣鄧廷楨於道光十九年二月初三日承准
軍機大臣字寄正月十二日奉
上諭有人奏廣西梧州府知府劉錫方前因辦理梧州烟
匪後經署事張鎬查拿請摘去頂帶閱得該府家丁
張二與張洋三係與私販人得賄私放烟土一包
隨洋艮圖即保送過關等語梧州爲兩廣烟販
如果查辦嚴密奸徒自無從入境乃桂林梧州知府
查獲烟土甚多該府令其家人至省以致閩家丁得
財賣放已可概見諒督撫以寬限時日爲請難保無

二二

欽差大臣林則徐等奏摺　張鎬得賄私放烟土發遣新疆劉錫方失察家丁請從重革職

道光十九年六月二十四日

奏請將維與劉錫方著即撤任交鄧廷楨因

將張澤三審辦到案確切嚴訊務得實情

出劉錫方實有知情縱容家丁情事即行據實

嚴參重從罪以懲一儆百肯此查辦要學之

附誘賄惟當破除情面和衷托出斷不准言存遷

就致有寬容而當林則徐等著鄧廷楨派

員署理將此論令知之欽此與臣鄧廷楨當即欽遵

密派廣東雜補知縣言良鈺馳往接署提訊家丁

張鎬即將張澤三獲解來省訊出大概供情與

恭摺具

奏　湖廣總督臣林則徐　臣鄧廷楨承准軍機大臣字寄

三月十六日奉

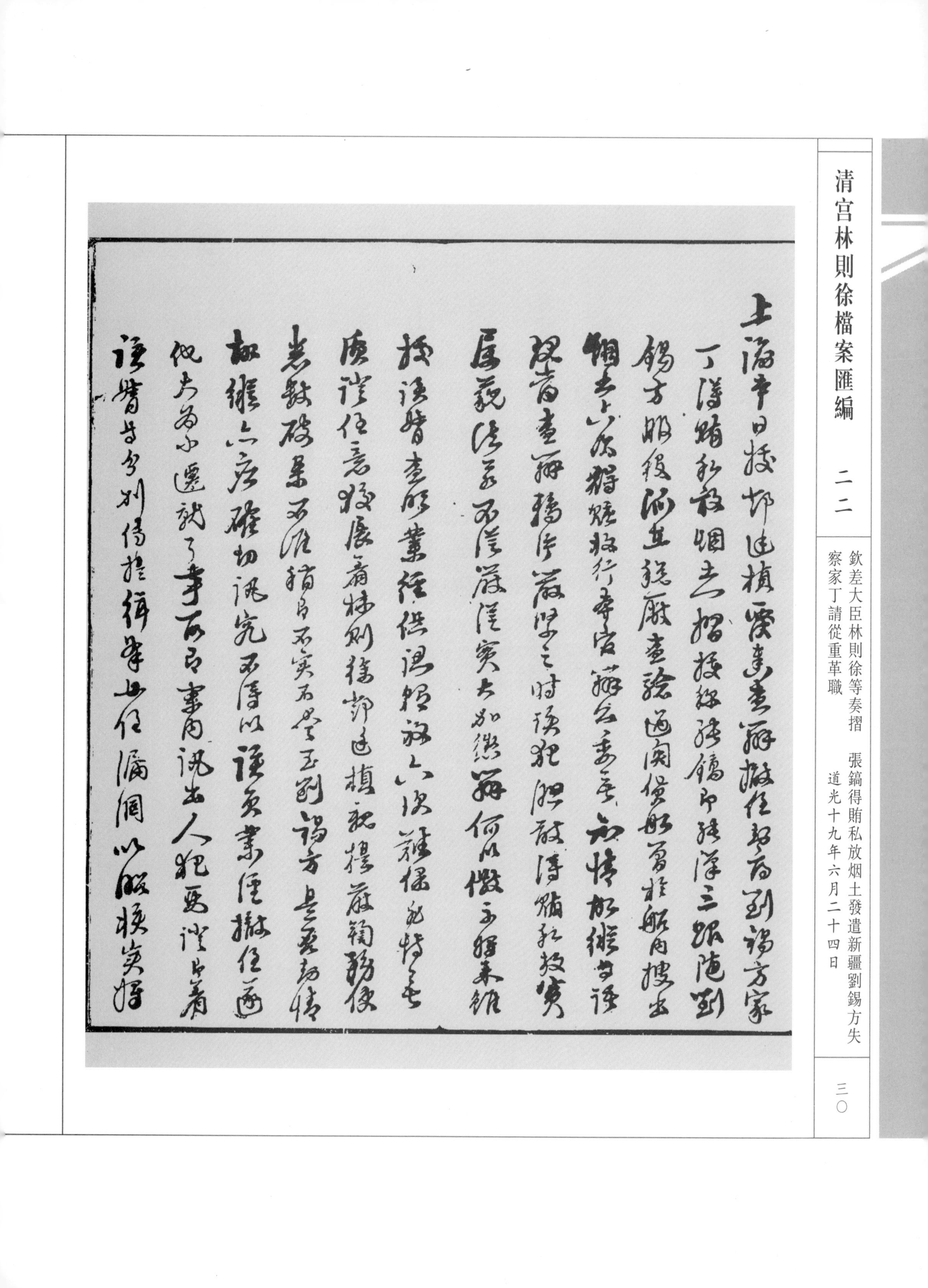

二二 欽差大臣林則徐等奏摺 張鎬得賄私放烟土發遣新疆劉錫方失察家丁請從重革職

道光十九年六月二十四日

欽差大臣林則徐等奏摺 張鎬得賄私放烟土發遣新疆劉錫方失察家丁請從重革職
道光十九年六月二十四日

此諭令暫交護臣等隨即將劉調撤任接辦有
方劉錫方來粵備質茲已由閩書役偕粵
中與護路提訊據劉錫方稱前之陳閩
書陸續吳佐後支往何相某經飭司提集
研訊前據廣東按察使喬用遷會同為後無第
審明擬辦奏蒙臣等親提鞫訊供皆自認不諱悉
心研鞫緣張鎬即張澤三籍隸江蘇宜興縣
安徽人道光十七年十二月內跟隨廣西糧
方劉錫方派在糧船稽查緣有閩貨船誤闖
張鎬據稱一切諸務由家人主持查照人
等是所調度張鎬首事識查獲之廣西河船
水手黃亞三即阿獲賠康其閩作為賄賂十八

年五月十四日英西三一擺[illegible]以貨船來(?)常(?)
路(?)作烟土窩內張鎬告知即日赴該船搜出烟
土十六箇張鎬索要洋銀該船夫人畏懼央
求免搜張鎬乘機索得番銀六十六圓嗣後屢掃
慕類(?)貨土毀烟土私自放行又六月初十日搜出貨
船烟土十二箇索得番銀十二圓又七月十五日搜出
貨船烟土十五箇索得番銀十五圓又八月十
三日搜出貨船烟土十六箇索得番銀十六圓又
九月初二日搜出貨船烟土十三箇索得番
銀十六圓又是月初六日搜出貨船烟土三千(?)
五箇索得番銀三十五圓均係私貨放行
計該犯前後共得贓銀放烟土六次均由英西

欽差大臣林則徐等奏摺 張鎬得賄私放烟土發遣新疆劉錫方失察家丁請從重革職

道光十九年六月二十四日

二二　欽差大臣林則徐等奏摺　張鎬得賄私放烟土發遣新疆劉錫方失察家丁請從重革職

道光十九年六月二十四日

刑。點詰張鎬，堅供伊於[illegible]過閩[illegible]船查出烟土，
原係[illegible]之[illegible]事，此賄放六次，內有一次得銀
三千五百圓，其餘每次各[illegible]千餘圓，前後共計得
受番銀一萬零七千圓之外，如果尚有贓銀，劉錫
方得受番銀，何肯甘刑而[illegible]劉錫方為伊
知情故縱，其通之人皆其本身家人，伊既身受
重罪，更何必代人隱瞞。閱書[illegible][illegible][illegible]依此[illegible][illegible]
注何[illegible]。僉供張鎬查驗貨船，得銀縱放，伊皆實
未隨同下船查驗，其情實因縱放，如伊[illegible][illegible]
[illegible]囑張鎬[illegible]肯甘刑，而供指該府劉錫方
亦堅供伊在署亦不知家丁張鎬何查驗船受財
買放烟土，任意瞞[illegible]，辦何敢令伊知情。況

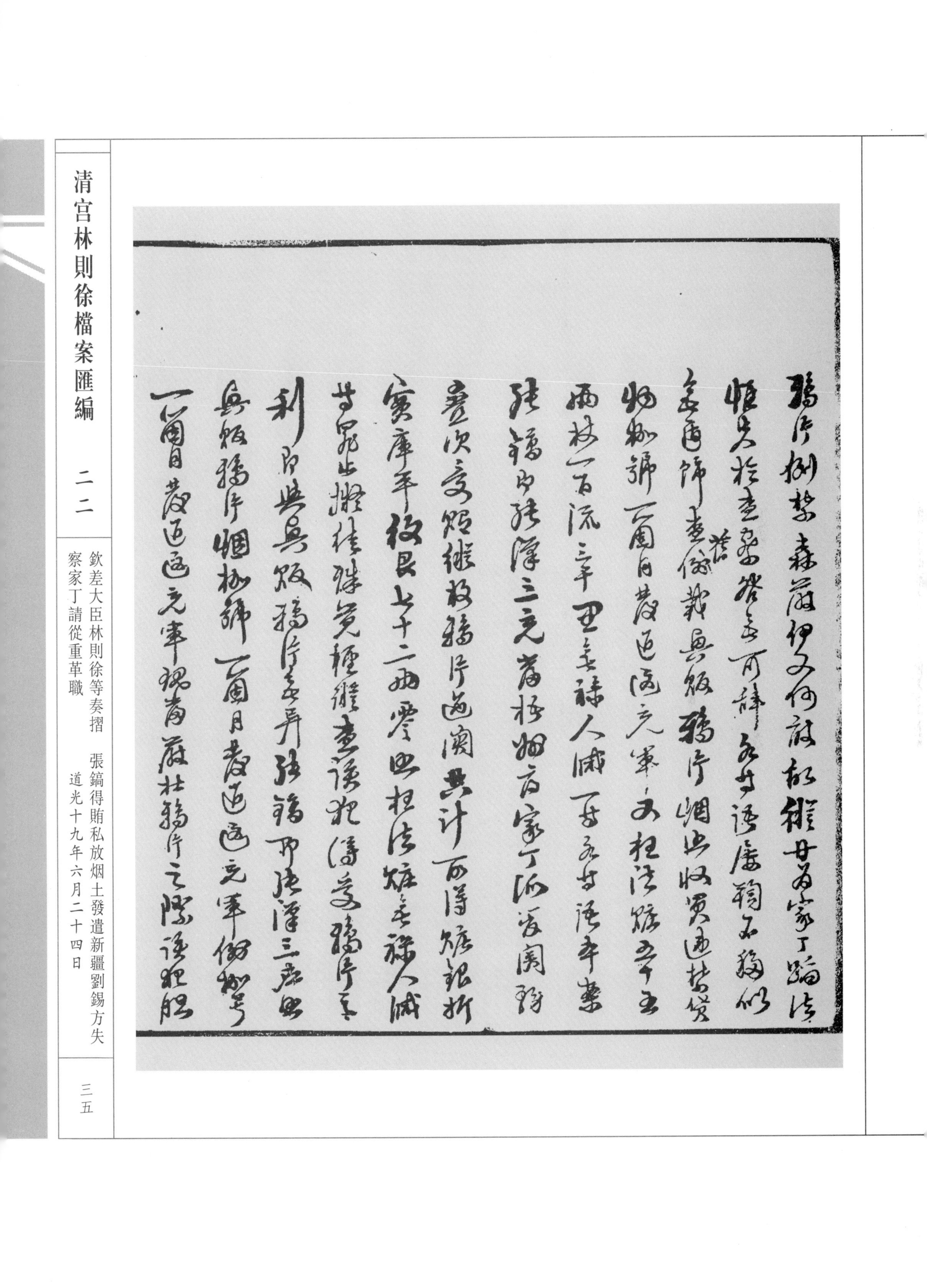

欽差大臣林則徐等奏摺　張鎬得賄私放烟土發遣新疆劉錫方失察家丁請從重革職

道光十九年六月二十四日

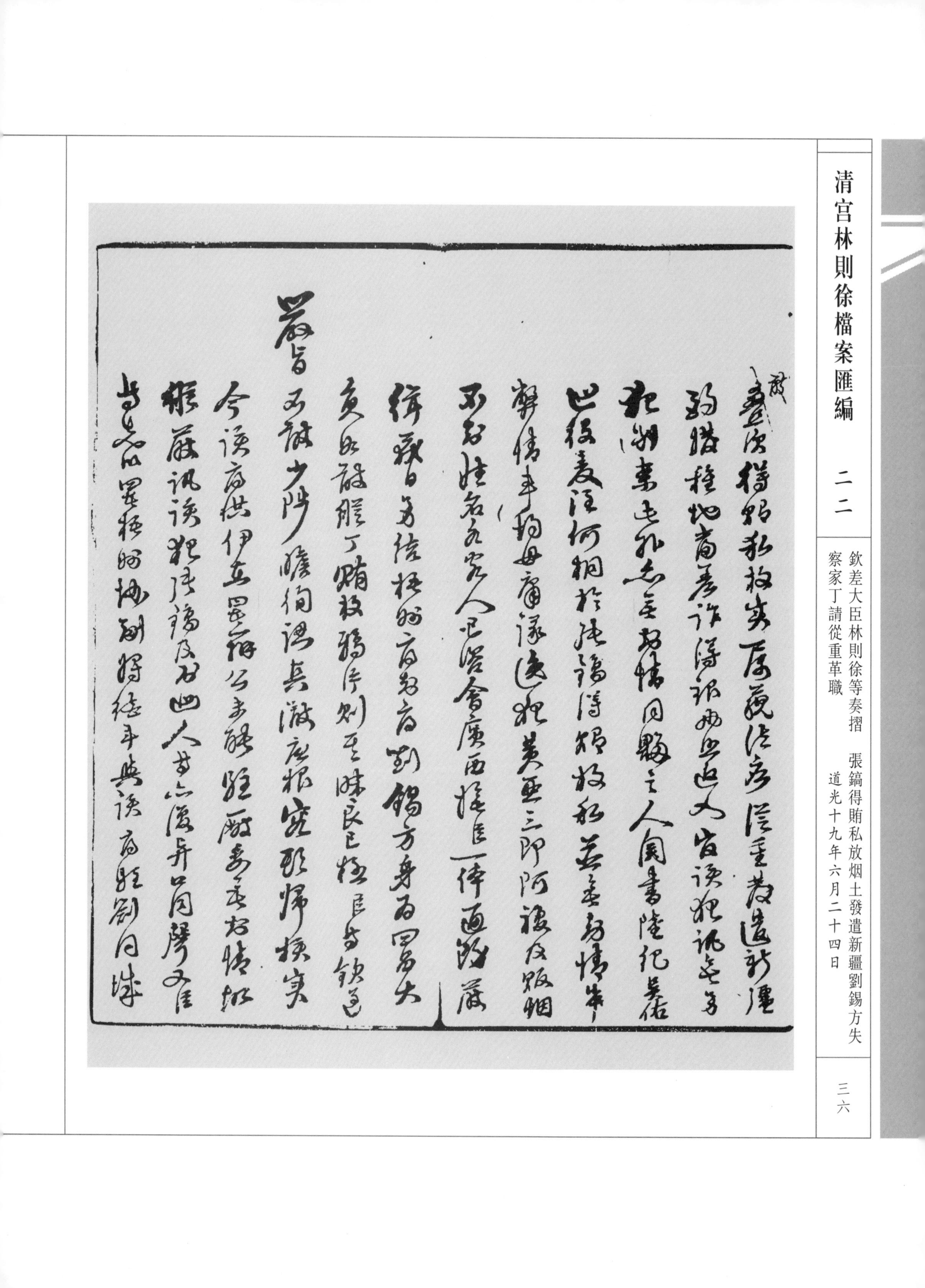

二二

欽差大臣林則徐等奏摺　張鎬得賄私放烟土發遣新疆劉錫方失察家丁請從重革職

道光十九年六月二十四日

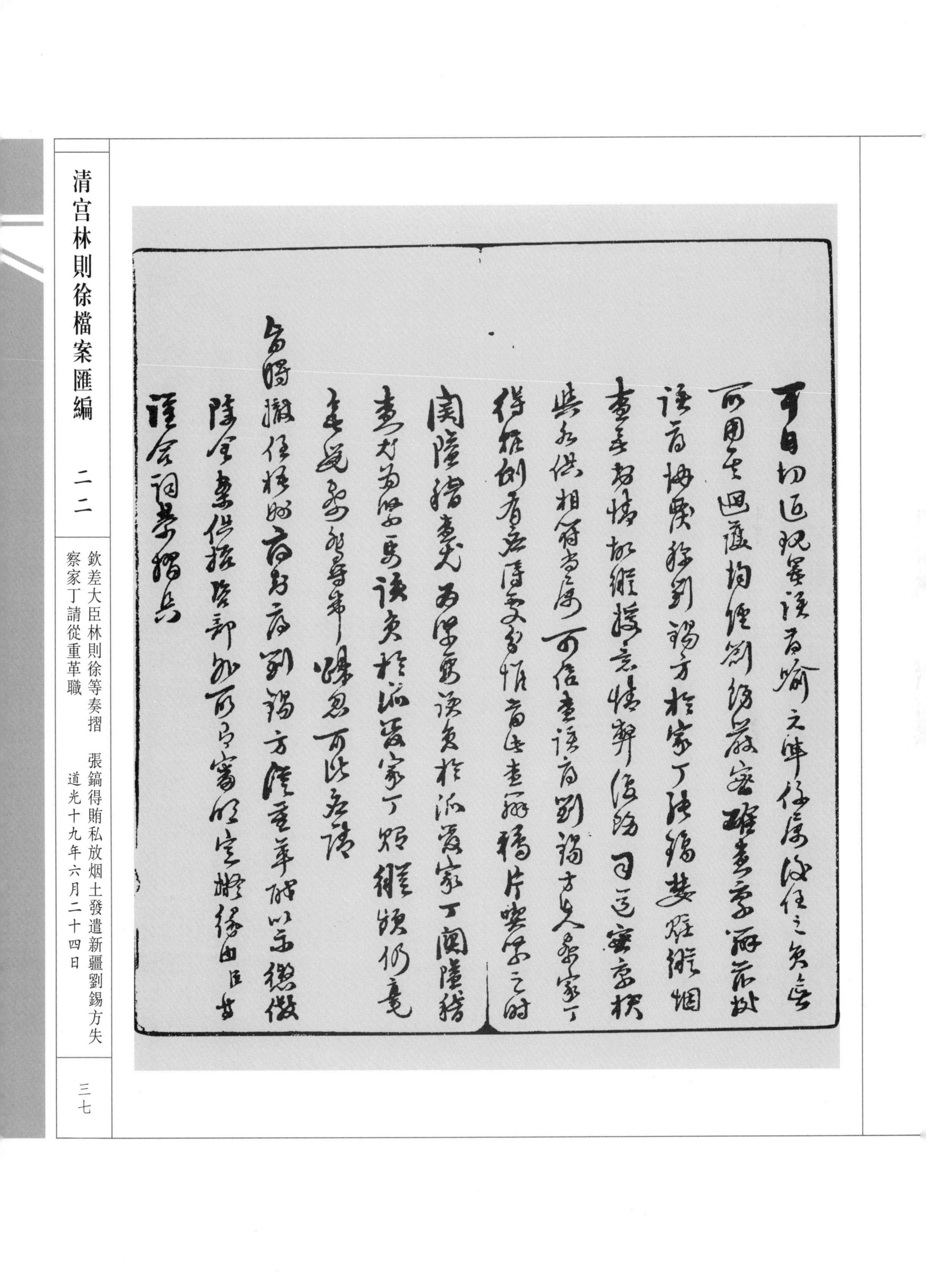

钦差大臣林则徐等奏摺　张镐得贿私放烟土发遣新疆刘锡方失察家丁请从重革职

道光十九年六月二十四日

奏伏乞

皇上聖鑒敕部議處施行再本案犯拏獲案係在

奉准部行新例以前合併陳明謹

奏

道光十九年七月十九日奉

硃批

欽此

六月二十四日

上諭　著林則徐接兩江督篆後將漕運變通各款通盤籌劃具奏

軍機大臣　字寄

欽差大臣兩江總督林　道光十九年七月初四日

奉

上諭前據金應麟奏請將漕運事宜量爲變通已有

旨交兩江總督江蘇巡撫等妥議具奏本日復寄

諭陳鑾裕謙先行籌議仍著林則徐俟查辦廣東

事竣接授兩江督篆後即將金應麟原奏内所請

各款悉心體察通盤籌畫會商定議具奏將此諭

令知之欽此遵

旨寄信前來

上諭　著陳鑾裕謙將漕運變通通盤籌劃俟林則徐到任會商具奏

軍機大臣　字寄

署兩江總督陳　署江蘇巡撫裕　道光十九

年七月初四日奉

上諭前據金應麟奏請將漕運事宜量為變通已有

旨交兩江總督江蘇巡撫等妥議具奏矣著陳鑾

裕謙即將原奏內所指各情節體察情形通盤籌

畫仍俟林則徐到任後再行會商務臻妥善據實

具奏將此諭令知之欽此遵

旨寄信前來

欽差大臣林則徐等奏摺　**粵東續獲烟犯烟膏槍具情形**

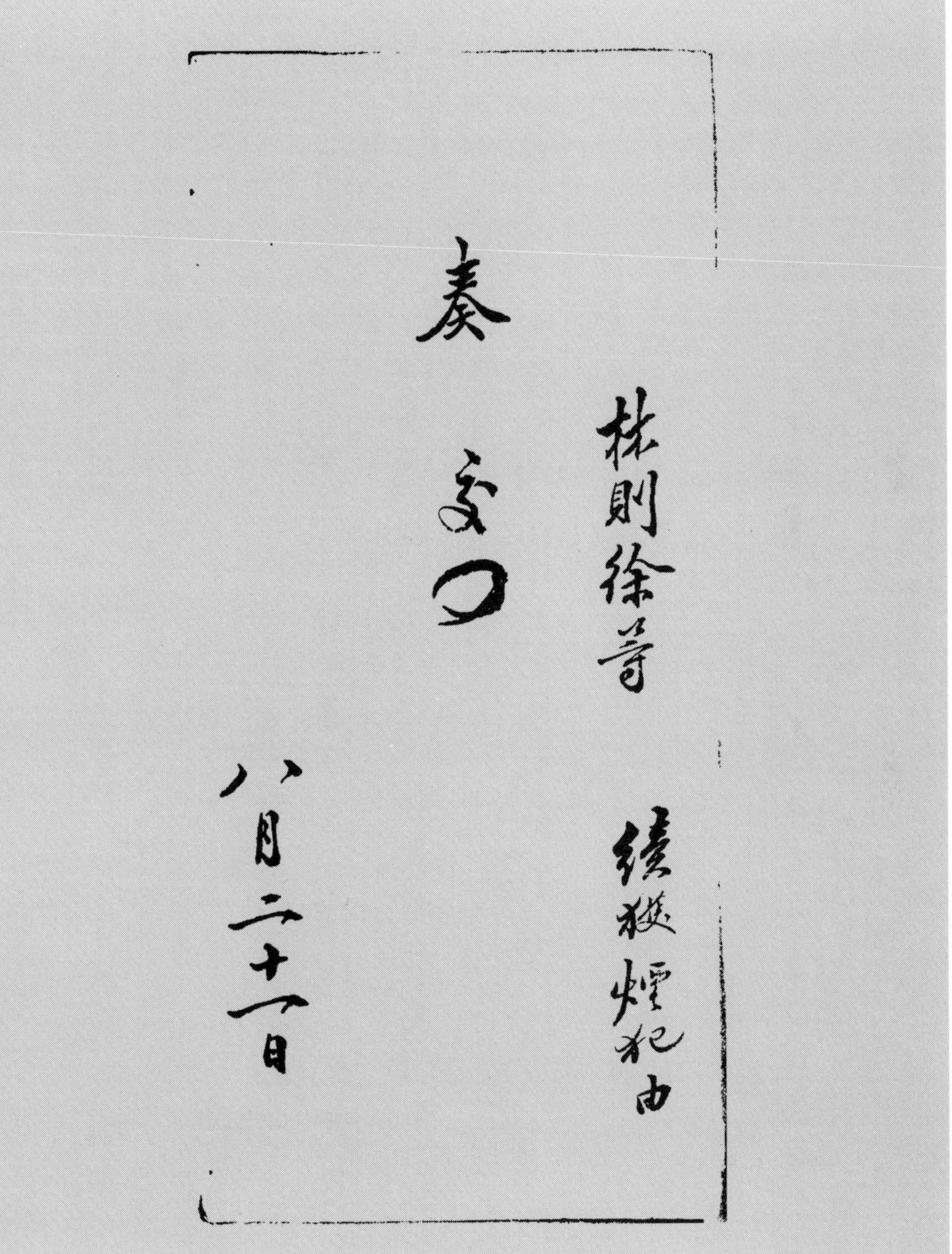
奏

林則徐等　續獲煙犯由

八月二十一日

欽差大臣林則徐等奏摺　粵東續獲烟犯烟膏槍具情形
道光十九年七月十八日

臣林則徐　臣鄧廷楨　臣怡良跪
奏為粵東續獲鴉片匪犯併起繳烟泥烟膏槍具確核實
數恭摺
奏祈
聖鑒事竊照鴉片一項經臣等于五月內將截至是月
十八日止各屬拏獲人烟槍具各數恭摺具
奏計達先由臣鄧廷楨臣怡良節次
奏報拏獲走販買食人犯一千七百九十二名烟土
烟膏六十四萬八千七百六十兩七分有奇烟槍
七萬二百七十九枚烟鍋五百六十五口並在
案飭接續認真查拏開適准部行新例到粵
當即遵將欽奉

諭旨敬謹刊刻謄黄并開列治罪條款通飭徧行曉
諭以冀羣情警動痼疾迅除茲查自五月十九
日起至七月初三日止又續據各屬文武先後
拏獲烟案九十八起人犯一百五十七名烟泥
三萬四千六百七十五兩八錢烟膏三百八十
七兩五錢四分烟槍五百五十六枝烟鍋十五
口又陸續撈獲及民間自行首繳烟土四萬七
千九百零三兩八錢烟膏二百四十八兩四錢四分
烟槍一萬零五十七枝烟鍋一百九十四口綜
計烟土烟膏八萬三千二百一十五兩五錢八分
烟槍一萬零六百一十三枝烟鍋二百零九口
口解省各犯均隨時發司嚴審核明事在新

例前後分別絕不解到烟膏烟土均查驗
明真偽照虎門化烟之法在于省城外東礮台
地方鑿地為池攙以鹽滷石灰用大煮化槍具
亦即隨同燒燬臣等親臨監視尚無真贋混淆
掉換偷漏情弊臣等伏查自收繳夷躉烟土
之後現在貿易夷船進至黃埔俱經粵海關
監督臣豫堃率同委員逐層查驗並無夷私進
口之弊僅債有年利奸夷似前干犯厲禁即當
別限內限外按照新例辦理是入口烟土自可漸
絕來源惟民間所蓄烟土烟膏或起或繳爐時
動盈數萬固由各該文武不敢懸動而其平
日收藏之富已屬信而有徵此外所存尚不知其

民幾若不乘此極力購緝則奸民之倖心不已
根株之淨盡無期是目前設法查拏急難而
愈不容緩臣等惟有嚴督各屬加緊購捕萬勿
始勤終怠務期織罟咸消設有犯畏法悔罪
自將真實槍烟赴官首繳者即照新例限內免
其治罪如此寬嚴互用勸懲兼施庶幾摟括一
分即早除一分之害而無源之流或無難見
涸矣所有續獲人烟槍具係由臣等謹合詞恭
摺具
奏伏乞
皇上聖鑒訓示再臣等現因查辦澳門夷船務于七月
初二日由省起程初八日同抵香山縣城駐劄合併

聲明謹
奏
道光十九年八月廿一日奉
硃批知道了欽此
旨十八日

上諭　著林則徐頒發檄諭英吉利國王文並新定章程准改來内地等字

軍機大臣　字寄

欽差大臣兩江總督林　兩廣總督鄧　廣東巡撫

怡　道光十九年七月十九日奉

上諭據林則徐等奏擬具檄諭嘆咭唎國王底稿附

摺呈覽朕詳加披閱所議得體周到著林則徐等

即行照錄頒發該國王俾知遵守其餘各國俱著

先行諭知在粤夷目夷商儻須移知各該國主仍

著奏明再行酌發又另片奏新定章程内夷人帶

煙入口圖賣一條請將例内入口字樣酌易為來

内地等字等語著照所議即於新頒例内改易以

杜趨避將此各諭令知之欽此遵

旨寄信前來

上諭　林則徐奏撤任梧州知州失察家丁賄放烟土著將劉錫方革職

道光十九年七月十九日内閣奉

上諭林則徐等奏遵旨審擬撤任知府家丁得賄私放煙土一摺此案撤任廣西梧州府知府劉錫方於家丁張鎬即張漢三婪贓縱煙至六次之多毫無覺察本有應得之咎現當查辦鴉片喫緊之時關隘稽查尤為緊要豈容家丁賄縱實非尋常疎忽可比劉錫方著即行革職以示懲儆餘著照所議辦理該部知道欽此

上諭 著將廣東守備蔣大彪倫朝光俱革職交林則徐等審擬具奏

道光十九年七月十九日内閣奉

上諭林則徐等奏請將原派巡緝營員革職審辦一摺廣東准升水師提標後營守備蔣大彪順德協右營守備倫朝光前經派赴海洋巡緝拏獲販煙運銀各案犯茲據該大臣等訪有侵匿賄縱情弊必應嚴行審辦蔣大彪倫朝光俱著即革職交林則徐鄧廷楨提同案内各犯嚴審確情按律定擬具奏該部知道欽此

欽差大臣林則徐等奏摺　**英人圖賣新來鴉片拒不交兇相機督辦情形**

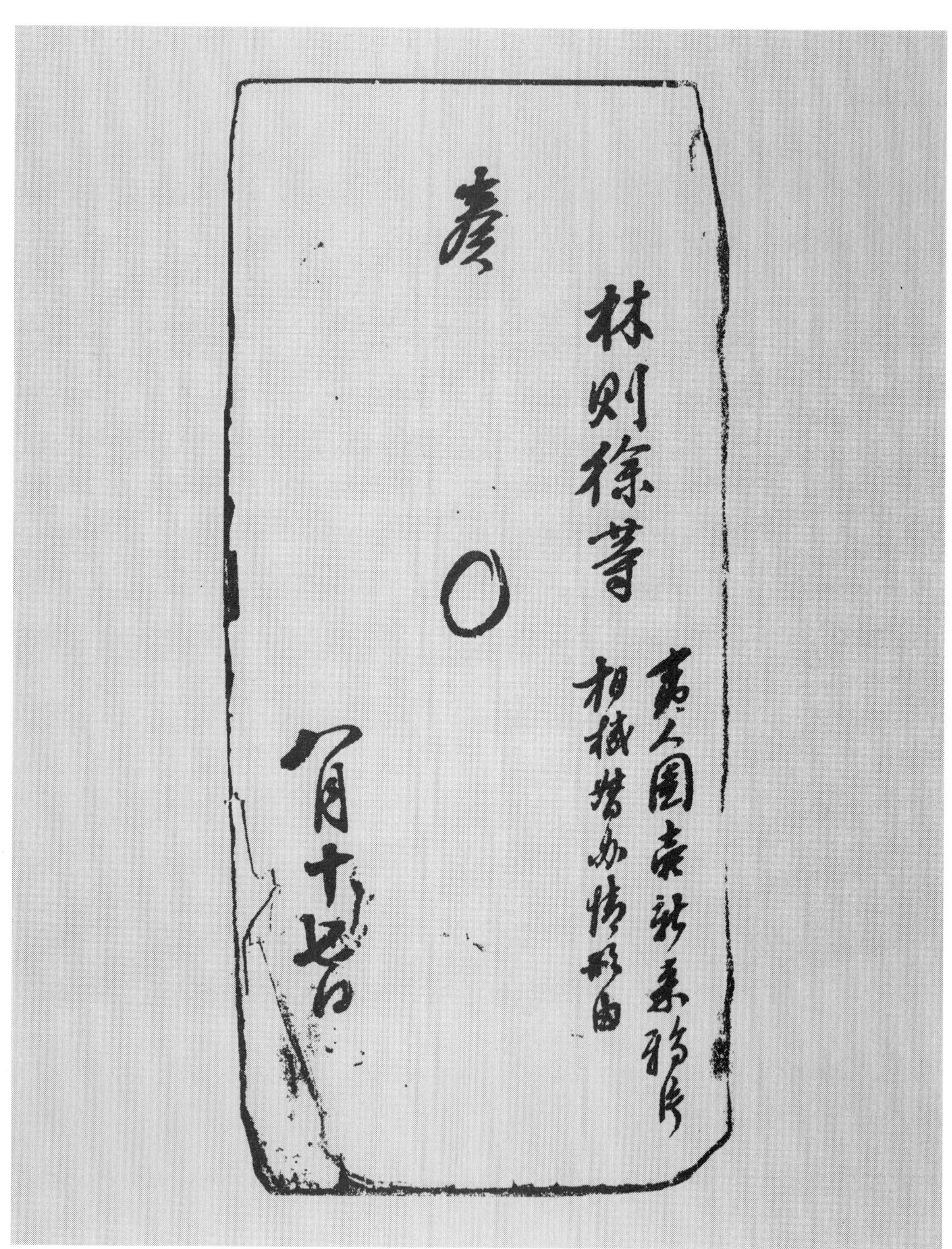

奏
林則徐等
○
英人圖賣新來鴉片
相機督辦情形由
月十七日

臣林則徐 臣鄧廷楨跪
奏為英咭唎國領事義律因求在澳門裝貨
不准輒將該國貨船阻留口外圖賣新來
鴉片又逃匿夷人毆斃華民命案抗不交
兇照例斷其接濟並嚴兵堵守海口該夷與
奉逐各奸夷均已畏懼出澳寄住貨船 臣
等往來香山虎門相機籌辦先將大概情形恭
摺具
奏仰祈
聖鑒事竊 臣林則徐等奉
命來粵與 臣鄧廷楨等會辦

欽差大臣林則徐等奏摺　英人圖賣新來鴉片拒不交兇相機督辦情形
道光十九年七月二十四日

天威夷人咸知震懾前經收繳躉船鴉片二萬
餘箱維時咦咭唎國領事義律在省城夷
館自行查數報繳前後遞具十餘字情
詞恂甚恭順臣等於批諭之中時加稱獎
該領事亦自以爲榮頗形踴躍計繳清烟
土後原定遵出常多論其以爲英夷平日桀
驁性成今乃俯首帖然則伏是千
萬之重費撕卸百年之痼疾不階而
臣
等熟計深籌尤以來年各船夷等爲
慮蓋該國遠在數萬里外有其開船之日尚未知
天朝新例如此森嚴既已攜帶而來無與那其咸
本而中國力除臣患正當於呼手之際拔

責相機豈得將新船轉予放鬆致使
前功盡棄是以臣等請定治罪專條並
立限頒有緩仰蒙
聖明俞允飭定新例頒行其新例未到之先
各國貨船即已陸續到粵者令洋商通
事諭以現來章程船內無鴉片始進口
報驗有鴉片而自首全行呈繳始准予
寬貸免罪並許驗明進口若自揣不敢報
驗即自揚帆回國而免窮追使各國夷
商得以早定主見迨頒到新例又復傳
諭周知截至七月初八日進口報驗夷船
共一十七隻經粵海關監督臣豫堃驗明

均無鴉片惟其開艙貿易不進口而回國
者亦有三隻其中即有鴉片尚不至毒
流內地惟噗咭唎所屬港腳貨船到時本
亦即擬進口旋被義律阻止停泊虎門口
外之尖沙嘴一帶緣義律為該國欽為該
國王給與權柄得以約束眾夷先前繳土
之時力能辦各在澳寄寓之船悉以
駛回虎門一體呈繳迨繳完後義律告
辭下澳當接連具一字云專禁犯夷一樂
誤及正經貿易照各人之家業其實甚重
極須設法半降此弊於常久必推委員來
澳會同妥議章程其違禁犯夷之弊于

冀常遠隔絶等語臣等以為真心請獎
大加批獎並令委佛山同知劉開域赴澳與
之覈議具報
奏准領賞之茶葉一千六百四十箱恭往給賞
以便其豐迅速回帆詎劉開域未到之先義
律於四月二十四日續遞一字云本國船隻進
埔須候本國主批諭方可明白詳飭或蒙
格外施恩全在澳門裝貨感戴靡既等語
臣等接閱之下始相詫異始知前字章程
一語乃係別蓄詭謀蓋澳門孤峙海隅
實亦周通內地向惟西洋夷人准設貿易
額船二十五隻起卸貨物照納關稅自明代

而已茲嘆夷惟利是圖尤深饜其欲故於
煙土之後希圖破例放先此端一開則粵海
關稅同虛設且溯查歷年鴉片之
浸淫流毒皆由澳門囤聚發販年盛一年
道光二年業經將把持收澳門囤所
撤散其後變為躉船今躉船之積土甫除矣
澳門之囤所又起何異驅虎進狼故不得不
決絕批駁且貨船皆從該國給予牌照令
赴內地經商者亦經到粵始候該國
王批諭之理為於字內指破其謊義律
詭計不行竊然潛阻委員刻開城到澳
伊遂不理聞其定存待章程捏稱不准查澳

二二　欽差大臣林則徐等奏摺　英人圖賣新來鴉片拒不交兇相機督辦情形　道光十九年七月二十四日

裝貨候冬季稍可議即傳飭茶葉亦不敢
欽臣等以此項
奏准給貨原係出於格外施恩詎承受即不
准給發此項凡有批諭伊皆不肯接收其犬
羊之性反常原不足與之計較然有不
可疏其覬望其如繳清烟土之空言者有一
半年以來
旨驅逐之奸夷亦有數名未去不能因其不接諭
帖輒任逗留故仍委員赴澳嚴催無論令
西洋夷目協同押逐並諭該國貨船陸續來
粵計至此時已有二十二隻之多該夷商
萬載而來將本求利多不早圖進口卸艙

貿易乃被義律一人把持阻撓俱在尖沙
嘴一帶聚泊廣東天氣炎熱各船中如
洋米洋布棉花等貨難免潮濕霉爛業
已怨懟同聲臣等令洋商通事齎諭
分赴各船剴切開導催令進口咸稱義
律係伊國領事不得不惟命是從而其中
瀝苦懇臣等奸夷既不甘坐繳又不願告
回則更妄於遷延冀以私售禁物現因各
口查緝嚴緊整箱烟土不能運入內洋而
蛋船漁舟與躉船無相貼近乘間買其零
土以圖轉售獲利茲節經又訪聞夷已撥
雖切俱仍且查夷人私設三板裝載鴉片潛赴

偏僻口門以木片為招帖寫所鴉片一個洋只
幾圓字樣隨潮流入口內以賤價誘人售買
是義律之勒令夷船聚泊口外何為圖賣
新來鴉片恐被進口搜查起見夷情詭譎必
見肺肝即多別游手之端亦不得寬其於附
近口門作為巢穴混夷人藉游打降習以為
常五月二十五日尖沙村中有民人林維喜
被夷人滋擾兇毆斃命經新安縣
梁星源驗明頭心及左乳下各受木棍
重傷訊據見證鄰舍稱係英咭唎國
船上夷人所毆眾供甚為確鑿當諭令義律
交出兇夷照例辦理將及兩月延不肯交臣等

縱與該匪亦竟始終不按察思人命至
重英國英夷而廢法律則不但無以馭
他國更何以治華民義律肆意抗違斷
非該國王令其如此安可聽其狂悖而置命
兇於不辦任奸宄以無私壞法義應臣等
實所不能等查嘉慶十三年英國兵頭嘟
嚕哩等至澳門違犯禁令欽奉
諭旨即實力禁絕其來不准買辦食物等因欽此此時
義律與各奸夷擅住澳門前以裝貨爲
詞顯有佔踞之意今更種種頑抗自應查
照嘉慶十三年之例禁絕英夷柴米食
物撤其買辦工人臣等於七月初八日自駐劄

香山縣城兼兵分布要隘俾知儆畏
仍曉諭在澳華民及西洋各國夷人以此
舉專為嘆夷違抗不得不制以威與別國均
無干涉毋庸驚擾且查向例英夷商館貿
易不得在澳逗留等語今該夷既不進口
貿易是不銷貨即不當住澳應令率回
各奸夷均照例不准羈留臣等諭飭之後
澳內西洋夷目旋即出示諭一同驅逐自七
月初九至十九日一旬之內義律率其家眷
暨各逆夷等之奸夷嘆噸等並散住澳內
嘆夷共五十七家眷口遷避出澳寄住
尖沙嘴貨船及潭仔停泊躉船其標要澳門

欽差大臣林則徐等奏摺　英人圖賣新來鴉片拒不交兇相機督辦情形　道光十九年七月二十四日

回省稍遲，旋即香山協副將惠昌燿等稟稱：
該夷窮蹙倉皇，已覺十分兢懼。其餘臣
等察其平日飲食居處奢華靡麗相誇，今寄住
各船，顯有抑鬱難堪之狀，又經禁其食物，
雖其船內糗糧不乏，而所嗜之肥膿燔炙日久
必缺。於供且洋面不得淡水，須於山澗汲泉，若
遏汲供斷此一端，即足以制其命。彼貿易斷不
不肯歇手，眾夷亦不得無心，要令就我範
圍，似已確有把握。惟倔強之性未肯稍受
折磨，此當指敗困阨者，不免稍需時日，而
非乘杜絕行之言，實以此為要緊機關。來
復稽洋船移泊蹤跡，悉查潭仔與澳門相

近而尖沙嘴則與虎門相近，臣等敢謂
度揣往來於香山虎門之間，或分或合，自
當隨時安插，既不敢冒昧以僨事，亦不敢示
弱以長驕，務俾交出兇夷，掃淨煙土，俾
船進埔，報驗艙貨，盡數開行，一切情弊悉
度勢，俟給還買辦工人，仍准住行住澳，凡在
粵東士庶既免夷人胥為虎倀，並免臣
等慎密修防，沿海關隘現俱十分安謐，
堪以仰慰
聖懷。謹將英夷大概情形會同廣東巡撫臣怡
良、水師提督臣關天培、粵海關監督
臣豫堃會銜恭摺具奏

欽差大臣林則徐等奏摺　英人圖賣新來鴉片拒不交兇相機督辦情形
道光十九年七月二十四日

奏伏乞
皇上聖鑒謹
奏
七月二十四日
道光十九年八月十七日奉
硃批　欽此

欽差大臣林則徐奏摺　**查明廣東洋船出口間有私帶華民但無收買幼孩戕生事**

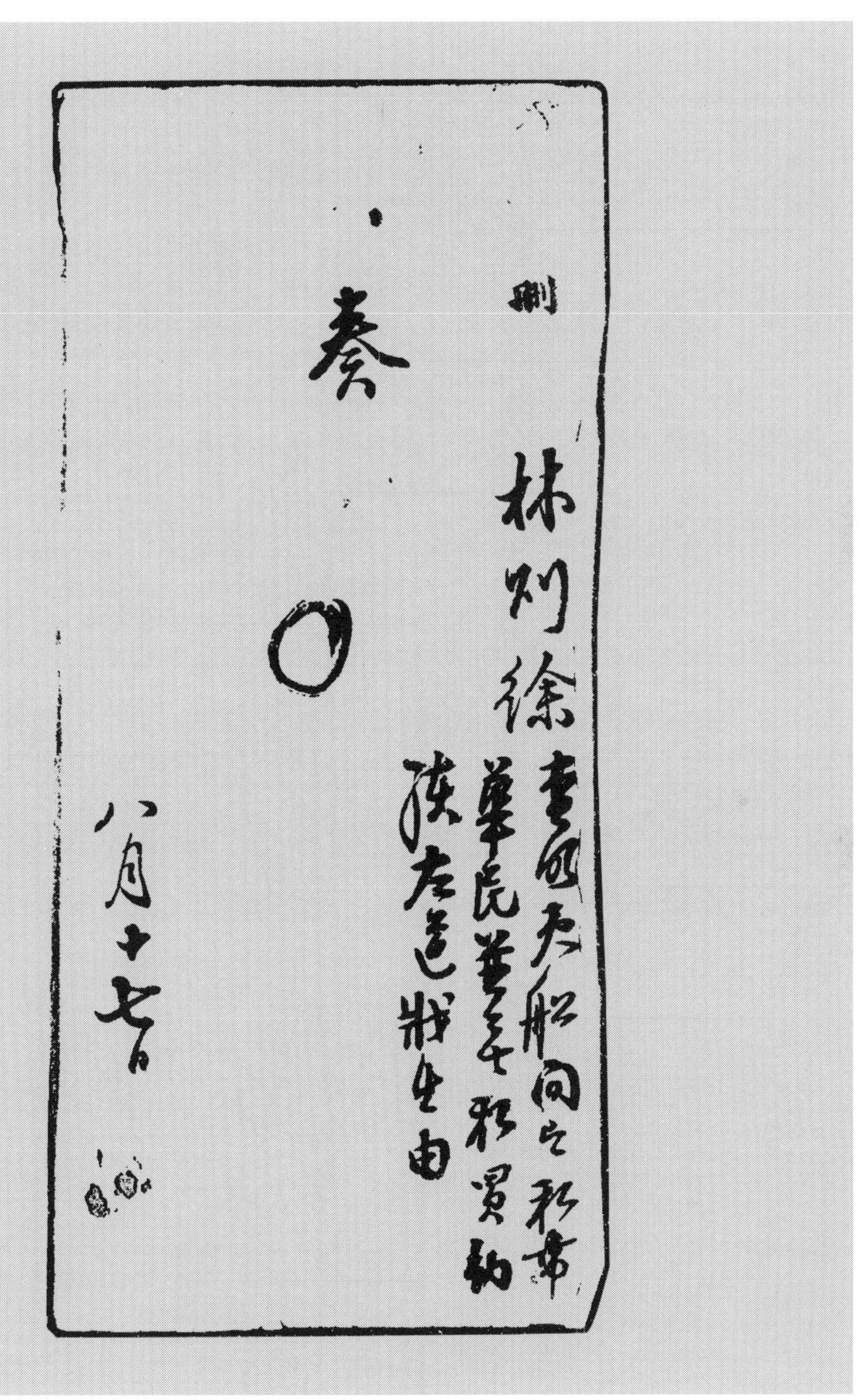

刪

林則徐　查明夷船間亦私帶
華民並無收買幼
孩戕生由

奏

八月十七日

二二 欽差大臣林則徐奏摺 查明廣東洋船出口間有私帶華民但無收買幼孩戕生事

道光十九年七月二十四日

臣林則徐跪

奏為查

旨查明廣東洋船出口間有私帶華民但無收買幼

孩且無戕生之事據實覆

奏仰祈

聖鑒事竊臣於本年六月初十日承准軍機大臣字

寄欽奉

上諭有人奏閩廣兩省沿海地方每有夷船往來收買內

地年未及歲之幼孩少者數十多至數百不等每逢

出口將買男女每船或二三百名分載夷船實堪痛恨若不

禁止查禁以無辜之赤子投諸聲教不通之絕域

地方官有父母斯民之責豈宜置若罔聞且誤

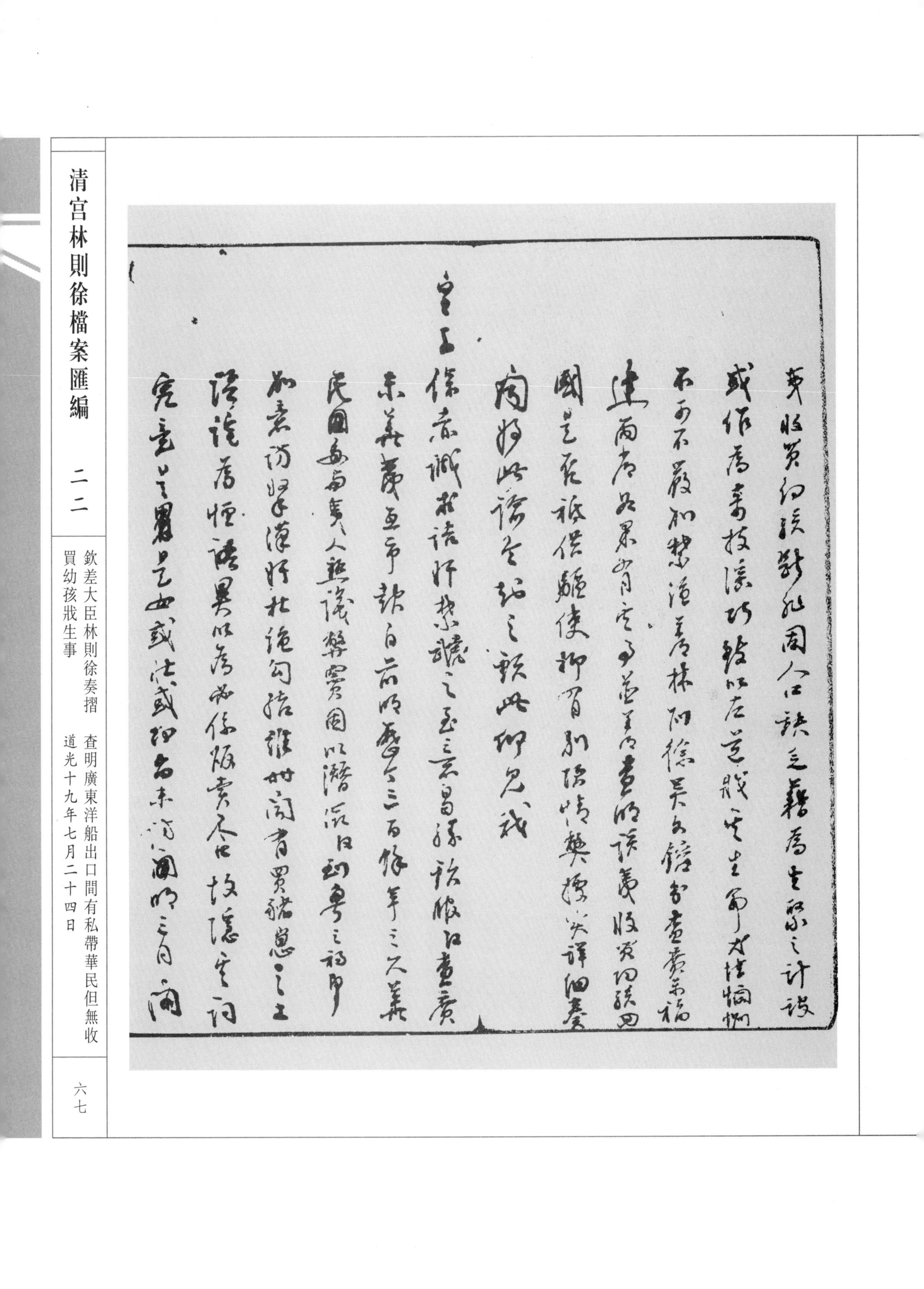

欽差大臣林則徐奏摺　查明廣東洋船出口間有私帶華民但無收買幼孩戕生事

道光十九年七月二十四日

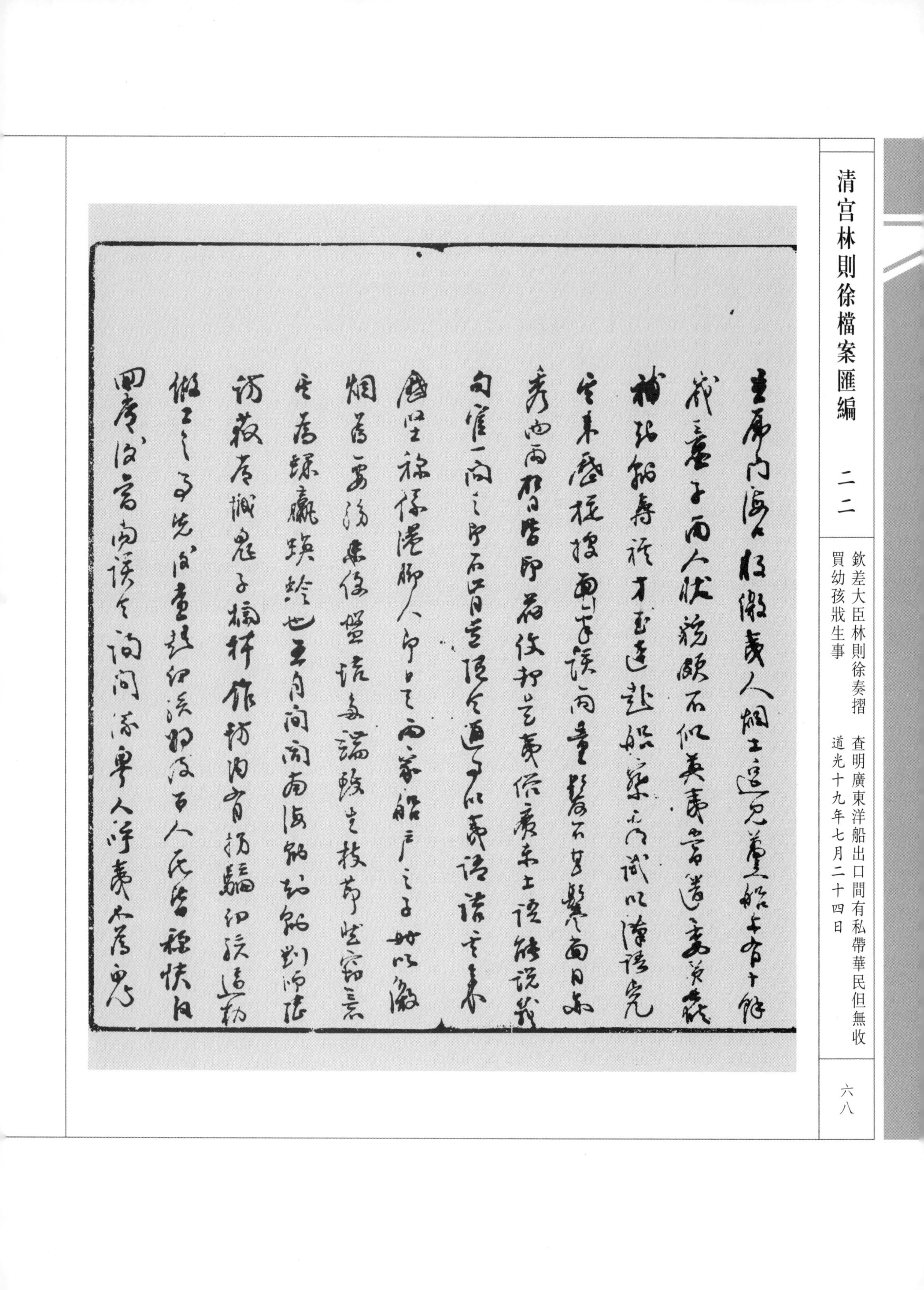

欽差大臣林則徐奏摺　查明廣東洋船出口間有私帶華民但無收買幼孩戕生事

道光十九年七月二十四日

[illegible]

欽差大臣林則徐奏摺　查明廣東洋船出口間有私帶華民但無收買幼孩戕生事

道光十九年七月二十四日

子。夷人有一種[illegible]

子。[illegible]廣東省[illegible]

法國工人[illegible]騙拐孩[illegible]

鐵十丈[illegible]

[illegible]等者[illegible]詳辨[illegible]

無人又有鬼子在[illegible]傳訛

近年因欽奉

諭旨，飭查夷人收買幼孩，復以澳門為[illegible]

之區，密飭署澳門同知蔣立昂切實查究，又因

船出揚帆[illegible]

不令改裝至澳查訪[illegible]

歲每向夷船回國間有無業貧民私相[illegible]

欽差大臣林則徐奏摺　查明廣東洋船出口間有私帶華民但無收買幼孩戕生事
道光十九年七月二十四日

一僱出洋但必擇年力強壯之人方稱得當稚不
僱用設定每人先付洋銀六七元置買衣物帶
至該國如今開山種樹或做粗重活計每年
口食之外仍給洋銀十餘圓三年後任從他往
且查亦有一二夷船慣搭窮民出洋謀生不要
船價亦不立債帖到各處聽其任人僱用限一年僱
價償還該船主取去每一年後乃按月給予本
人工資當受去船之時皆以米魚鹹假呼此等
搭船華民一同就食亦呼豬仔內地呼豬相似
故人目此船為買豬艚究其實只係安良小民謀食
于十餘年前連值荒年去者嘗以千百計近年
則甚屬稀少至每年未及成之約僅有拐賣一二作

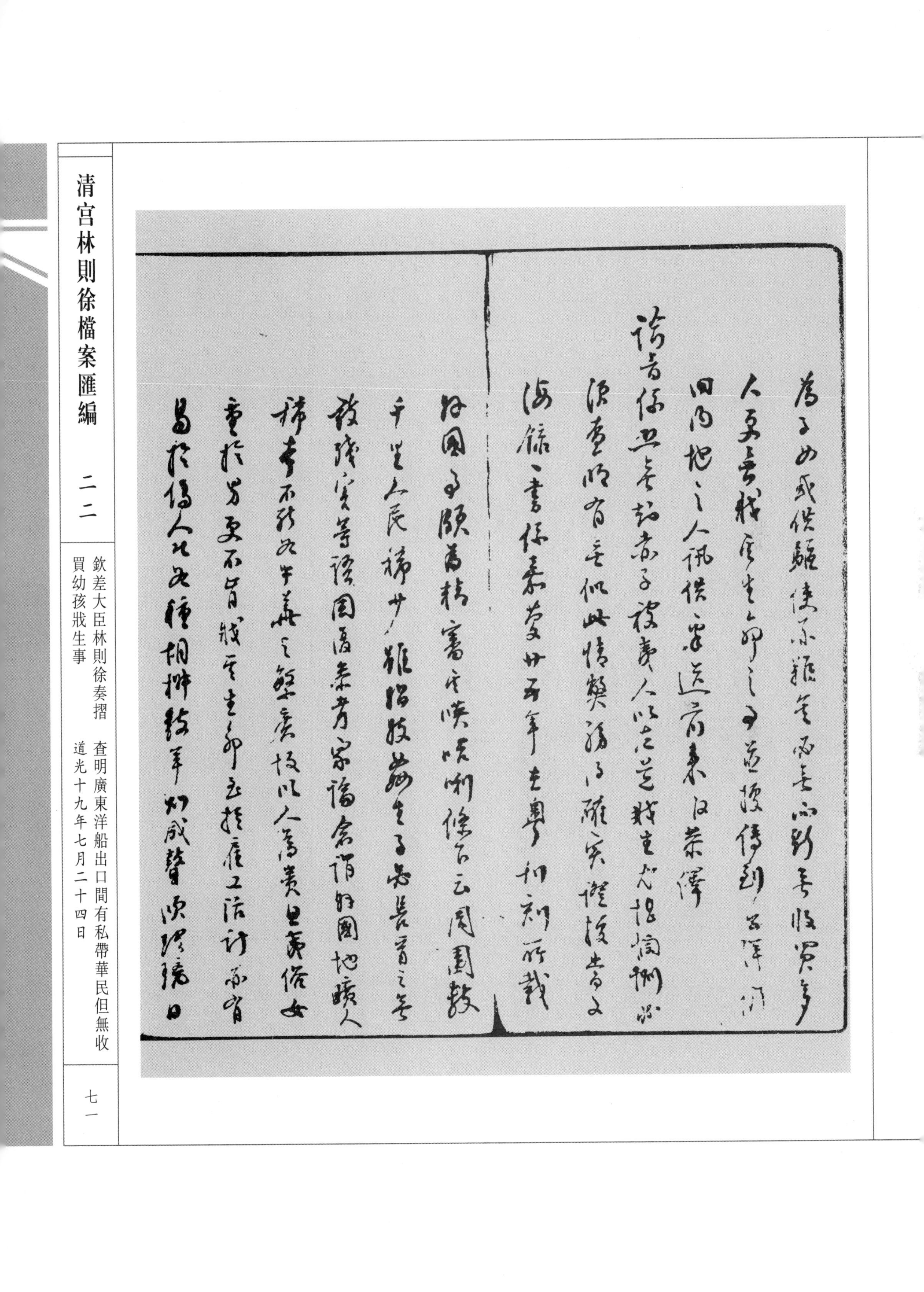

欽差大臣林則徐奏摺　查明廣東洋船出口間有私帶華民但無收買幼孩戕生事

道光十九年七月二十四日

又知戕害。問此等夷雇內地人為之，之雇價較
厚，皆出於情願，且無強拿留難，能在茶戕
生之說，固屬在官莫查，於鴉片或於漢人者無
之收買，所聞如係寧波鴉片而開風氣之源同流
之心，甚或鴉片之家勾結夷人，死即棄，死一值為奸
所聞，又以夷書所載，國之鴉片，有書數尺右
先未事鴉片為用，爾夷人之害，西洋異自不戕
人之生，雖此之未必有微，而至理寓有信且
粵省嘉義，稽察自通，果有傳說華民
戕生，殊無日不不[illegible]之理，[illegible]論書之實無此了。
仰祈
聖鑒。謹將[illegible]南粵[illegible]海口[illegible]夷[illegible]到[illegible]

欽差大臣林則徐奏摺　查明廣東洋船出口間有私帶華民但無收買幼孩戕生事
道光十九年七月二十四日

有無私帶人口出洋及外夷收買幼孩查出
未獲到案俟到時從嚴審辦如有情弊亦
不敢壅於
上聞所有現在查明緣由謹繕摺據實
奏伏乞
皇上聖鑒謹
奏
道光十九年八月十七日奉
硃批知道了欽此
七月廿四日

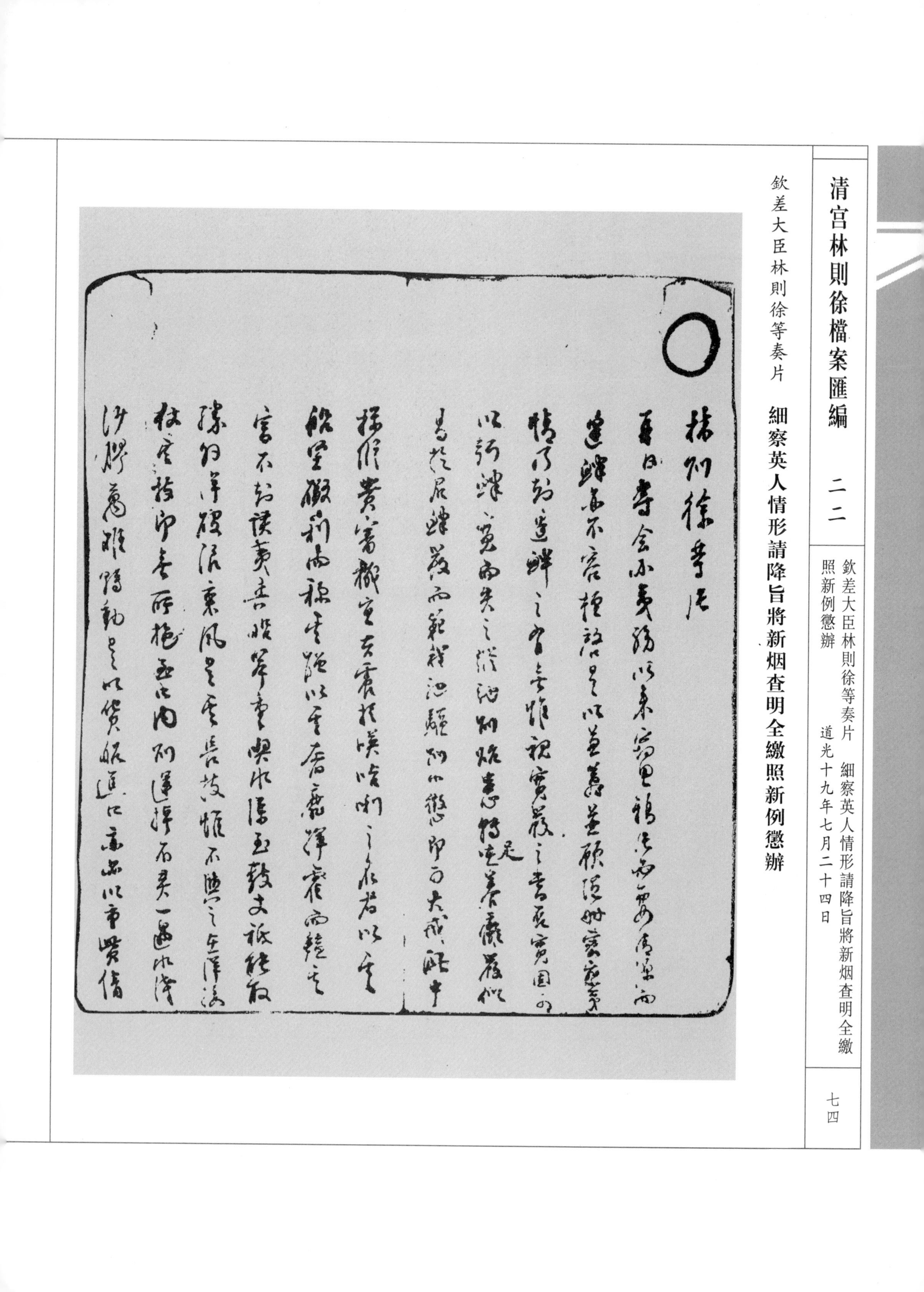

二二　欽差大臣林則徐等奏片　細察英人情形請降旨將新烟查明全繳照新例懲辦

道光十九年七月二十四日

欽差大臣林則徐等奏片　**細察英人情形請降旨將新烟查明全繳照新例懲辦**

土人等引而兵船更不能下矣。從前雖嘗

昧道虎門拒守，然勢難深入，回澳等處豈至於

證且夷兵除槍礮之外，擊刺步伐俱非所嫻，而

其腿足纏束緊密，屈伸皆所不便，若至岸

上更無能為，是其强非不可制也。該夷性奢而貪，不

務本富，專以貿易求贏，而貿易全賴中國

其所以馬頭作得萬年利之藪，設使而西夷

不但不能販中國之貨以濟他國之需，且夷國之

洋布棉花等物無售，彼其不受，其貿易自必沒

國之所以為命，而中國馬頭不復國貿易為者

所以為命者，皆斷之不能自絕之勢，而彼難貪

恃得以鴟張，淆中國之危，竭其財來

欽差大臣林則徐等奏片　細察英人情形請降旨將新烟查明全繳照新例懲辦

道光十九年七月二十四日

據呈各路商賈貿易中，諸夷第又以該國爲首同業

其六家，年來該國因乾隆年間於粵省者據設立

公司，抽取貿易之利，原設卅年，限滿續展自

作賈貨進，候該兩國無出，又展兩次，限期該

國英民貿易不服，甫於道光十四年始行撤去。

是其富強不足恃也。且該國所處偏僻地方

東西牢原甚狹，距海程七萬里，年向西之陂一處

恐得之惡風，海所無行舟至此，其石險，惟以至別

趨國都，遠打折至難，回視西北，任取以順

長驅之比。又聞該國現係女王在位，四載年僅

廿十左右，所父兄等物帶操性，有窺覬之心，內顧不遑

籌遠猶，蔑賈商而長他國種之爭

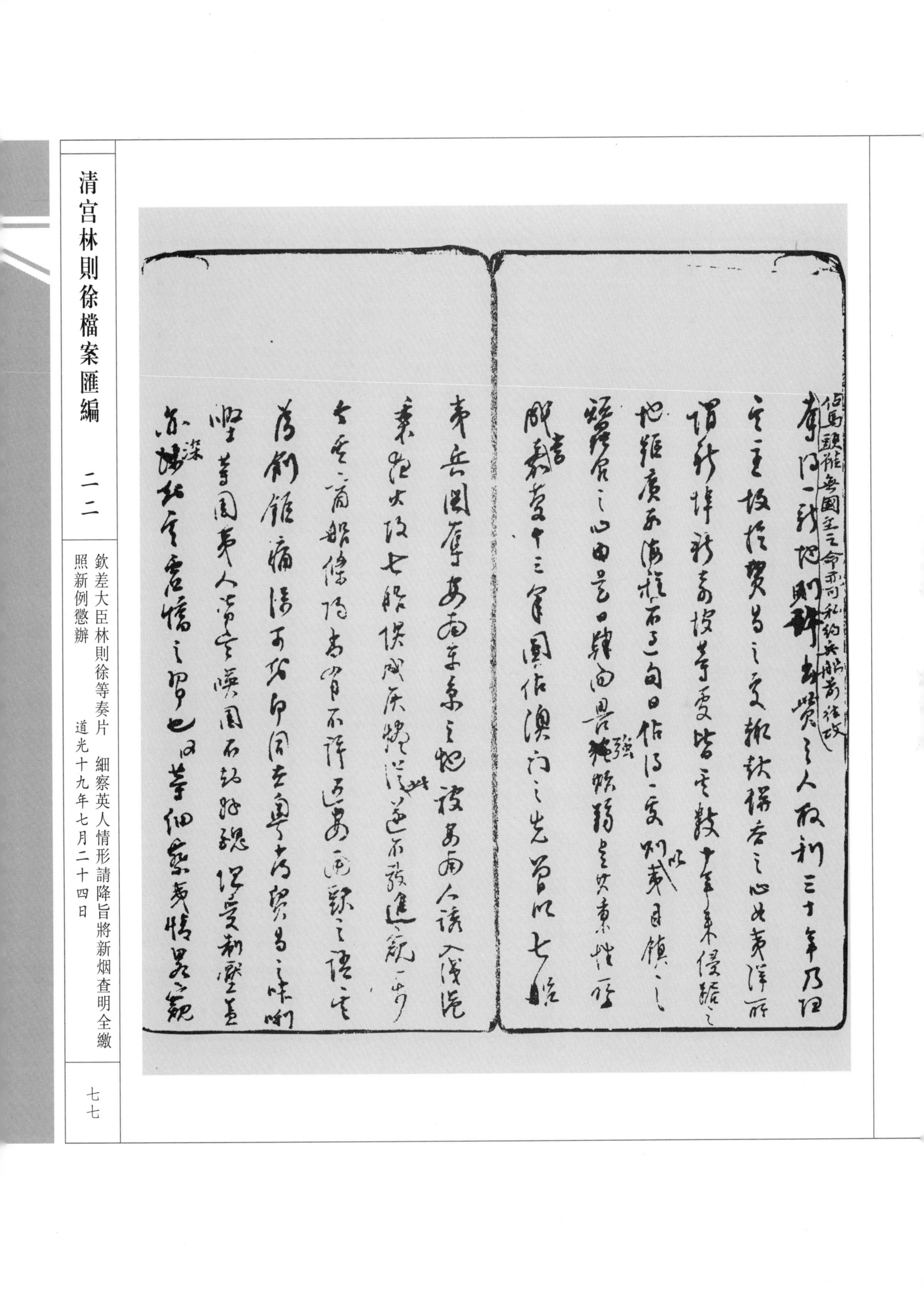

欽差大臣林則徐等奏片　細察英人情形請降旨將新烟查明全繳照新例懲辦

道光十九年七月二十四日

底蘊詭譎萬分，設以侵凌他國之術窺伺中
華，而不勝籌度奸謀，詭以鴉片流毒之術，當
臣林則徐到粵之始，曾屢飭該夷將躉東
天威，懍且慮不可例抗，一經嚴諭，即將二萬餘箱和
盤托出，嗣又指為寬假，來至俾及英人當[illegible]
說後稍有智巡泊海上，請以澳門為[illegible]
[illegible]仍作之嚴兼收束備之失，此又天情之大
其意已以等商於收繳煙土，姑先箱繳出[illegible]
洋商譯表文[illegible]攜年，按日計箱[illegible]
淨竟有一月之內，能至一萬二千數百箱者，是
第英把一年所發不下十餘萬箱，姑置之於化
開者亦至此數之內，而中國德化大[illegible]

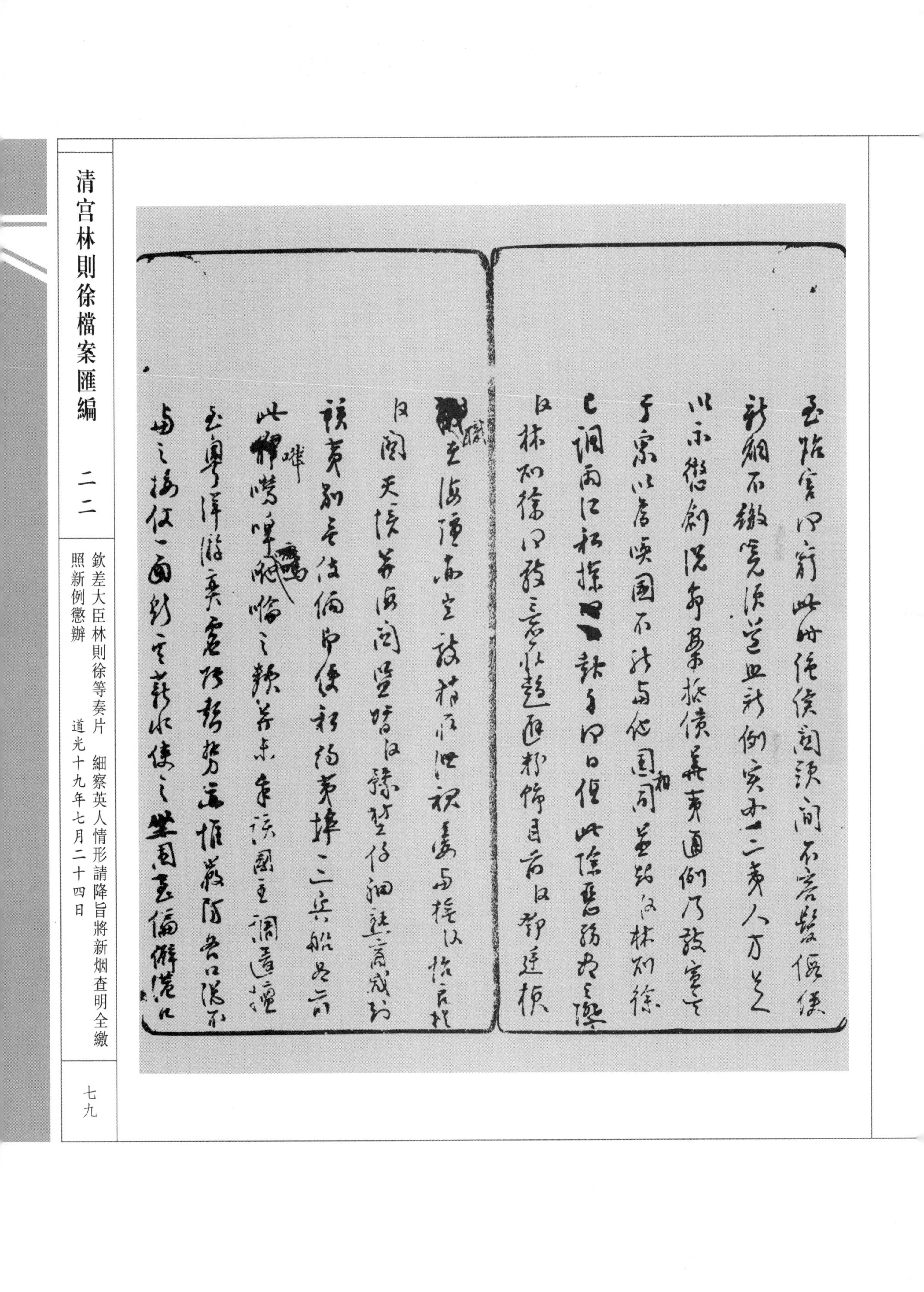

欽差大臣林則徐等奏片 細察英人情形請降旨將新烟查明全繳照新例懲辦

道光十九年七月二十四日

欽差大臣林則徐等奏片　細察英人情形請降旨將新烟查明全繳照新例懲辦

道光十九年七月二十四日

該夷大艘斷不能行而三板小艇應須防其闌入

臣等察看情形所有沿海村莊不但紳士諳

人衛衛刺首即漁舟村居亦俱願隨眾必

能自保身家團練抵禦彼見處處有備自必不敢

行留而鴉片來源既如此嚴重堅堵不許來遠

斷絕是以伊等同揣心為處處均屬相符但該

夷以律在粵每年據點來著附近爆竹

報探諜捕寧亞習聞官事雖一字難此信而烟

鴉窯知竟無別停撥該國相距太遠待報得辦

煩人出實情將聲諸言皆空慌拔尾此詭

詐百出並非掩撥以徼行伏乞

皇上明降嚴旨切責臣等務將夷船新烟查明全

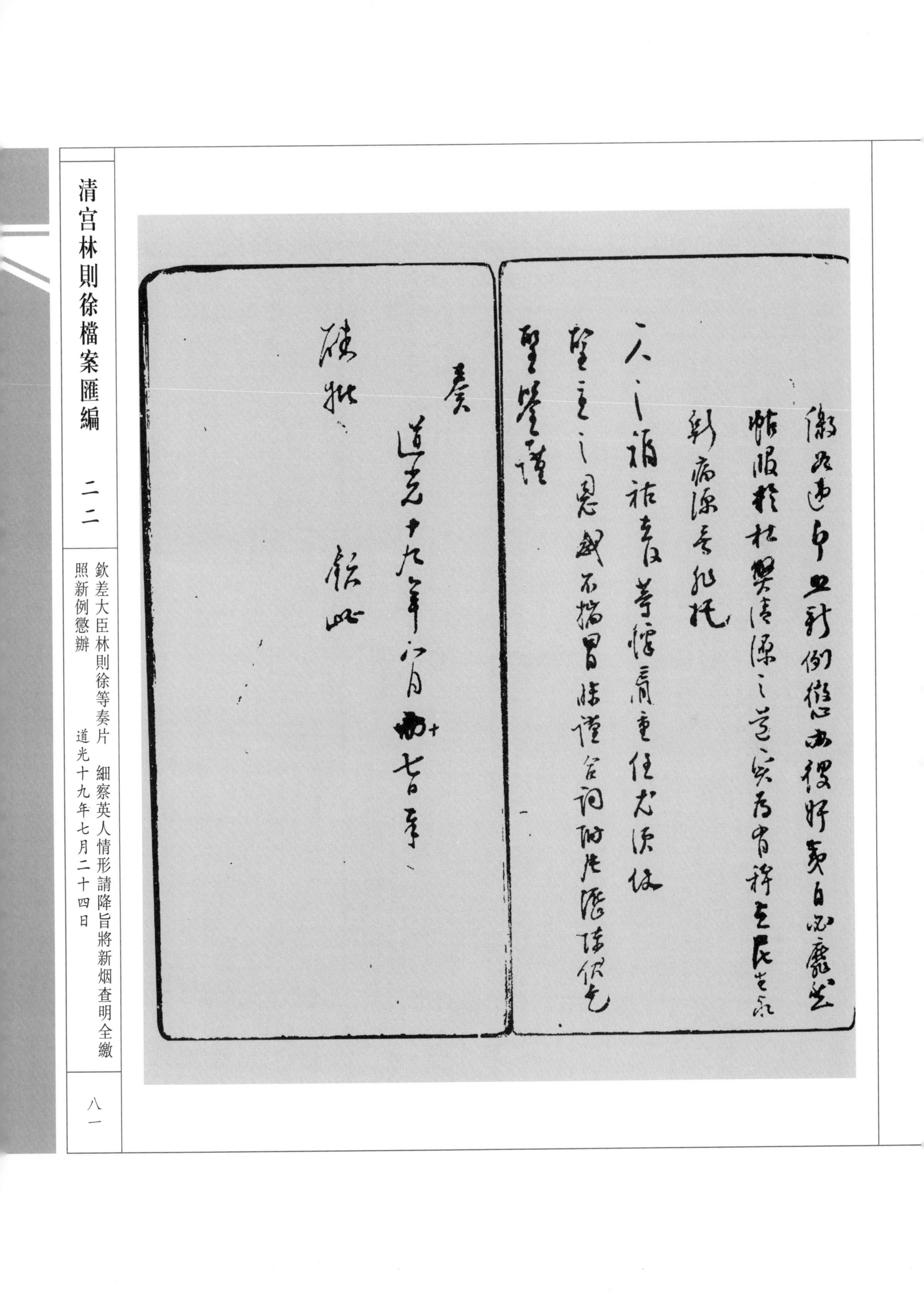

欽差大臣林則徐等奏片 細察英人情形請降旨將新烟查明全繳照新例懲辦

道光十九年七月二十四日

欽差大臣林則徐等奏摺　**英船開礮擊師船被轟退求葡人轉寰情形**

林則徐等　英船隻被礮轟
擊現辦情形由
奏
〇
九月初五日

欽差大臣林則徐等奏摺 英船開礮擊師船被轟退求葡人轉寰情形

道光十九年八月十一日

臣林則徐 臣鄧廷楨 臣關天培跪
奏爲𠸄夷義律於出澳後率領該國夷船以索食爲名突向
師船開礮經參將賴恩爵等奮勇抵禦大挫其鋒該夷旋向
澳門同知投遞稟求說帖並託西洋夷目代爲轉圜臣
等仍當相度機宜兩籌勦撫先將現辦情形恭
摺奏祈
聖鑒事竊照𠸄咭唎國領事義律前因求在澳門裝貨
不准擅將該國新來貨船阻留尖沙嘴洋面圖
賣鴉片並至今將夷其躉任意逗留又命案抗
不交兇給諭亦不接受是以臣等斷其接濟並
勒兵分路嚴防義律乃住澳各𠸄夷悉行遷避
出澳經臣等於七月二十四日會摺具

欽差大臣林則徐等奏摺 英船開礮擊師船被轟退求葡人轉寰情形

道光十九年八月十一日

奏在案。嗣知被逐奸夷多住尖沙嘴船上，臣林則
徐、臣鄧廷楨當即移駐虎門，就近調度。臣關天
培自七月以來，常在沙角洋次督領本標師船，與
調到之陽江、碣石兩鎮舟師按日分合操練，以
振軍威，並加派弁兵協防，挑練添雇水勇，裝配火
船，以備隨時調遣。旋接探報：義律將該國貨
船中挑出船身較大之嘚咇喇吐等船兩隻
及廣東之三板數隻，一併湊集礮械，假扮
兵船，又有自夷埠新來之兵船一隻，帶有礮械
較多，拋泊各夷船之前，特為保護。臣等於各路
水陸要口，雖已嚴密佈置，不使一處疏虞，仍諄
諭領兵各員不得輕舉肇釁，原冀義律早知悔

硃　硃　硃

惟果能交兇繳土將貨船陸續進口即可撤去兵
防照常貿易詎七月二十九日據大鵬營參
將賴恩爵等稟稱該將帶領師船三隻在九龍
山口岸查禁接濟防護礮臺該處距尖沙嘴
約二十餘里七月二十七日午刻義律忽帶大小
夷船五隻赴彼先遣一隻攏近師船遞字求買
食該將正遣弁兵傳諭開導間夷人出其不意
將五船礮火一齊點放有記名外委兵丁歐
仕乾當身料理軍械猝不及防被礮子打穿脇
下殞命該將賴恩爵見其來勢兇猛亟揮令
各船及礮臺弁兵施放大礮對敵擊翻雙桅
夷船一隻在旋渦中滾轉夷人紛紛落水各船撈

可嘉之至

硃 硃

迨少頃該夷來船更倍於前後有大船擱截鯉
魚門礮彈蜂集我兵用網紗等物設法閃避一
面奮力對擊瞭見該夷兵船駛來幫助該將弁
等憤激之下奮不顧身連放大礮轟斃夷人多
◎名一時看不清楚◎但見夷人急放三板下海撈
可惜
救◎時有兵丁陳瑞龍一名手舉鳥槍斃一夷人
被回礮打傷陣亡迨至戌刻夷船始遁回尖
沙嘴計是日接仗五時之久我兵傷斃者二名
其受傷重者二名輕者四名皆可醫治師船向
有滲漏擱淺亦有損傷均可趕修完整嗣據新
安縣知縣梁星源等稟報查夷人撈起屍首就
近掩埋者已有十七具又漁舟疊見夷屍隨潮

硃

漂淌撈獲夷帽數頂，並查起兵係於兵船之船主
嘚唦喇吐手腕被礮打斷，此外夷人受傷者尤不
勝計。自此次對仗以後，迴洋舟師均恨奸夷先
來尋釁，巡防愈嚴。八月初五日寅刻，守備黃琮
等率領兵勇在澤仔洋面偵見販筍小艇靠攏
夷船一隻，常同引水謀明係屬逐未去之哖嘚
哪蓬船知又潛賣鴉片，當即上前查拏，該蓬船水
手數人即先跳入小艇，乘槳逃竄，其在船之人亦已
打開礮。○任黃琮等先擲火斗、火罐，船中火
發，衆夷跳入水，生擒陸晁水登岸，外獲解伙七
工人二名，現傷審究詳供，其時哪蓬船亦即被火
燒燬，並有受傷人等，救命損而來。臣等查漢夷嫌

欽差大臣林則徐等奏摺 英船開礮擊師船被轟退求葡人轉寰情形

道光十九年八月十一日

畏懼是其本性，向來師船未與接仗，旋傷不少，且奔

自我開而彼轉輕視舟師，以為力不能敵，此次衆人不覺膽

氣，先行開礮，傷害官兵，一經奮力交攻，我兵以少勝多，足

使捍勇騰踔，即空墓屢驅不去，始知後前一炬成灰，亦

可懲一儆百。臣在寓看[illegible]該夷動靜，以籌操縱機

宜。茲八月初九日接據署澳門同知蔣立昂等稟稱：初七日義律

潛出澳門，該同知等聞信正欲驅逐，旋據西洋夷目代遞義律說帖一紙，內

稱：唉咭唎國領事義律敬字上澳門軍民府大老爺、清營，義律在粵

有年，每年大憲派行辦事，無不認真辦理，而此次豈有別心？至義

律所求者，祇欲承平，與相温和而已。謹此奉知，等語。並據西洋夷目稟

稱義律並託伊等代轉圜，懇該同知討明與該夷回面商，會議明定

章程。義律係已回船，不敢留澳等情。臣等察其情詞，雖未[illegible]

向第自謂謁夷辦事而竟僭賣鴉片庇匿既夷自謂豈有別心而以索食為名先行開礮其詐其文安可遽信況經此番摧挫其懷畏之狀亦已情見乎詞在臣等所慮其送令回者亦不過繳土交兇貨船進埠等事英夷亦奇以所難究竟西洋夷目所請代為寄商之處即使將此數事逐無成理折或爲有干求臣等已批飭澳門同知蔣立昂於所議俟隨時條陳以憑覈辦此後義律再行悔循法度不越範圍自當宣布

硃 硃

既有此番舉動若再示以柔弱則大不可朕不慮卿等孟浪但誡卿等不可畏葸先威後德控制之良法也相機悉心籌度勉之慎之

皇仁寬大既往若萬不得已仍須制以兵威臣等亦已密定機宜蓄養精銳於山海形勝逐一詳細講求且察看水陸官兵似亦皆能用命紀綱上足以崇國體下足以懾夷情不致稍長日久難改貽萬年之患以仰副聖主恩威並濟中外兼籌之至意除俟籌議覆到覈明准駁再行具

欽差大臣林則徐等奏摺　英船開礮擊師船被轟退求葡人轉寰情形

道光十九年八月十一日

奏外所有現辦情形謹合詞恭摺具

奏伏祈

皇上聖鑒再廣東沿海關閘仍保十分靜謐各國貨船照常進口

計自本年五月至今已進二十五隻合併聲明謹

奏

道光十九年九月初五日奉

硃批

欽此

道光十九年八月　十一　日

欽差大臣林則徐等奏摺

巡閱澳門抽查華洋户口傳見洋人頭目情形

奏

林則徐等　巡閱澳門抽查華夷户口各事由

〇

九月初五日

鴨34

欽差大臣林則徐等奏摺　巡閱澳門抽查華洋户口傳見洋人頭目情形

道光十九年八月十一日

欽差大臣林則徐等奏摺 巡閱澳門抽查華洋户口傳見洋人頭目情形

道光十九年八月十一日

臣林則徐 臣鄧廷楨跪

奏為會同巡閱澳門抽查華夷户口傳見西

洋夷目宣示

德威恭摺具

奏仰祈

聖鑒事竊照廣東澳門一區在廣州府香山縣之

東南距縣治一百三十餘里東西南三面環海

惟北面陸路可達縣城自縣城南行一百二

十里曰前山寨設有海防同知暨前山營都

司駐劄再進南十五里建有關牆一座駐

兵防守為扼吭拊背要區出關即入澳境溯

自前明許西洋夷人寄住每年輸地租銀五百兩由

香山縣征收澳內業造夷樓棧宇相望並建
礮臺六座以防他夷其房屋除西夷自住外
餘皆僦給別國夷人居住而以暎咭唎國為
較多西夷挈眷而居歷今三百餘年踐土食
毛幾與華民無異雖素稱恭順不敢妄
為而既與島夷朝夕往來即難保無牟利
營私倚夷藉民情弊臣林則徐等
命來粵與臣鄧廷楨悉意籌商以華民雖與外
洋而澳門實為夷商聚集之所且其間華
夷雜處漢奸句串尤為若不從澳門清源
則內外綫索潛通仍恐漸成弊藪是以於
四月間擬委署佛山同知劉開域署澳門

同知蔣立昂香山縣知縣三福署香山縣
縣丞彭邦晦做照編查保甲之法將通澳
華民一體按戶編查毋許遺漏並將同該
夷目挨查夷樓房屋照戶稽核據該夷
等查明戶口造冊呈送計華民一千七百七
十二戶男女七千零三十三丁口西洋夷人七百
二十戶男女五千六百十二丁口𠸄咭唎國僦
居夷人五十七戶並查明從前收烟之時𠸄
夷烟嚱吐將躉船烟土偷運八十箱入澳被西
洋夷目查知將原土押交𠸄國副領事參
遜一體呈繳又據該夷目自行拏獲該夷
人啞嘿嘶零烟在馬頭焚燒將啞嘿嘶收
監按照夷法問罪此外並無存貯烟土

甘結字據親臨查出前奉臣等因驅逐嘆
國住澳奸夷由省城移駐香山遂於七月
二十五日自香山起程二十六日清晨統領
將備營弁兵整隊出關該夷目嚃嚧
嗎哋哆率領夷兵一百名迎於關下兵總四人
戎服佩刀夷兵肩鳥鎗排列道左隊內番樂
齊作俟臣等輿衛行過兵從導領夷兵
番樂隨入至新廟夷目嚃嚧嗎哋哆具手
版稟謁命之進見該夷免冠曲身意甚恭
謹臣等宣布
恩威申明禁令諭以安分守法不許屯烟禁物
不許徇庇奸夷上負

大皇帝撫綏懷柔至意，該夷點頭領會，拱向
通事等稱夷人仰沐
天朝豢養二百餘年，世保子孫，共安樂利，中心
感激出于至誠，何敢自外生成，有干法紀，
現在隨同官憲驅逐夷烟奸夷，亦屬分内當
為之事等語，以手撫額，並三致謝退出。臣等
當即賞以綢扇茶糖，並頒賞夷兵牛酒
麵觔數十事，番官[illegible][illegible]再辭而受。臣等
即入三巴門，經三巴寺、關前街、娘媽閣至南
灣，皆率隨員抽查夷樓民居，均與冊造
相符。其賃給英夷房間，自英夷離澳後，現
俱關閉，應加防察。自春間查辦以後，該西洋

夷樓實多存煙土情弊隨由南灣折回前
山所有經過之三巴媽閣南灣各礮俱發一十九
礮詢之澳人稱係該國大禮以示尊崇不獨
岸行兵從華領夷兵迎至閘鋪跪以擁
迓臣等沿途察看不但華民扶老攜幼夾
道歡呼即夷人亦皆[illegible]摩肩奉趨恐後
恬熙景象
幬載同深此臣等巡視澳門之實在情形也臣等伏
思夷人心性反覆靡常挾詐懷私乃所時
有如果將從別路固當撫之以恩莫使
微露形跡即當繩之以法此次因查出形跡
執法甚嚴澳夷震懾

天威畏服，恪遵諭令。華夷叢雜，最易
因緣為奸，應請于每年秋間，查照現在編
查之法，檢飭澳門同知會同香山駐澳
縣丞編查一項造册通詳，再由督撫兩司
于年終彙齊前往抽查，如有澳夷屯販禁烟
及庇匿別國賣烟奸夷等弊，即行隨時懲
辦，以清弊藪，而靖夷情，似于邊徼防維不
無裨益。是否有當，謹會同恭摺具
奏，伏乞
皇上聖鑒訓示。謹
奏。
道光十九年九月初五日奉
硃批：欽此。

欽差大臣林則徐等奏摺 巡閱澳門抽查華洋户口傳見洋人頭目情形

道光十九年八月十一日

兩江總督林則徐奏片　道光十九年八月十一日
漕運事宜俟原奏寄到再體察奏聞

臣林則徐跪
奏再臣承准軍機大臣字寄道光十九年七月初四
日奉
上諭前據金應麟奏請將漕運事宜量為變通已有
旨交兩江總督江蘇巡撫妥議具奏本日復寄諭
陳鑾諭諒先行籌議仍著林則徐俟查辦廣東事
竣接受兩江總督篆後即將金應麟原奏內所請各
款悉心體察通盤籌畫會商定議具奏將此諭令
知之欽此伏念臣前
恩調任兩江于漕運事宜分應悉心籌畫祇因廣東夷
務尚在吃緊之時臣未奉
諭旨仍赴新任不敢遽行離粵而兩江州县積弊即

兩江總督林則徐奏片　**漕運事宜俟原奏寄到再體察奏聞**

兩江總督林則徐奏片 漕運事宜俟原奏寄到再體察奏聞
道光十九年八月十一日

次辦理新漕如有應行變通之宜自當早為定
議惟臣未見全慶原奏無從酌覈現已飛咨
兩江督臣陳鑾江蘇撫臣裕謙鈔錄原奏
咨寄來粵一俟寄到臣即當細加體察敬抒管
窺之見籌議奏
聞合先附片陳明伏祈
聖鑒謹
奏
道光十九年九月初五日奉
硃批知道了欽此

上諭 著林則徐等相機驅逐可疑英船斷其接濟

軍機大臣 字寄

欽差大臣林 兩廣總督鄧 廣東巡撫怡 提督
關 傳諭粵海關監督豫堃 道光十九年八
月十七日奉
上諭林則徐等奏督辦驅逐夷船斷其接濟一摺又
另片縷陳該夷詭詐各情形等語覽奏均悉該奸
夷等遷延不去希冀在澳門交易兼欲偷賣新來
鴉片並於毆斃民人之案不將兇手交出當此法
令森嚴之際膽敢肆意抗拒實屬可惡該大臣等
現在禁絕柴米食物撤其買辦工人自應權宜妥
辦不可稍示以弱至該夷等既以淡水為養命之
源務當稽查漢奸毋許私行接濟其詭詐恫喝固

不值與之計較而密為防範調度弁兵亦不可稍
涉鬆懈著林則徐等悉心商酌趁此警動之機力
除弊竇所有該國大小船隻遊弈洋面跡有可疑
者均著驅逐出境俟該夷等悔罪畏服領賞回國
並將兇犯交出彼時該大臣等再行酌量辦理威
德兼施或可一勞永逸總之不可冒昧僨事亦不
得示弱長驕惟在林則徐等相度機宜籌畫盡善
毋負諄諄訓諭至意將此諭知林則徐鄧廷楨怡
良關天培並傳諭豫堃知之欽此遵
旨寄信前來

欽差大臣林則徐奏摺　**鈔録英吉利國領事義律面遞澳門同知説帖**

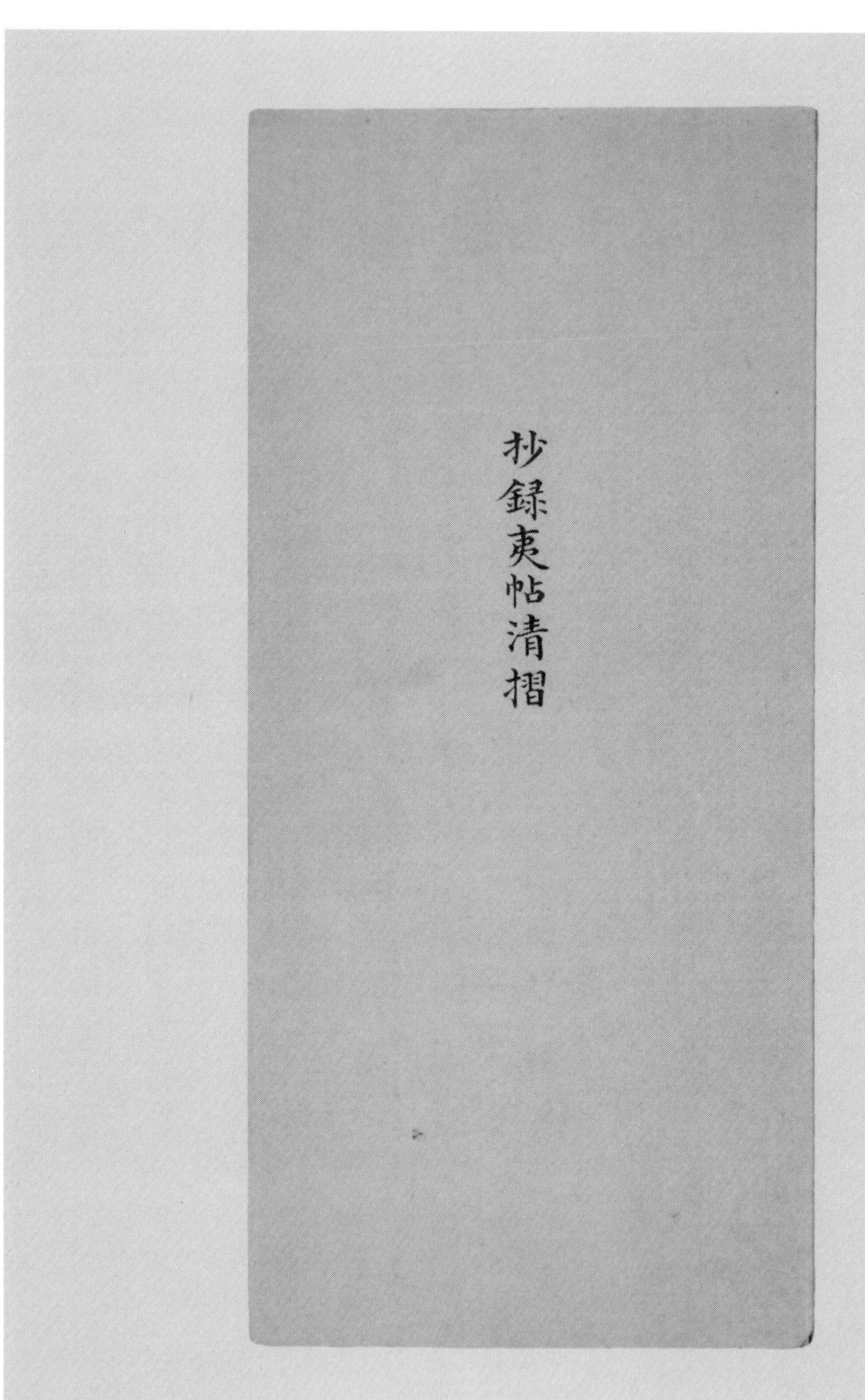

謹將嘆咭唎國領事義律面遞澳門同知說帖

抄録清摺恭呈

御覽

義律接到軍民府大老爺本月十三日轉發大

憲傳諭條款一本為此恭敬真實陳覆也

一速將鴉片全數呈繳等諭　領事惟得謹報實情

早經嚴行誡諭本國船隻如有載帶鴉片者令

其立即開行則現泊尖沙嘴洋之船隻自不應

有一兩鴉片而官憲每時有疑要往查驗嘆國

船有無裝載或驗各船或查某隻領事自當派

令屬官同行搜檢儻若查得實有即將貨物盡

行没官領事亦不敢辨駁相阻葢

欽差大臣林則徐奏摺　鈔録英吉利國領事義律面遞澳門同知説帖　道光十九年八月十七日

大皇帝所禁之貨暎咭唎官斷不保護也且若暎咭
唎商人自有之船或商友託為代辦船隻載有
鴉片而該商人賣之獲利並不禀明領事以俾
咨知官憲即將該商等各夥驅逐領事絶不照
應夫領事願著明義理分別正經貿易盡絶違
禁私賣者故此陳請條例嗣後在粤買賣之暎
咭唎商人務當各行夥計逐一簽名共行出結
實心定意不肯與販賣鴉片稍有相干並不肯
准僱傭者夾帶不敢知其有而縱容之儻毫失
信一經官憲及領事明白訪出自知嚴例隨即
驅逐等意此結呈送領事蓋印連簽轉呈大憲
察核如未出結者不應准其駐粤貿易也又嗣

後每遇唤船來到應須即日由該船主及經紀商人出結明言並未夾帶鴉片現時亦無裝載將來正在内海之際又不肯載有等意分寫漢字唤語合呈領事封印立憑為實轉送官憲察看方准該船開艙貿易如未出結則不應准其開艙也竊想所求惟欽遵

大皇帝之

聖旨如蒙上憲信依領事照此條例辦理則不難分開正項與違禁貿易者各不相混且遠職如不認眞辦事必致自取咎戾未免玷辱已極故必求實人出結纔肯接收加印也

一交出毆斃林維喜之兇手等諭領事只得再三

陳説誠言曾經秉公嚴審只據得五人酗酒亂
作皆無兇殺之罪此人已見嚴擬其罪而其兇
犯儻經查覺自當一體按照本國律例審辦即
如在本國殺斃嘆國人民一然定以死罪乃思
當日上岸滋事者多也不獨有嘆人而亦有咪
唎㗐人混同亂作致使兇手未得發覺今維伏
請大憲再行細訪自可知之領事為嘆國官員
不敢玩視或以實情假飾之且經在粤歷年辦
事常存真心為本省上憲所明知敢請上憲自
證也至此次之案領事自當仍為綜核省察毆
斃者實為何人若能查出果係嘆人領事既奉
國主特派公辦事務不敢背命定必認真照本

國律例審辦恭請官憲在場看視也且萬望大
憲洞明細查俯念難情公議立法嗣後互為查
察案件俾得
天朝法例及本國章程各得相全則以後每遇似此
之案即可循照定例辦理而得永遠承平極為
善妥矣

一躉船與見逐商人均應揚帆回去等諭領事應
遵上憲之諭一俟數日之後北風幸吹就可令
其開行但其商人十六名之中有⿰口三⿰口弱吔咟一
人現年幾輕止有十數歲者併有⿰口軒嗱⿰口董一名
兩人皆未販賣鴉片望可姑容留居以昭
天朝秉公之至意也

竊思暎咭唎國與
天朝通交歷有二百年來無不承平相安萬望大憲
使其常遠相和不絶在領事奉派遠來供職誠
意仰慕
大皇帝之恩無不恭敬上憲遵奉法度如蒙實全信
依斷不敢絲毫失信也請貴員無庸懷疑遠職
自必仍然勉力察究毆斃林維喜之兇手實係
何人一俟回至尖沙嘴洋面之日即當示知各
人等如能報知何人毆傷致斃實有憑據果係
暎國人民即將二千大圓賞給報情之人儻能
發覺即當咨會官憲代禀也至見逐之商人望
大憲示諭准予回澳致能辦理事件清楚則到

澳後六日内不難令其駕駛躉船如數揚帆而

去也敬字陳情奉知上澳門軍民府大老爺清

鑒

道光十九年八月十七日

覽

二二

欽差大臣林則徐等奏摺　諭辦查烟具結緝兇等情形

道光十九年八月二十九日

林則徐等　諭辦暎夷情形摺

奏

○

九月二十三日

鴉35、

欽差大臣林則徐等奏摺　諭辦查烟具結緝兇等情形

欽差大臣林則徐等奏摺　諭辦查烟具結緝兇等情形
道光十九年八月二十九日

臣林則徐　臣鄧廷楨跪
奏為嘆夷領事義律請將現泊粵洋夷船聽官搜
查出具實無鴉片切結其命案兇夷亦願懸賞
嚴究並將夷空躉擬請勒限逐回謹將臣等諭
辦情形恭摺具奏祈
聖鑒事竊臣等前因嘆夷種種違玩照例斷其樵汲
不許住澳該夷旋向九龍師船覓食先行開礮我
軍奮力回擊大挫夷鋒復情逗石稟烟之書
船燒燬一支該夷領事義律急向澳門同知遞
字懇求並託西洋夷目代為轉圜臣等當時相
機勸導緣由於八月十一日恭摺奏
聞在案臣等復思義律所遞之字似知悔罪輸誠

兹復託詞空言，本亦見於實事，殊孔務作遁
兵之計，別生譎詭之謀，益當整肅軍威，嚴防
靜鎮。一面仍給諭帖，責令呈繳新烟，勒交兇
手，並將繳清烟土之空躉，奉
旨驅逐之奸夷，專速飭令回國。即令署澳門同知蔣
立昂即傳諭去後，茲據蔣立昂稟稱，本月十二
日義律送給回信，自稱接到軍民府來文，轉呈
大人傳諭條款，願事極明欽遵
聖旨將躉船之鴉片全行絕除，自應即赴澳門敘
論，以混責寃憲辛苦等語。十七日義律至澳門與兩
洋夷目同見蔣立昂，即懷從諸居同知將以等
諭內條嚴切面諭，據通事傳譯義律口稱

欽差大臣林則徐等奏摺　諭辦查烟具結緝兇等情形
道光十九年八月二十九日

國冒犯嚴威疊奉諭飭業已悔懼懇求轉乞憲恩
特詞極為恭謹詢以奉諭條款如何遵辦義律
答稱未敢自行專辦仍具說帖求為轉稟隨將
說帖呈出當已據遞條登覆轉稟之日即因見所覆尚
有未協面為駁飭復據義律添寫一紙懇求轉
奏冀先行繕摺奏之日即將原件併案呈覽
稟前來臣等查閱所覆各條文義不甚通暢
而窺其大意尚屬遵諭奉法不敢抗違如諭繳鴉
片之節據其登覆意以後國有帶鴉片之船先
已令其回去現泊尖沙嘴各船俱該官憲搜查
若有鴉片即將貨物盡行沒官嗣後在粵貿易
夷人與隨時來到之船不論船主商人傭工[illegible]計

俱令逐名出結由義律加具印結方准貿易
未出結者不准開艙永遠照此辦理若不認真
必致自取咎戾等語臣等查嘆夷貨船聚泊
沙嘴不即進口原為圖囤賣新烟起見且節次拿
獲賣烟奸民已被供認在夷船零買確有明證
是其所稱並無烟土之說實不可信若不切實
查辦何能盡絕根株臣等急繳之餘已先與水
師提臣密為布置將柴草火藥裝訖每船擬將
帶烟不繳之船盡予燒燬以除其害就寬以來
所冀自不忍玉石俱焚從又再四熟商計惟將
以重兵逐船搜檢庶可分良莠而示勸懲今該
夷自願聽搜察其情詞似極切實臣等復又多

方訪察，蓋該夷因見臣等堅持數月，料已無可
希圖，遂將新到之烟陸續帶回夷埠，是以有
夷船三隻先後駛回，近日復有三板夷划絡繹
闖去，且拿獲出海買烟奸民彭亞尚等，訊據供
稱伊于上月初旬帶艇前往向買，即據夷船回
稱現無鴉片，伊即放空回來等語，是現在夷船
已無烟土，似非虛誑，惟已去之土固可不必窮
追，而現泊之船必須逐號搜查，以昭覈實。臣等
現又諭令義律將尖沙嘴所泊暎國貨船概數
列單，先行挨次就驗，其貨物盡行盤查，至剝船逐
件搜查，果無夷帶鴉片，即先押送入口，本船搬
空之後，再行徧細查明，如此則耳目昭彰，自無

影射掩藏之弊並恐載烟回去夷船利心不
死或竟潛赴東西兩路冀圖分銷臣等現
又飭沿海各營準備師船嚴密防範並
由中路相機撥兵募船跟蹤緝如有此等夷船
駛至即行開礮轟擊務使遺孽肅清出
結一節其論略尋常事予原恐習為具文而臣

等體察夷情最重信字是以臣林則徐初
次諭令該夷呈繳烟土即先揭出此層道
義律等繳二萬二百八十三箱或疑其言
未必能踐而深察夷情咸決其必無
失信嗣果繳清烟土乃自言贏多繳是其不肯
食言臣等所驗今其所擬逐名出結之寫漢文

夷字由該領事加具印結即係遵照等
原係本理自應准其所請惟查義律所擬
出結語句與現行新例尚未妥協等
現又寫具結式諭令遵照繕寫若不如
式具結永不准其貿易以杜外來之鴉
片實是以昭信守於夷情所有範圍轄
有指摘非其文所可同日而語也至林維
喜命案據義律稱審問之人聽得皆係
兇數之眾又稱肯自上岸滋事亦有咪唎
堅人請再細訪等語皆經為之即以此
案供證確鑿兇手實係英夷之言向
其駁詰義律無可置辯遂隨寫覆帖一

紙叅明兇賞洋銀二千圓指名何人毆斃
憑據倘能查覺即會官審究定其情
臣等復查義律稟內現在實有拘押
夷犯五名其謀有意遠處當屬可信
而實情不能審出屬亦實怪其然至
咪唎堅人於群毆林維喜時並不在場
不獨該國夷人據辯其時即岸上各見
證供亦如一且嘆夷人稱託濮好羅亞三等
與屍親說和其為並無咪唎堅人在場
是無推義 臣等諭飭義律以所拘五
人中如不能審定正兇何妨送請
天朝官員代為審明祇需抽一應抵之人其餘何

欽差大臣林則徐等奏摺 諭辦查烟具結緝兇等情形
道光十九年八月二十九日

諸當回斷不違果如何自處則再限十
日亦無可以為辭毋得再圖延緩此外
如義律回國請候北風開行被逐奸
夷請留兩名在粵皆經臣等立即面為駁
飭隨又代求回澳理清事件六日內收拾
揚帆而去臣等以所請尚在情理為日亦
屬無多當將此所請傳諭允准仍派
委文武在澳稽查催逐不任踰限並
諭西洋夷目一體查催以上各事宜陸
續逐一清釐再行分別覈
奏外所有現在諭辦情形謹會同水師
提督臣關天培合詞恭摺具

書並繕錄義律原遞說帖恭呈
御覽伏乞
皇上聖鑒訓示謹
奏
道光十九年九月二十三日奉
硃批
欽此

八月廿九日

林則徐片
再臣等前於奏聞收繳烟土之時即經諭令夷人勒印
出具嗣後永不夾帶鴉片切結呈遞而該夷均不
肯具結迭又多方開導堅執如前且據義律聲稱
倘不能不取結則英國人船無奈只有回國等語臣等
當以該夷回國之言並非出自真心不過憚於出結
強顏而作此言蓋一經出結則此後倘有夾帶不但
本犯罹於重法即該領事亦不能置身事外是以
心切遲疑當經據實奏聞
聖鑒在案茲經御史步際桐條奏以查辦夷船鴉片雖
責以英夷切實之結亦將甘心出具結向含混之語
等語諭令

溯者臣則徐鄧廷楨悉心籌畫勒使具結源[illegible]盡絕
市杜含混之端曾因該山月苟窩鬼夷人亦不敢生結
如乎更敢冒為者事雖又反復籌商若竟任其
抗結則夷人夷等之念斷不能一日忘蓋夷人最
重然諾即議一事訂一期從不爽約其視出結之事
絕無僅有然此內地之債結為而賠以收視為泛常
彼意不肯輕易具結即意知其結之可棄亦意不
能不向其防敢是以設法辦理直使該夷計窮心懾
至今始甘遵依月並不敢因有人條奏亦可藉以
自便遂存趨易避難之見致負
委任謹合詞附片覆
奏伏祈

欽差大臣林則徐等奏片 議覆御史步際桐條奏英商具結
道光十九年八月二十九日

聖鑒謹
奏
道光十九年九月二十三日奉
硃批知道了欽此

上諭　著林則徐等相機籌劃妥辦洋務並獎勵賴恩爵等員

軍機大臣　字寄

欽差大臣兩江總督林　兩廣總督鄧　廣東水師

提督關　道光十九年九月初五日奉

上諭林則徐等奏咦夷船隻被礮轟擊現在籌辦情形一摺覽奏均悉該夷詭詐異常膽敢以乞食為名先放火礮經叅將賴恩爵施放大礮擊翻夷船轟斃夷匪多名復經守備黃琮抛擲火藥焚燬夷船我兵先後奮勇大挫其鋒該夷等自必畏懾投誠籲求免死惟當此得勢之後斷不可稍形畏葸示以柔弱雖據該夷領事義律浼西洋夷目懇求轉圜但該夷等詭詐性成外示恐懼内存叵測不可不防著林則徐等相度機宜悉心籌畫如果該

上諭　著林則徐等相機籌劃妥辦洋務並獎勵賴恩爵等員
道光十九年九月初五日

硃

夷等畏罪輸誠不妨先威後德儻仍形桀驁或佯為畏懼而暗布戈矛是該夷自外生成有心尋釁既已大張撻伐何難再示兵威林則徐等經朕諄諭諒必計出萬全一勞永逸斷不敢輕率僨事亦不致畏葸無能也（摘交起）廣東大鵬營叅將賴恩爵著賞給呼爾察圖巴圖魯名號照例賞戴花翎以副將即行升用先換頂帶守備黃琮著以都司即行升用先換頂帶記名外委歐仕乾兵丁陳瑞龍並陣亡兵弁著該大臣等查明咨部照例（摘交止）賜卹將此各諭令知之欽此遵
旨寄信前來

上諭　著林則徐等妥議清查澳門華洋户口章程具奏

軍機大臣　字寄

欽差大臣兩江總督林　兩廣總督鄧　道光十九

年九月初五日奉

上諭據林則徐等奏巡閲澳門抽查華夷户口情形

一摺澳門爲夷商聚集之所夷樓屯貯煙土久成

弊藪乘此查辦之時必當於該處先清其源方爲

盡善該大臣等既委該地方官查明華夷户口復

由香山統領將備整隊出關宣布恩威申明禁令

並查西洋夷樓現無存貯煙土辦理甚屬妥協惟

該處華夷叢雜保甲之法難以施之夷人且由同

知縣丞每歲編查恐有名無實易滋流弊至督撫

兩司分年輪往抽查之處亦涉煩瑣其應如何立

定章程以清弊竇而垂久遠著該大臣等另行妥
議具奏將此諭令知之欽此遵
旨寄信前來

審擬刊賣假揑照会外國公文
之翁亞滌由

林則徐等

奏

旨

隨

文○

十月二十日

鴉37

欽差大臣林則徐等奏摺 **審明廣州鋪户翁亞滌刊賣假捏照會外國公文按律定擬**

二二　欽差大臣林則徐等奏摺　審明廣州鋪户翁亞瀧刊賣假捏照會外國公文按律定擬

道光十九年九月十九日

臣林則徐、臣鄧廷楨、臣怡良跪

奏爲審明刊賣假捏照會外國公文人犯按律定

擬，恭摺奏祈

聖鑒事。竊臣等先因訪聞廣州省城坊市有刊賣假

捏照會英咭唎國公文之事，當即密飭地方文武

員弁前往查拏，並經在省司道暨廣州府并

南海、番禺二縣均已訪聞，差拘。旋據員弁兵役

在於六經堂書鋪起出板片，即本弁將該鋪户

翁亞瀧拘獲，訊取大概供情，於本年五月內恭

摺具

奏，一面將犯發司委員確審辦理。嗣於道光十九年

六月十九日奉

上諭林則徐等奏訪獲刊賣假捏照會外國公文人
犯一摺。廣東查辦海口，防堵夷船，業經各國夷商
遵繳烟土，茲據該大臣等訪聞廣州省城坊市忽
有刊賣假捏照會咭唎國公文之事，拿獲鋪户
翁亞瀧，據供係由外縣陳姓士人張轉傳抄等語。
兼閱探聽各件，訛傳言語，不應按例究辦。翁亞瀧
著交林則徐等審訊確情，其住址陳姓著嚴緝
務獲，究明假捏刊賣實情，照例分別從嚴定罪。欽此。欽
遵轉飭緝拿去後，茲據委員廣州府知府珠爾
杭阿督同南海縣知縣劉師陸、番禺縣知縣張錫
蕃、候補知縣言良鈺，以陳姓一犯因無名字、
住址，屢緝未獲，將現犯審明識擬，由廣東按察

使喬用遷會同廣東布政使熊常錞招解前來
時臣林則徐尚留虎門查辦夷務臣鄧廷楨適先
回省當即會同臣怡良提犯覆加研鞫緣現
獲之翁亞滌籍隸順德縣向在省城南海縣屬
開張六經堂書鋪生理鋪内刊有查禁鴉片章
程并戒烟藥方發賣道光十九年四月内有在
省應試未獲之新會縣不識名陳姓文童走至
翁亞滌鋪内購買查禁鴉片章程該犯翁亞滌
見其所攜手巾包内有
欽差與本省督撫會行英咭唎國禁造鴉片文稿一紙
詢以何處得來陳姓稱係輾轉傳抄不知來
歷翁亞滌見稿内聲叙鴉片害人必須永遠斷

絕照會嘆咭唎國禁人製造各情與現聞官府
查出示理相似誤信為真當向借抄存留陳姓去
後翁亞瀧起意刊印擺賣圖利隨照底稿抄
錄刊刻印刷成本并於書面刊印省城大經堂
發賣字樣即被訪聞拏獲連板片印本解經臣
等訊取大概供情奏奉
諭旨按例究辦並由藩臬二司將犯審擬解勘因臣
林則徐尚駐虎門經臣鄧廷楨臣怡良會提覆鞫
據該犯翁亞瀧供認前情不諱伏查此案翁亞
瀧既與陳姓素昧平生何以於偶相交易之
頃見其攜有照會文稿輒向借抄雖係無心揑
造圖利及隱匿陳姓名字住址情弊後加究詰據

翁亞灃供稱當日陳姓到店買取查禁鴉片烟章
程伊偶向詢問此稿答係新會縣陳姓文童因
見其手巾包內有照會外國大稿據稱係輾轉
傳抄是以誤信當向借抄仍將原稿給還而去
並無與其素好有借稿翻抄情弊後伊起意刊
刻如果係與陳姓串捏牟利何敢將伊店名刊
刻書面自取敗露至陳姓名字住址僅曾向其
詢知伊現已被獲問罪何肯代為隱瞞等語究
詰至再矢口不移似無遁飾查律載詐傳一二品
官言語杖一百徒三年等語此案翁亞灃因見
陳姓不識名文童抄有
欽差與本省督撫照會暎咭唎國禁造鴉片文稿一

紙張訊明不知係屬假捏誤向借板刊刻
惟現當查辦夷務吃緊之際此等關會外夷
事件誤犯並不查明確切輒混行刊賣圖利
未便以原稿不知誤犯所作稍為寬縱翁
亞瀧應即照詐傳一二品官言語杖一百徒
三年律杖一百徒三年誤犯刻字營生難
曉字義此文自非其手筆據供當日向
係往借板刊賣似屬可信且已從重照
律擬以杖徒應請先決其罪毋庸監
候待質據供伊母年老弟兄三人弟兄
均已出繼胞伯壯為嗣是否屬實有無
可以另繼之人誤犯弟兄雖不歸宗
飭行查取結母親起發救後即奉

欽差大臣林則徐等奏摺　審明廣州鋪户翁亞瀧刊賣假捏照會外國公文按律定擬　道光十九年九月十九日

飭行燒燬逸犯陳姓務緝獲日另結
除全錄供招咨部外所有審明定擬
緣由臣等謹會銜恭摺具
奏伏乞
皇上聖鑒敕部核覆施行謹
奏
道光十九年十月二十六日奉
硃批　欽此
九月十九日

欽差大臣林則徐等奏摺　**粵東查辦鴉片續獲人烟槍具實數**

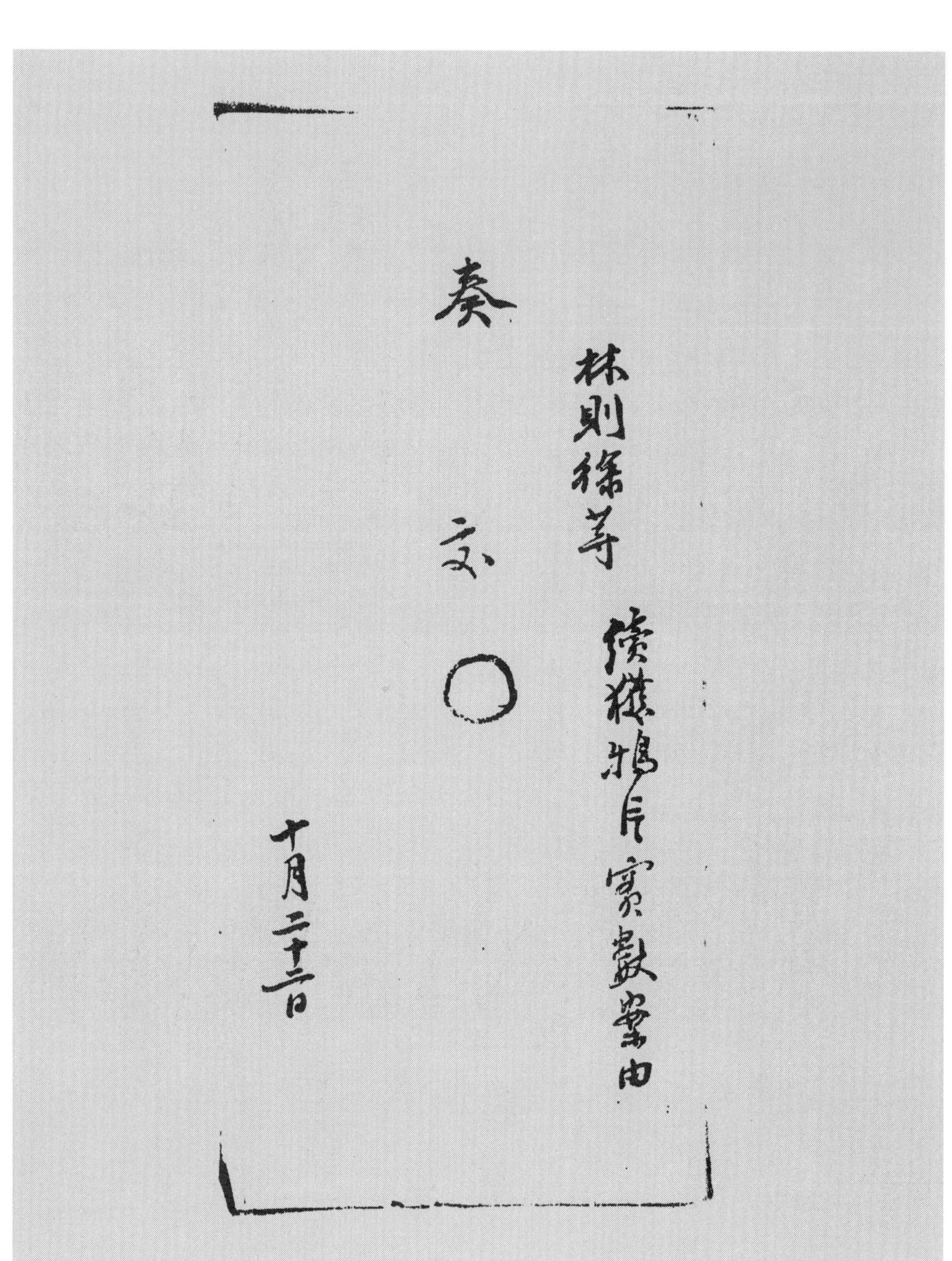
奏

林則徐等

續獲鴉片實數案由

交　〇

十月二十二日

欽差大臣林則徐等奏摺　粵東查辦鴉片續獲人烟槍具實數
道光十九年九月十九日

臣林則徐 臣鄧廷楨 臣怡良跪
奏為粵東查辦鴉片續獲人烟槍具確核實數恭
摺具
奏仰祈
聖鑒事竊照鴉片一項疊奉
諭旨嚴飭查拏業經臣等將節次欽遵拏獲人烟
槍具恭摺
奏報在案茲自本年七月初三日起至九月初十日
止續據水師員弁先後報獲烟案十六起人犯
四十四名烟土五千零八十六兩五錢烟膏一千
九兩六錢烟槍一枝陸路地方文武報獲
烟案九十二起人犯一百三十三名烟土三千

八百二十兩烟膏八十一兩七錢九分烟槍八
十六枝烟鍋二口又陸續撈獲及民間首繳烟
土二萬九千七百三十九兩八錢二分烟膏三
百一十四兩一錢二分烟槍三千五百三十六枝
烟鍋六十七口統計烟土烟膏三萬九千零
六十一兩八錢三分烟槍三千六百二十三枝
烟鍋六十九口解省各犯均經隨時發司審办
起獲烟土烟膏槍具酌量距省遠近分別飭
令解省解道監視燒燬無偷換情弊臣等
伏查外洋夷躉烟土前已盡數繳銷其續報進埔
貿易貨船均經專委幹員隨同粵海關監督臣豫
堃隨到隨驗尚無夾私情事現仍嚴切曉諭各

國新來船隻出具切結聽候搜查一經查有烟
斤即照新例重治其衆來源方能淨絕外患冀
可肅清惟内地民情近雖極為警動而奸徒利
心不泯舊藏尚冀私銷詭計多端瞞情亦易即
如現在報獲各起内或由渡船夾帶或由巡艇
分攜或乘坐肩輿與伕人不覺或深埋窟窖無跡
可尋甚或幼孩背裹半襆老婦腰纏布袋種種
秘密愈出愈奇經各該文武設法偵拏始行破
獲跡其詭法營私之概殊滋少縱即逝之虞臣
等惟有諄飭文武各員多方明查暗訪廣購眼
綫奮迅速兜擒務使狡黠之徒無所施其伎倆
庶幾根株早盡鋤薙永除以仰副

聖主澈世廑民之至意所有續獲人烟槍具緣由謹

合詞恭摺具

奏伏乞

皇上聖鑒訓示謹

奏

道光十九年十月二十二日奉

硃批知道了欽此

九月十九日

隨
旨交○

林則徐等片

再，廣東南雄州屬之大庾嶺與江西省大庾縣毗連，商
賈往來絡繹，爲粵省咽喉，現有奸商夾帶過
嶺，滋蔓難禁，先經臣等撤委韶州府周壽齡
馳赴該州察看情形，會同該州協議立查辦章
程，業經詳飭認真辦理在案。詎本年九月十八日
據署南雄州知州陳道坦稟稱：八月二十七日訪聞
有過客馬姓夾帶烟土過嶺，情事正在密辦間，
旋准江西南安府吳式芬移稱：該府督率大庾
縣拏獲腳夫匡新求、夏元從、鄧遂祥三名，起獲
所挑箱桶內鴉片烟土一千九百九十餘兩，訊由南雄
長豐店挑來赴大庾太聚店交卸，移請嚴拏

長豐店主解究。當因該州隨即會營親詣該店搜拏，其店主彭与榮已先期回南海縣原籍。當獲店夥彭萬益、彭贊元二名，訊據僉供：彭与榮于八月初聞伊母病，赶回南海。是月二十七日向晚，有廣州府人馬姓携帶箱桶鋪蓋到店，称係彭与榮相好，借店住宿，次早即自雇腳夫挑運行李過嶺而去。其箱桶內所貯何物，實不知道等語。搜查店內並無屯積烟土、烟膏。已將彭萬益等移解江西質審，一面分别移緝馬姓暨該店主彭与榮務獲解究等情，並據署南雄協副將桂住會同前由。臣等覆閱之下，不勝駭異。南雄一帶客商夾帶烟土過嶺，疊經嚴飭查拏，並委員會議章程，全如果該州協等實力奉行，何至有腳夫匡新求等潛挑烟土過嶺，被鄰省拏獲之多。且該店主彭與榮、洗與馬姓交好，烟土又由該店挑行，其為平日勾串已積，走私已可概見。該州協等既有訪聞，並不立時掩捕，遲至鄰封移緝，又任雍店夥二名，所烟土烟膏毫無查獲，是該州協等泄視于前，玩捕於後，均難寬貸。擬請該員文武各上司揭報前來，相應據實

奏請

旨將署南雄直隸州事候補知直隸州知州陳道坦、署南雄協副將事南韶連鎮中軍遊擊桂佳先行一併摘去頂戴，勒限兩个月嚴拏彭與榮及馬姓務獲

欽差大臣林則徐等奏片　署南雄知州陳道坦等失察烟販請摘頂戴勒限務獲　道光十九年九月十九日

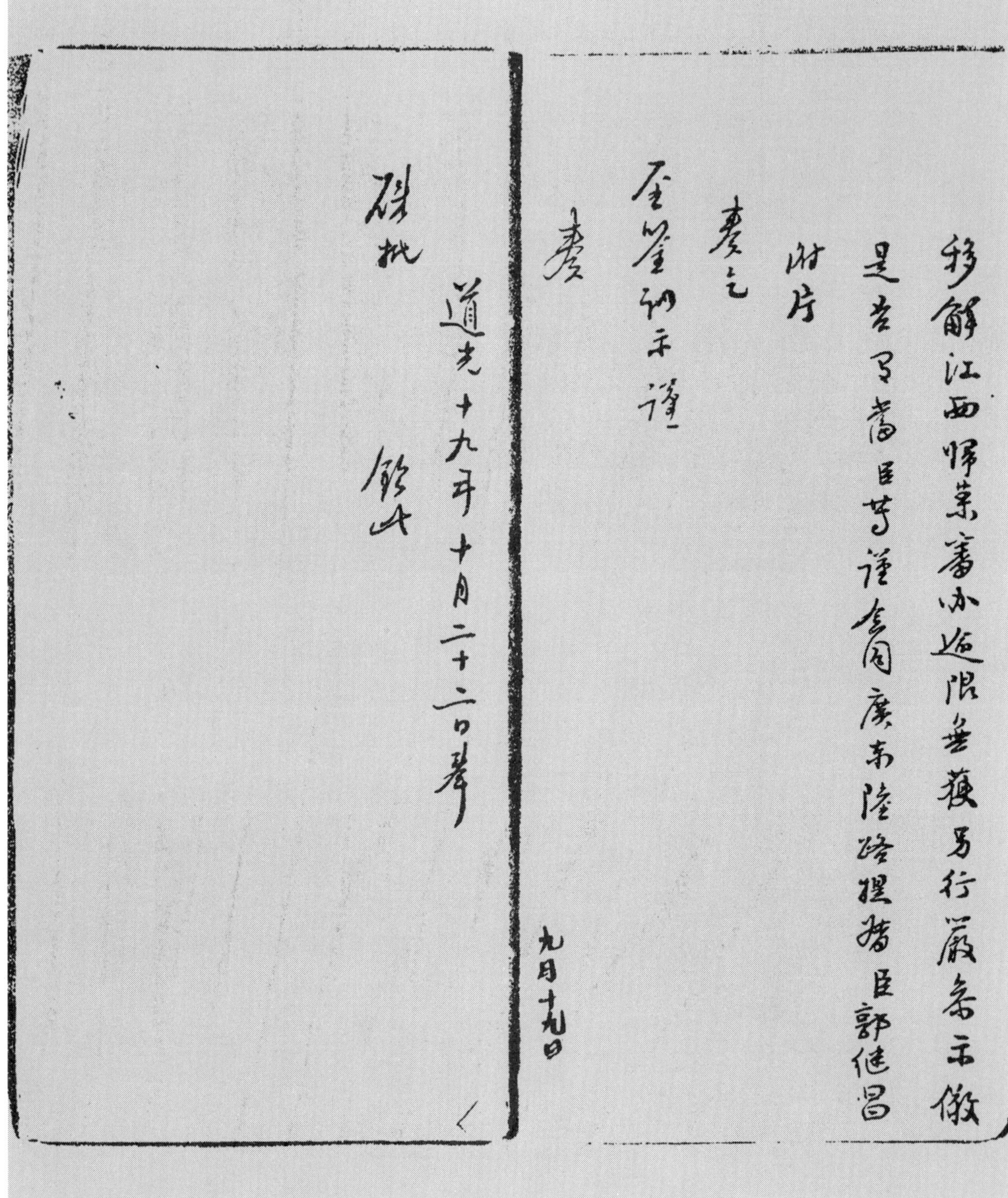
移解江西歸案審辦，逾限無獲，另行嚴參示儆。
是否有當，臣等謹會同廣東陸路提督臣郭繼昌
附片
奏乞
聖鑒訓示。謹
奏。
九月十九日
道光十九年十月二十二日奉
硃批：知道了。欽此。

欽差大臣林則徐等奏摺　**會閱虎門秋操情形**

50

奏

林則徐等

會閱虎門秋操

〇

十月廿二日

鴻36

欽差大臣林則徐等奏摺　會閱虎門秋操情形
道光十九年九月十九日

臣林則徐、臣鄧廷楨、臣關天培跪

奏，為會閱虎門秋操，恭摺

奏祈

聖鑒事。竊照廣東中路虎門各礮臺，前經

奏明議以每年春秋二季兩次演習礮準，

調撥水兵，經臣鄧廷楨、臣關天培歷

屆並已照程。本年臣林則徐欽遵

諭旨來粵查辦海口事件，併奉

命節制水師。適海口創造木排鐵鍊二道，

暨添建靖遠大礮臺，告成亦應

併入春秋操演，又經會札責令一律

加意操防。茲霜降屬秋季，屆期應即

欽差大臣林則徐等奏摺　會閲虎門秋操情形
道光十九年九月十九日

按時校閲值臣 鄧廷楨因
查辦夷務駐劄虎門即於九月初五日
會同臣 關天培親詣沙角大角威遠
鎮遠橫檔永安鞏固大虎及靖遠
各礮臺點驗弁兵強壯足數軍械火藥
俱屬齊全調撥各營師船十隻皆堅
固整齊軍裝器械無缺臣等隨登海
口沙角礮臺按圖先閲兵船操次閲
水兵泅水陣式正變相生進止合度
鎗礮首尾響應師船調戧輕靈其泅
水以及鳧水對械各兵出沒波心浮潛並
用爬桅各兵均能升高攬拔膽壯氣

雄所有九臺大礮及施放各項火器高
低遠近悉依臣 關天培所定尺寸施放
均合準繩各臺礮火交攻靶船轟破
擊中將弁諳於號令士卒習於波濤
維時進口夷船下椗遠觀聲勢極爲
壯盛又飭各營排鍊弁兵分駕划船將
各排鍊拖赴西閘較前愈爲便捷本年
春秋間颶風屢作潮湧如山排鍊橫
亘波心任意不形掀簸夷船出入亦當
鍊閘咸有戒心惟錨纜久浸海中恐有
損壞情形經臣 關天培就近屢詳查看
茲復面詳加察驗完固如初尚得力之處

賞銀共用五百八十六兩分別給賞並擇
其尤為奮勇者加賞衣料以牌以示激勸此
臣等會閱之實在情形也伏查虎門為
粵海咽喉番舶往來絡繹我
皇上綏柔重譯中外一家固在德而不在
險然也因海嶠首重周防況當查辦
禁烟戒備尤須整肅今礮臺迴環
並峙排鍊堅截禁嚴周密威足消
竊伺惟兵弁之用命在將領之嚴明將
領之同心在上官之考覈果能以安撫閒
事畢即面諭賞罰務當懸榜
度宜更加按期認真訓練使弁兵技藝日

就精純，切勿視為具文，稍飾觀瞻於校
閱之頃，致令有名無實，貽笑外藩。臣
鄧廷楨、臣關天培濫荷
鴻施，畀以海疆重任，尤當慎固封守，剿
失先著，俾修防尤講，夫戰守之法
克垂於萬禩，以仰副
聖主眷顧南維之至意。所有臣等會閱虎
門秋操情形，謹合詞恭摺具
奏，伏乞
皇上聖鑒訓示。謹
奏。
道光十九年十月二十六日奉

欽差大臣林則徐等奏摺 會閱虎門秋操情形
道光十九年九月十九日

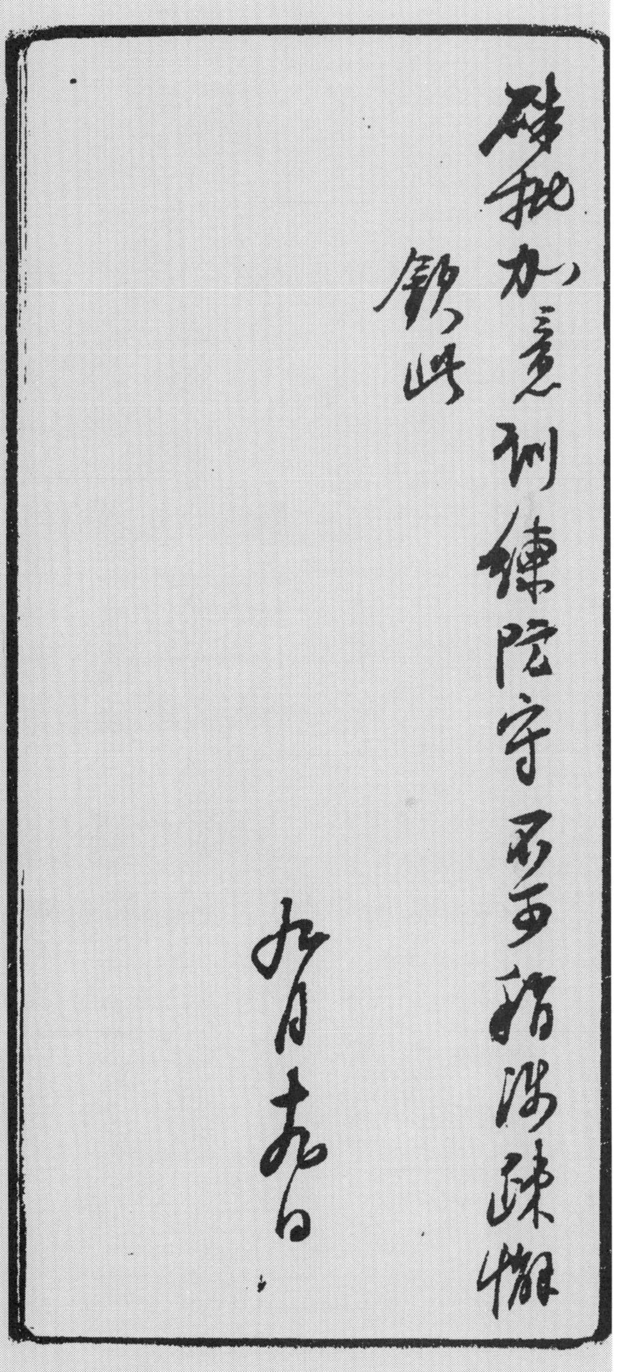
硃批加意訓練防守不可稍涉疎懈
欽此
九月十九日

上諭　著林則徐等通盤籌劃禁烟事宜辦理結實净絶根株

軍機大臣　字寄
欽差大臣兩江總督林　兩廣總督鄧　道光十九
年九月二十三日奉
上諭本日據林則徐等奏搜查夷船出具切結並勒
限將空躉驅逐回國繕録義律原遞説帖呈覽一
摺朕詳加披閲所辦尚屬周妥惟各船俱已清查
並無夾帶煙土其前後駛回各船難保不潛赴東
西兩路冀圖私銷著即派員跟蹤偵察嚴飭沿海
各營認真防範至所出切結如果可靠自必漸就
肅清儻該夷逼於勢處暫作緩兵之計日後再有
反覆即當示以兵威斷絶大黃茶葉永遠不准交
易俾冥頑之徒知所儆懼現據該大臣等奏稱該

夷出結及各船回國情形諒無諱飾惟林則徐已
放兩江總督現雖專辦此事豈能常川在粤即鄧
廷楨統轄兩省公務繁多亦不能顧此失彼仍當
通盤籌畫辦理結實俾日後淨絶根株方稱一勞
永逸也餘著照所議辦理將此諭令知之欽此遵
旨寄信前來

欽差大臣林則徐等奏摺　盡逐英國躉船具結進口貨船查無鴉片命案兇手仍勒兵催交

道光十九年九月二十八日

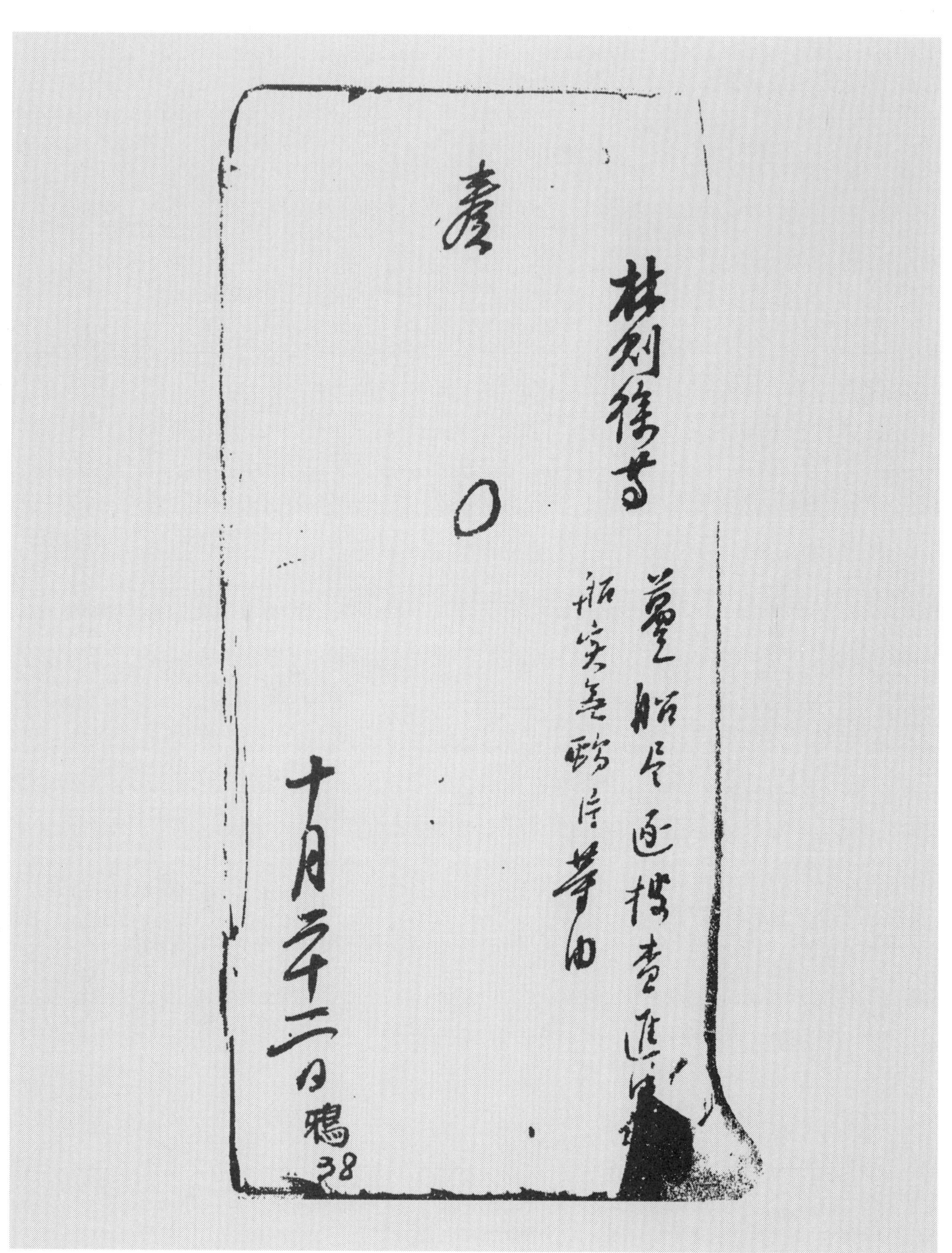

奏

林則徐等

躉船盡逐搜查進口

船實無鴉片等由

十月二十二日

鴉 38

欽差大臣林則徐等奏摺　**盡逐英國躉船具結進口貨船查無鴉片命案兇手仍勒兵催交**

欽差大臣林則徐等奏摺　盡逐英國躉船具結進口貨船查無鴉片命案兇手仍勒兵催交　道光十九年九月二十八日

臣林則徐 臣鄧廷楨跪

奏為嘆國躉船奸夷現已盡行驅逐其具結進口貨船查明實無鴉片陸續進口其飭取切結祗候查驗方准貿易命案兇手仍須勒兵催交恭摺

奏祈

聖鑒事竊臣等前因嘆夷義律阻撓該國貨船[illegible]命兇手並匿[illegible]留空躉奸夷者經示以兵威斷其接濟該夷計窮力絀隨即悔罪求誠所有節次[illegible]情形歷經奏

聞在案嗣於九月初九日承准軍機大臣字寄欽奉

欽差大臣林則徐等奏摺　盡逐英國躉船具結進口貨船查無鴉片命案兇手仍勒兵催交

道光十九年九月二十八日

上諭著林則徐等趁此整頓之際力除積弊
實所有該國大小船隻務要詳查蹤跡有
可疑者即行驅逐出境等因欽此臣等查
暎國夷船應行驅逐出境者莫先於
躉船自四月間煙土繳清即經嚴催回
國雖有時已開七隻而其餘尚在遷延
總因該船前泊伶仃[illegible][illegible]時之
攬載代貨獲利倍蓰是以覬覦彼國其
候煙禁或有稍弛之時復還故業迨八
月間洋舟師將咽時哪嘧躉船燒燬之後該
夷始覺驚慌不敢再圖久泊[illegible][illegible]唯
喇嘿二船已賣與咪唎堅夷人改裝貨物

又咜啤咈嗬吐二船業已破爛零星拆賣外計
駛出老萬山回國者共二十三隻復查本
年奏聞臣 鄧廷楨
奏明停泊洋面躉船本係二十二隻今
逐回並燒燬拆賣之船合而計之轉
多於前奏之數蓋因收繳煙土時臣
經義律將躉船往南澳福建各洋船隻陸
續撥回此等辦煙夷船亦屬躉船
自驅逐船也至應逐奸夷先經臣 鄧
廷楨
奏明共有顛咃啉咍咑嘙三名臣 林
則徐於嚴驅喳噸案內

奏明寄信伊弟咦噸及其外甥咦吖咃唓
吖吖咃唓管帳吖咃唯啞名均在驅逐
又該等令自密訪得者在逐之咽嚱士吐
噫吃嗺等連前統共一十六名飭令一併驅
逐節據引水人等據日據夷書報某
夷附搭某船於某年某月某日開行某日
出老萬山外回國亦據洋行商報稱現
查實已全去此等夷船與奸夷均經驅
逐淨盡之情形也至嘆夷貨船前來粵
先被義律阻留不令進口妄思以此
挾制再賣新烟迨見各口查拿嚴
難以囤賣每於夜間扯帆起椗潛出

老萬山經臣等查出大船已去小船約
十餘隻其收烟載回夷埠確鑿無
疑是以近日情形查明囤烟已離船
隻所以離心者多恐惟恩夷洋之新奇坡新埠
等處距粵不過半月海程若免拾捨
奸夷不致將仍行寄頓俟此項查畢
後再圖偷運而因所恃以快其貪利
之心者惟賴有
欽頒新例定以斬絞罪名自奉部文遍行
宣示衆夷咸有戒心臣等先於收繳
烟土之時即經曉諭取生死甘結該夷堅
不肯具蓋以繳烟係一時之事尚可藉以

欽差大臣林則徐等奏摺　盡逐英國躉船具結進口貨船查無鴉片命案兇手仍勒兵催交　道光十九年九月二十八日

求生而具結乃來遠之商適恐自陷於死
也然彼所畏懼在此則我所以制馭之
者亦在此故　臣　等不敢藉詞中止亦不敢
畏難苟安相持數月以冀直至逐出
澳門數肯其搬遷且值礮擊火燒之後
更始屢思具結雖諸由但云始者窮將
貨物盡行沒官而於人即正法字樣仍不
肯寫所以　臣　等前摺
奏明另須繕式飭令遵照繕寫商號印
委員會同洋商通事傳諭去後
不但義律多方詭繞而且各船之主貨主
備為一議以為惟屏俄國借有水手私

萬一些微犯違禁抑或兵役栽贓誣
指難以辯冤臣等復諭以爾等係責
商居首之人本宜先自查搜嚴實
其和躉查船有官作主兵役焉敢
栽贓等一意外違誣定予訊明反坐何庸
廑慮
過慮總之不躉盡則雖具結不足加刑
若躉船即不具結再無處容免多方闌等
近日據言該國之噶喇吧即等船陸續
遵式具結經文武員於虎門黃埔
兩處分別查驗實無夾帶躉貨情弊
當即分給牌照許其開艙照常貿
易現查統計夷國已進黃埔之船共有

四千隻具經粵海關監督臣豫堃驗明
各夷船於貨物之外另帶洋錢來粵
買貨現有一百四十二萬六千餘圓因
該夷不止此以為不賣鴉片之明證
此係遵式具結準許進口驗貨貿
易及抗不具結或結不如式之船即予
毋庸查驗驅令速回似此一律飭遵先使
該夷常懷畏死之心乃足奪其貪利之念
而又嚴之以查驗寬之以順其正經貿易
其如仍僥倖偷[illegible]帶烟發覺立正刑誅
縱惟一意堅持不因其恫喝刁難稍為
搖動庶可永除巨患至毆斃林維喜

之兇夷雖係義律等稍因禁事五人在船
而既不能審出正兇又不肯送出研審以
盡並非絲回該國照依夷例辦理已屬無
頭其等諭令斷不能行大抵該夷於一切
事宜界一分則就緒一分縱一步則越畔一步
且其居心叵測反覆靡常即如近日雖已
具字求誠而尚有嘩喻兵船一隻來自
夷埠名為護貨實亦不可不防臣等仍
與提臣關天培鼓勵水陸官兵靜則嚴
防動則進剿從不稍示柔弱俾
知就範圍以冀寢其窺伺仰紓
宸廑臣等謹會同廣東巡撫臣怡良敬

欽差大臣林則徐等奏摺　盡逐英國躉船具結進口貨船查無鴉片命案兇手仍勒兵催交　道光十九年九月二十八日

師提督臣關天培粵海關監督臣豫

堃合詞恭摺具

奏伏祈

皇上聖鑒謹

奏

道光十九年十月二十二日奉

硃批　欽此

九月二十八日

上諭　著林則徐等飭屬拏獲編造歌謠之人從重定擬治罪

道光十九年九月三十日內閣奉

上諭鄧廷楨奏查緝鴉片三載於茲刁狡豪猾之徒本厚利豐一經確訪嚴拏已獲者刑僇及身未獲者逋逃亡命身家既失怨讟遂興始而風影訛傳繼且歌謠遠播以查拏為希旨以掩捕為貪功以偵緝為詭謀以推鞫為酷罰甚至誣以納賄目為營私譏廷議為急於理財訾新例為輕於改律種種狂悖無非為煙匪洩忿等語朕因鴉片煙流毒傳染貽害生民特派林則徐會同鄧廷楨等嚴行懲辦以挽頹風乃該匪徒等輒因查拏嚴切肆行詆毀深堪憤恨前於道光十六年間曾經降旨以為此等鬼蜮伎倆實與匿名揭帖無異飭令各直

上諭　著林則徐等飭屬拏獲編造歌謡之人從重定擬治罪

道光十九年九月三十日

省大吏遇有傳播歌謡密拏懲治乃申諭未久該匪徒等竟復藐法作奸阻撓新令若不亟加懲辦何以儆狡猾而息刁風況林則徐鄧廷楨怡良等皆朕親信大臣畀以重任現在查辦鴉片正在喫緊之時斷不可因羣言淆惑稍形懈弛林則徐等務當協力同心勉益加勉嚴飭所屬明查暗訪將編造歌謡之人拏獲到案訊明起自何人有無授意主使從重定擬治罪毋稍疎縱欽此

總兵鮑起豹巡洋遭風落海扶篷獲生

奏

林則徐等

總兵鮑起豹巡洋落海扶
篷獲生

十一月二十二日

欽差大臣林則徐等奏摺　總兵鮑起豹巡洋遭風落海扶篷獲生
道光十九年十月十五日

二二

欽差大臣林則徐等奏摺 總兵鮑起豹巡洋遭風落海扶篷獲生
道光十九年十月十五日

臣林則徐、臣鄧廷楨、臣怡良跪

奏為總兵駕船巡洋遭風落海扶篷漂泊幸獲生全

恭摺

奏祈

聖鑒事竊照粵東地居南服溫熱蒸鬱久生風颶颶颱間

作瓊州孤懸海外烟瘴所積常為狂颶夏秋之交往

往疊見本年九月初二三等日大風陡作達旦連宵維時

臣林則徐、臣鄧廷楨因辦理夷務正在虎門駐劄親

見颶風拔樹屋瓦亂飛外海情形更可想見正

在移查間接據瓊州鎮總兵鮑起豹呈稱該

兵輪值下班總巡坐駕海口營第二號大米艇一隻

帶領管駕把總戴文忠于九月初一日由文昌縣屬鋪

前洋面開行巡捕瓊山縣屬大洲洋面，初二日自大洲
開行，忽見天色變異，陡起西北狂風，登即駛回大洲洋
面寄椗，以避駭浪。詎交申刻以後，風雨交作，遂成
颶颱，隨飭配船弁兵極力保護，無如風狂浪大，人
力難施。延至亥刻，風轉東南，更加猛烈，兼之傾盆
大雨，浪湧如山，舵牙被擊碎，正副椗纜扣繞衝斷，
頭桅擺折，船身灰路撥鬆滲漏，飄搖船無主
宰，隨風漂至小英洋面，全船撞礁，擊碎板片四
散，漂流藥彈礮械等件，均被沉失。該總兵志當
危險之際，已將印信皆負在身，迨至船隻將沉，即
與配船弁兵扶篷板跳落海，隨波上下，生
死聽之，飄泊多時，始近沙岸，雖筋力不無危殆，而

欽差大臣林則徐等奏摺　總兵鮑起豹巡洋遭風落海扶篷獲生
道光十九年十月十五日

性命幸獲生全同船弁兵亦無淹沒等情臣等伏
念此次庚風暴雨迴異尋常海上波浪兼天以該
兵船猝遭擊碎仰賴
聖主洪福總兵鮑起豹及同船弁兵幸獲生存查該
總兵帶船巡緝既屬重洋于萬分危急之時猶能
身攀篷索仰仗扶篷浮海得保餘生驚險之情殊
堪憐憫除飭查同時被風師船弁兵另由臣鄧廷
楨照例彙案辦理外所有總兵巡洋遭風落海
幸獲生全緣由謹合詞恭摺具
奏伏乞
皇上聖鑒謹
奏

欽差大臣林則徐等奏摺 總兵鮑起豹巡洋遭風落海扶篷獲生
道光十九年十月十五日

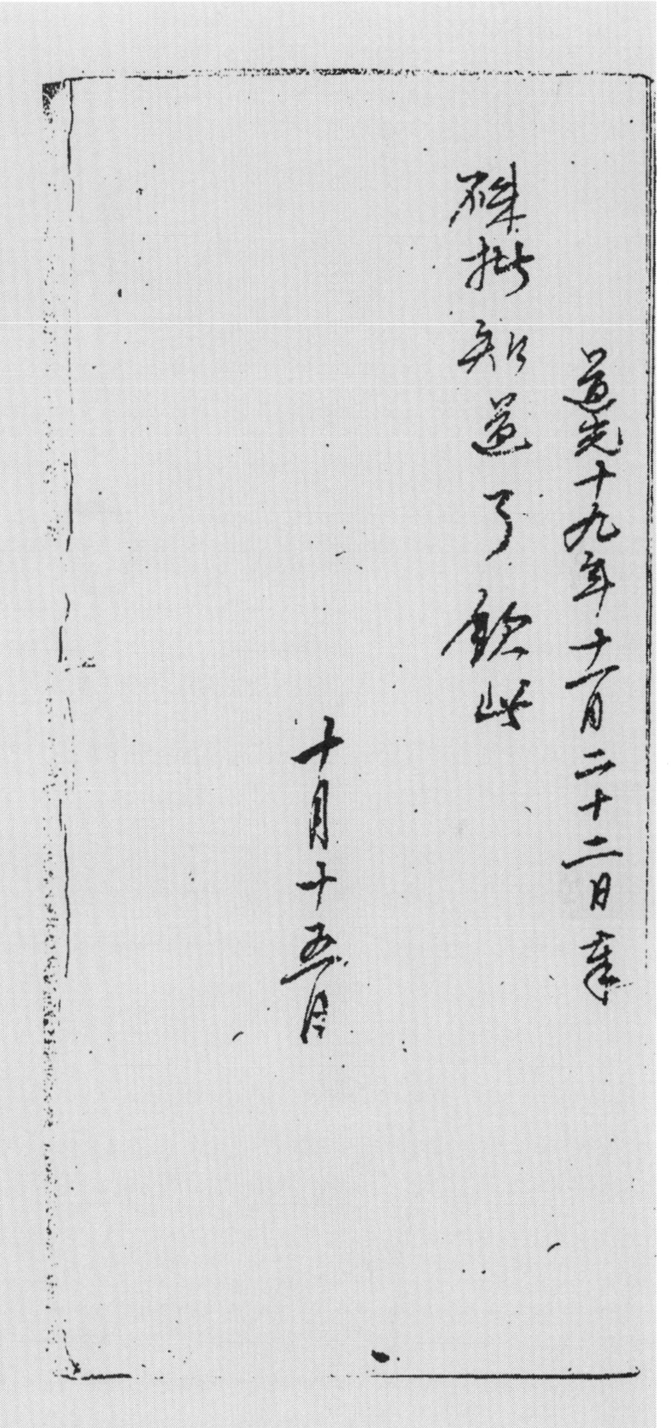
道光十九年十一月二十二日奉
硃批知道了欽此
十月十五日

欽差大臣林則徐等奏摺　**英兵船阻攔滋擾具結進口貨船窺伺陸路迭被擊退逐出情形**

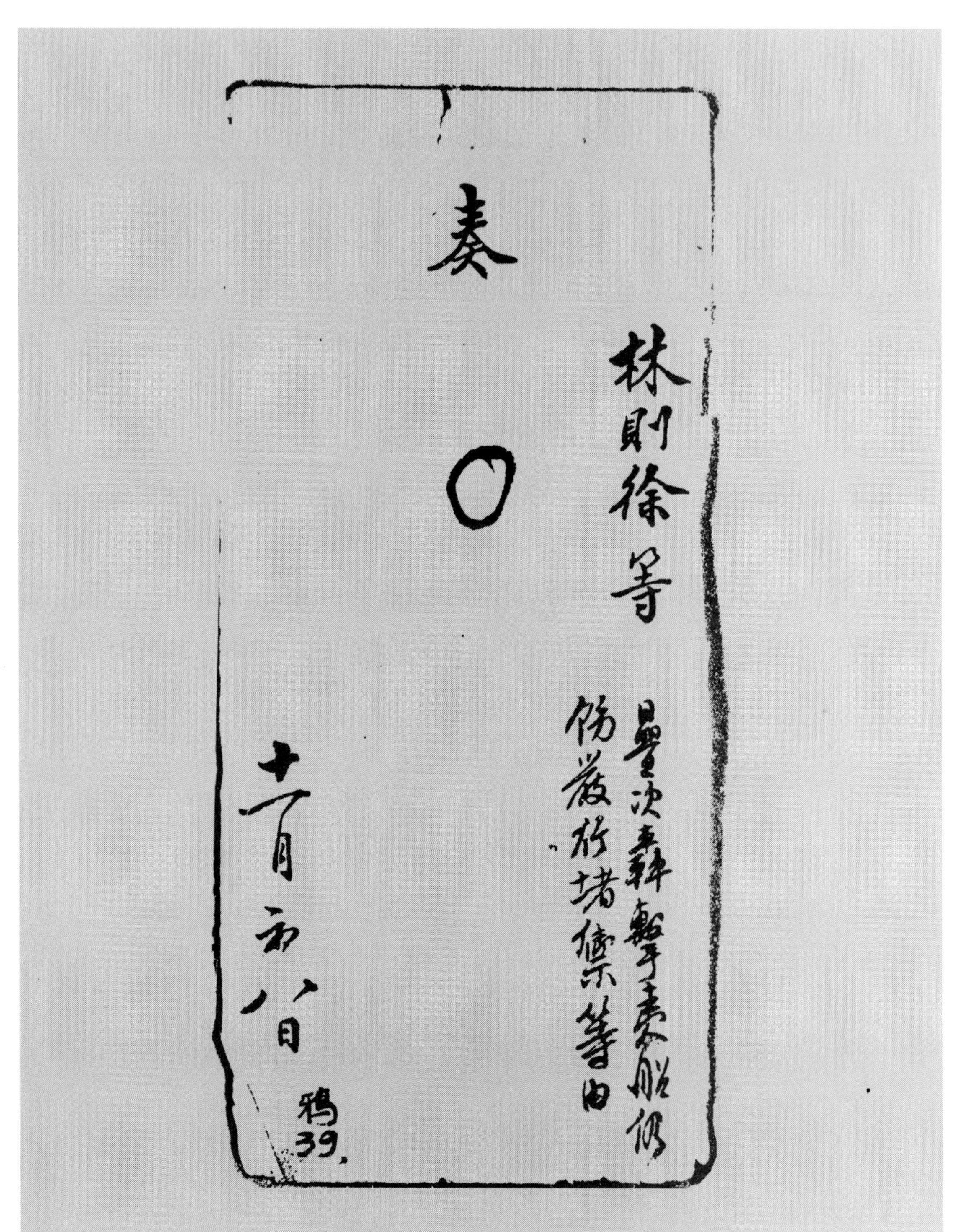

奏

林則徐等

十月初八日

臣林則徐 臣鄧廷楨跪

奏為英國貨船正在具結進口被該國兵船二隻攔
阻滋擾即經舟師擊逐逃回尖沙嘴窺伺陸路
登壟復經我兵據險俯攻疊次轟擊將尖沙
嘴夷船盡行逐出不使作為巢穴現只散泊外
洋不敢近岸臣等仍飭嚴行堵禦一面從權良
夷以示
恩威而安貿易恭摺奏祈
聖鑒事竊照英夷領事義律前因抗違法度當經示
以兵威旋據悔罪求減已將躉船奸夷盡驅回國
其甘結亦經議具惟命案尚未完 臣等以夷
情反覆靡常雖已具稟乞恩仍恐夷埠兵船暗

欽差大臣林則徐等奏摺 英兵船阻攔滋擾具結進口貨船窺伺陸路迭被擊退逐出情形 道光十九年十月十六日

招來粵省爲護貨埋伏奸謀業於前摺

奏明靜則嚴防動則進剿不敢稍示柔弱旋於九

月二十八日由驛遞到回摺伏讀

硃批朕不慮卿等孟浪但誡卿等不可畏葸先威

後德控制之良法也相機悉心籌度勉之慎之

欽此又欽奉

上諭當此時勢之後斷不可稍形畏葸示以柔弱雖

據該夷領事義律浼西洋夷目懇求轉圜但該夷

等詭詐性成外示恐懼內存叵測不可不防著林

則徐等相度機宜悉心籌畫如果該夷等畏罪

輸誠不妨先威後德倘仍形桀驁或佯爲畏懼

而暗地滋事是該夷自外生成有心尋釁既已大

加撻伐何難再示兵威林則徐等仰體諄諭
諒必計出萬全一勞永逸斷不敢輕率僨事亦
不致畏葸無能也等因欽此臣等跪誦之下仰
見我
皇上先幾洞燭
訓示嚴明對萬里外夷情毫髮難逃
聖鑒臣等服膺銘佩益當守隘處其特蒙
恩賞呼爾察圖巴圖魯名號並出缺
賞戴花翎以副將即陞先換頂帶之參將賴恩爵
等感涕
天恩益圖報効凡在將弁士卒亦皆感奮倍常提
臣關天培督率舟師數月以來常駐虎門二
十里外之沙角礮臺巡防彈壓間赴三十里外之

硃

穿鼻洋面來，橫攔進口各國貨船結律具
結保結船隻等進黃埔。𠹌國貨船中首先遵
結出日嘩喇亦已進埔貿易，其次遵結出日噹郎
於九月廿八日報入口，詎有該國兵船二隻於
午刻駛至穿鼻洋，與前七月內向九龍滋擾
之士密，其一則近來新到之嗱喻，硬將已具結之
噹郎貨船追令折回，不得進口。提督關天培問
而詰其不應查究，而士密一船輒先開放大礮
前來攻擊。關天培亟令本船弁兵開礮回擊，並
可嘉之至
揮令隨船協力追攻，該提督親身挺立桅前，
自拔腰刀，執持督陣，厲聲喝稱敢退後者立斬。
適有夷船礮子飛過桅邊，剝落桅木一片，由該提

指手面擦傷皮破見紅關天培奮不顧身仍
復持刀屹立又取銀錠先置案上有聲中夷船
一礮者立刻賞銀兩錠其本船所載三千斤銅礮
最稱得力首先打中吐密船頭查夷船制度
與內地不同其內全船主宰者轉不在船尾而在
船頭夷人呼為頭鼻船之轉動以此乃垂其風
帆節節加高帆索紛如蛛網皆連結於頭鼻之
上是日吐密船頭樓鼻桅索均有數十夷人
關天培督令弁兵對準連轟數礮將其頭鼻打
斷船頭之人紛紛滾跌入海又夷隨水師提標
右營游擊麥廷章督率弁兵連轟兩礮擊破
該船後樓夷人亦隨礮落海左右艙口間有打穿

嘩崙船不甚向前未致受創接仗約有一時之
久吐噫船上帆斜旗落且禦且逃嘩崙亦隨同
遁去我軍本欲追躡無如師船下旁底路多被
夷礮擊開內有三船漸見進水勢難遠駛而夷
船受傷只在艙面其船旁船底皆整塊番木所
為且全用銅包雖礮擊亦不能遽透是以不值
追剿收軍之後經附近漁艇撈獲夷帽二十一
頂內兩頂據通事認係夷官所戴並撈獲夷履等
件其隨潮漂淌者尚不可以數計我師員弁雖
有受傷並無陣亡惟各船兵丁除中礮致斃九
名外有提標左營二號米艇適被礮火落在火
藥艙內登時燃起燒斃兵丁六名旋已撲滅又

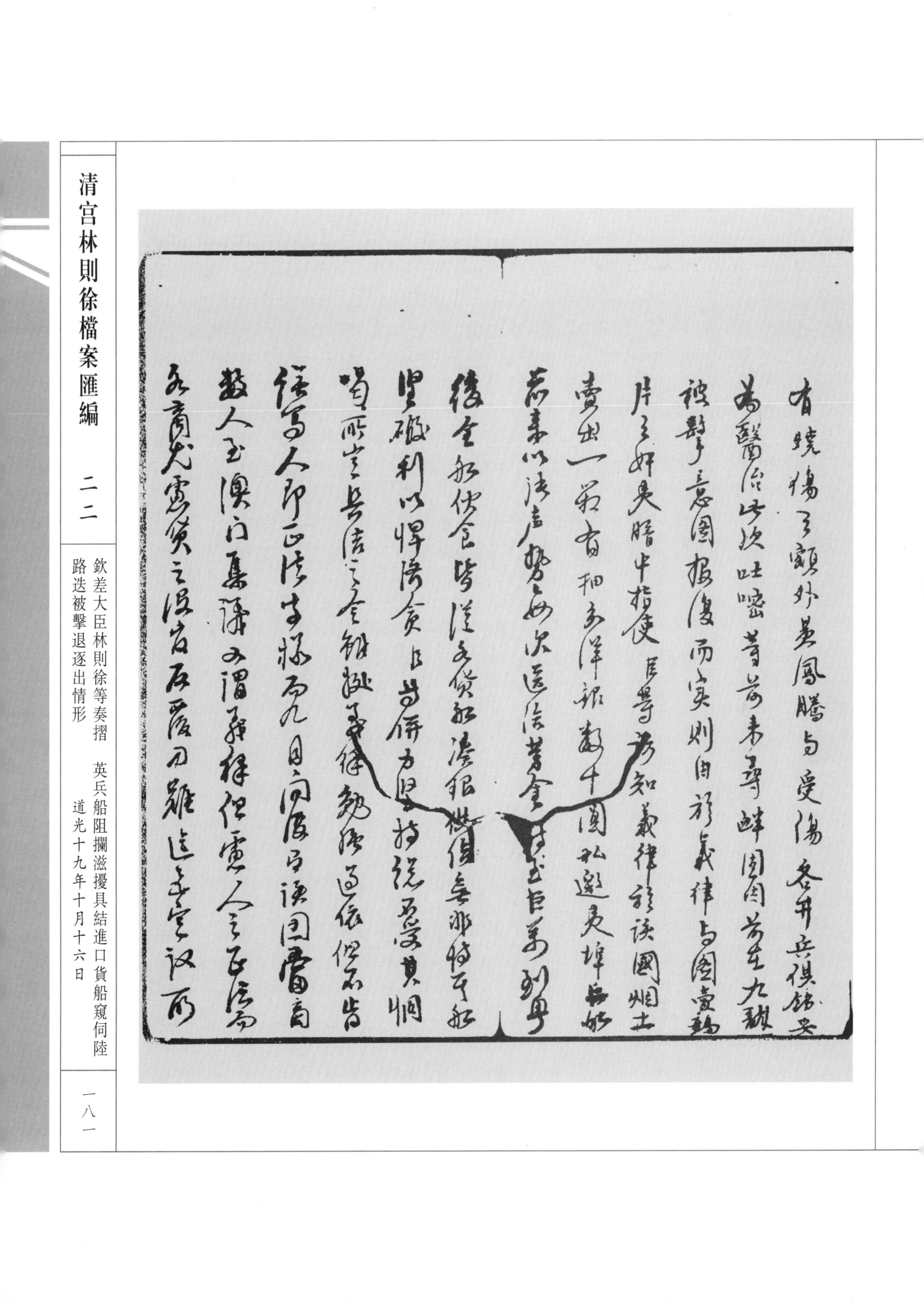

欽差大臣林則徐等奏摺　英兵船阻攔滋擾具結進口貨船窺伺陸路迭被擊退逐出情形

道光十九年十月十六日

欽差大臣林則徐等奏摺　英兵船阻攔滋擾具結進口貨船窺伺陸路迭被擊退逐出情形

道光十九年十月十六日

義律因被有言與該國嘲喇哂一船臣等
係遵欽國體當與他國來商一律進式去港臣等
加意撫綏要爲保衛之倡而義律與該國好
事起由彼無從轉行阻其來遂痛恨該二船
三番兒逼其續進此際若無船與之爭鋒生事
因嘲喇哂已進口而無可如何擅將嘲喇哂之日之時
趕來追擾商船我師船其船伊遂肆猖獗開礮來攻
是誠抗違何其無理搗亂無義至於此
聖諭俾得畏懼聆布英等自夷生威不得不查
我軍提臣關天培統帥攻擊雖已遠竄不還
以師船本料不可事後冀其遠遁則仍應抗至爲
妻務使可寧設可夷人該夷船所逼之來此噹

洋面群山環抱浪靜風恬奸夷久聚其間不惟
藏垢納汙且甘負嵎縱壑若任其踞為巢穴販
鬼益可勝言又兼自嚴斷接濟以來已于尖沙
嘴一帶擇要扎營時加防範本意祇欲其畏威
奉法仍聽貿易以廣原不忍遽行轟擊而乃鴟
抗不具結遷延不交兇近兵船由實轉剿逃回
仍在該處停泊修理寔難容其負固奚慣
察奪節據派防各文武僉稱尖沙嘴迤北有山梁
一座名曰官涌恰當夷船灣泊背之上俯攻最為得
中為即飭募令團壘濠溝相機剿辦夷船見山
上動作不能安居乃併眾屢放三板持械上坡
窺探即經駐劄該處之增城營參將陳連升護

押水師提標後營游擊范守備伍通標廿派兵截
擊打傷夷人二名奪獲一桿條眾濠崖並遠
落夷帽數頂九月二十九日夷船排列海面齊向官
涌營盤開礮俯仰數次我軍孔營得勝礮
子不能橫穿僅從肩委營上計撈獲大礮子
十餘箇重五六斤至十二斤不等官兵放礮回
擊即聞夷船齊聲喊叫究竟夷衆傷幾人因黑
夜未能查數十月初三日該夷大船在正面開礮
而小船抄赴旁面乘潮撲山岸有百餘人登山
岡者被鳥槍僅傷兩兵手足復增城右營把總
劉明輝帶率兵迎截砍傷打傷數十名刀棍上
均沾血跡夷人披靡而散帽履刀鞘遺落多數

次日望見沙灘地上掩埋夷屍多具，初四日夷艇
又至官涌稍東之胡椒角開礮探試，經駐守之陸路
提標後營遊擊德連將大礮接礮一齊回擊，受傷
而走。臣等節據稟報，知該處疊被滋擾，勢難歇
手，當又添調官兵二百名，派原任遊擊馬辰暨
署守備周國英、把總黃興華等往會勒復思。該
處既臣地利必須添安大礮數位，方可致遠攻堅，
復與提臣挑撥得力大礮六門，委弁解往，以資
轟擊，並派熟悉夷情形之候補知府南雄直隸
州知州余保純帶同候補縣丞張起鵾馳往，
會同新安縣知縣梁星源相度山梁形勢，妥
爲佈置，復札駐守九龍之參將賴恩爵、都司洪

名香駐守宋王台之參將陳斌亦皆就近帶兵械移至官涌併力夾擊茲據會稟十月初

旨該文武等均在官涌營盤會商定議將領各認山梁安設礮位分為五路進攻陳連升伍通標張斌各為一路賴恩爵及馬辰周國英黃其華為一路德連洪名香為一路該縣梁星源貝等鄉勇前後策應晡時夷人在該船桅上窺見營盤安礮即各趕裝礮彈至起更時連放數炮打來我軍五路大礮重疊轟擊還聞撞破船艙之聲不絕于耳該夷初猶開礮抵拒迨一兩時後只聽呼呀叫喊竟無回擊之暇各船燈火一齊滅息棄椗潛逃迨至天明瞭望約已

逃去其半有双桅三板一隻在洋面半沉半浮餘
船十餘隻退遠停泊所有篷扇桅檣繩索槓具
大都狼籍不堪該文武等因夷船尚未全去
正在查探間即據引水著稱查有原於兵船在
九龍被礮打斷手腕之嘚唲喇吐及訪明林維喜
命案係伊承手逞兇之吵喇兩船尚敢潛圍
板後復將領其因相密約於佯虛寂之狀待其
前來窺伺再予痛剿果於初八日晡時吵喇
併嘚唲喇吐兩船潛移向內漸近官涌後船十
餘隻相隨於駛我軍一經瞭見俱各趕赴五
路山梁約計礮力可到即齊放大礮該夷船
攻擊皆有飛礮遠打吵喇船艙擊倒數人且

欽差大臣林則徐等奏摺 英兵船阻攔滋擾具結進口貨船窺伺陸路迭被擊退逐出情形

道光十九年十月十六日

多屍漂去其在旁探水之夷舢一隻亦被
擊翻該兵船驚見即先折退而哆唎一船尤極倉
皇逃去參賬回礮計官涌一處旬日之內大小
接仗六次俱係全勝惟初八日晚間有大鵬營
一千斤大礮放至第四出鐵過火損傷一礮架
致斃傷從擊兵丁二名陳典集降西陣亡
兵丁及受傷者因此陸續報出一併從優請卹外
現經新安縣覆接引水探報以密筆偵查英
夷船雇得三板潛逃漢奸米自之各名倉夫沙濤
逃出後各於龍鼓背渡來源甫長沙灣等處外
洋回報害滋查自有中路各洋為漢奸通商
損已被驚於許與無從委察形勢隨時剿辦卯

欽差大臣林則徐等奏摺　英兵船阻攔滋擾具結進口貨船窺伺陸路迭被擊退逐出情形

道光十九年十月十六日

硃批　硃批

以道光十四年間夷船藉稱避風拋泊金星
門該處地屬內洋尚得任其逗留經　鄧廷楨
嚴行驅逐至今不敢進窺數年來防汛失宜嘴袛
於入口之先出口之後暫作停留者亦無妨礙今
竟佔泊日久儼有負固之形始則抗違繼且抗
獗是驅逐由其自取並非釁自我開此次勦辦
之俾於澳門既不能陸居於夷船又不能水宿（不虞如此恐失體制）
苟知悔悟僅許回歸若義律與吐嚓者以報（雖有把握究非經久之謀）
復為心則堅壘固軍靜以待之亦自確有把握
不敢輕率畏葸致失機宜至貿易一事該國之
國計民生皆繫於此斷不肯決然捨去果
嘆夷憚於具結竟皆　歇業不來至咪唎堅等國之

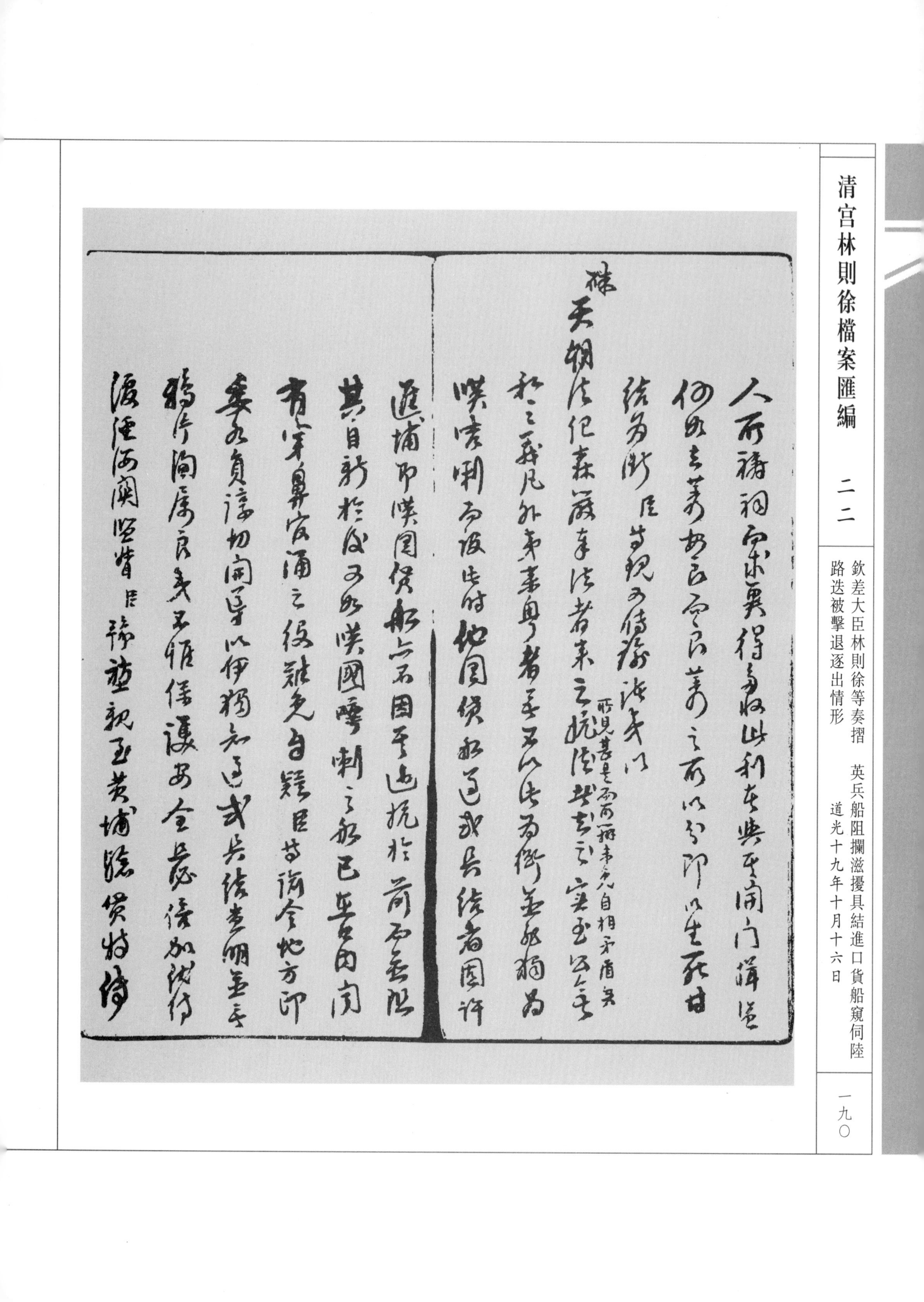

欽差大臣林則徐等奏摺　英兵船阻攔滋擾具結進口貨船窺伺陸路迭被擊退逐出情形

道光十九年十月十六日

欽差大臣林則徐等奏摺　英兵船阻攔滋擾具結進口貨船窺伺陸路迭被擊退逐出情形
道光十九年十月十六日

硃
哼喇面加慰諭該夷感激涕零惟噹啷一船被
此嗲啉呢之役尚未知避往何處臣等俟確查
其順抗拒情雖不同究係一國之人至應否並辦理
明下應護帶進埔仍任該兵船設法阻撓仍
須示以兵威振其朝忠就範圍仰副
聖主綏靖華夷之至意現在沿海關閘由帶兵旅堵
以上陳
密情形見辦情形謹會同廣東巡撫臣怡良水師
提督臣關天培粵海關監督臣豫堃恭摺具
奏伏乞
皇上聖鑒謹
奏
道光十九年十一月初八日奉
硃批
欽此
十月十六日

欽差大臣林則徐等奏摺　**拏獲通洋售買鴉片各犯審明彙案懲辦**

林則徐等
審辦通夷匪犯黄添代
等由
奏
安○
十一月初八日
鴉40.

欽差大臣林則徐等奏摺 拏獲通洋售買鴉片各犯審明彙案懲辦
道光十九年十月十六日

臣林則徐、臣鄧廷楨跪
奏為拏獲勾通外夷售買鴉片各匪犯審明
彙案懲辦，恭摺奏祈
聖鑒事。竊照鴉片來源固由外夷夾帶，而流傳館
寓實由內地奸民。若非內奸，則夷人與華人言
語不通，耳目不習，雖有鴉片，安能售賣而去哉？故
新例最重通夷囤買之罪，而臣等會辦海口
事件，尤必嚴密洋奸。兩年以來，獲犯甚
夥，業經七次彙
奏。其案除奉新例以前到案者仍照原例擬辦
外，續經訪聞有奸匪黃添仔即黃面勝等私作
夷船買辦，積慣接濟，並代夷人經手銷售煙土

先經兵丁查洋拏獲被本人將衆祖護該犯乘
間脱逃又匪犯彭亞開鄧三娣等各赴夷沙嘴
夷船買烟入口圖賣適臣等駐劄虎門會
同水師提督臣關天培督飭該管文武及巡洋
舟師嚴密偵緝去後旋于七月十六日據該文
武拏獲黄添仔即黄面豚一名又於八月十六日
拏獲彭亞開及戴亞醋二名九月初六日拏獲鄧
三娣及鄧亞勝鄧亞娣三名又續獲案內
居權發梁鄧氏二名先後起獲鴉片烟土二百二
斤匪艇二隻解營委員訊明又據彭亞開等
供有附合本錢之梁亞宝即梁品大一犯于八
月十六日委員往拏詎該犯聞彭亞開等獲案

勢必須設法措繳，業已畏罪在家服毒。當即派委前卸東莞縣丁憂升粵閩南澳同知侯〻翰赴伊家訊明，所生供詞犯服毒急延香灌救不及，至十八日身死。復經侯〻翰帶領仵作驗明屍母梁陳氏、屍妻梁殷氏及保鄰人等，驗明填單，錄供取結詳報。並據該帶委員南雄直隸州知州余保純、署廣州府佛山同知劉開域將現犯黃添化等訊明解審前來。臣等當即遴委提犯會同研鞫。緣黃添化即黃面勝，籍隸香山、番禺、東莞各縣。道光二年，黃添化與素好之逸犯黃車葉即黃亞初薦與嗬囒國夷人噃吧嗹充當沙文，在夷樓七年，通曉夷語，後被辭出

十四年間，黄東葉在嗎喇夷船私作買辦，見黄添
化貧苦生理，令其幫買，黄添化遂貪將來獲不
識姓之蛋婦亞同婆小艇一隻，並雇未獲之何亞清
牛、黄亞廣為水手，買備牛羊豬肉、瓜菜蔬菜，用
艇裝往交給黄東葉，搬上嗎喇夷船銷售接濟。
並陸續賒給黄東葉物件，共合錢十餘千，黄東
葉延未清還。十五年正月，黄東葉薦黄添化
至花旗咪吔夷船，十八年間又薦至港脚喇吐
夷船，係為買辦。喇吐船內帶有鴉片烟土，黄添
化能通漢夷言語，遇有內地匪徒欲買烟土，該
犯即邀至夷船傳話說合，不計數次，每月得工
艮十二圓。十九年五月初五日，黄添化回家探母

十五日仍坐何亞牛黃亞達所撑之小艇於
十六日駛至九龍洋面搬僱咈喇夷船向黃東
葉索欠黃東葉以黃添化為夷人信用加僱
銀係伊推薦之力不應更索前欠正在船中理
論適被水師提標左營兵丁許錫光駕船巡至將
黃添化及黃東葉何亞牛黃亞達一併拏獲惟
咈喇船上夷人見該犯等被拏逃放三板駛
來以黃添化等是夷船買辦不肯拘拏解放
竟敢持刀揮殺該兵丁許錫光駕巡船救奔
亦無通事不能查曉其語正在爭嚷間黃添化
等即乘間跳上夷人三板飛駛逃脫經事由
飭孫三福將黃添化等家屬拘押勒限找尋

七月十五日黄添化潛回伊家探信即經兵役會拏
獲解又彭亞開捕魚為業平時駕艇在洋常傍
夷船灣泊漸習夷語道光十九年七月不記日
子彭亞開在喀吨夷船談及該夷帶有烟土
因各口查拏甚嚴難以出賣如有人到船買
土該夷情愿讓價彭亞開起意潛買希圖轉
售獲利因自己本少無多探知現已畏罪服毒身
死之梁亞寶即梁品大係素識艇户歐亞豬之妹
夫積有貲財當即將其歐亞豬商允梁亞寶措
備洋銀一百圓與伊合本俟買土轉售之後所
獲餘利三股均分七月二十九日彭亞開與歐
亞豬同駕艇隻至尖沙嘴靠攏喀吨夷船彭

亞開上船與夷人議定每烟土一個價銀十七圓當
用洋銀一百零二圓買得烟土六個下艇收藏開
行三十日至新墟地方與梁亞寶會晤彭亞開
等因以梁亞寶買賣熟悉將烟土交其覓售
首和心首梁亞寶已將烟土賣完所得本
分利彭亞開復意再買一次賣完統算當又
提取洋銀一百圓仍與歐亞豬駕艇至喀吠夷船
議買該夷稱說日來查禁愈嚴船上所有烟
土已託別船載回夷埠現無可賣該犯等遂於
十一日晚仍回新墟將銀先交梁亞寶收存約
於夜間清算彭亞開歐亞豬暫回小艇吃飯將
艇開至太平墟即被官兵偵知拏獲解究又鄧三

婦向係駕船載送客貨生理亦通夷語道光十
九年六月不記日子鄧三婦聞知夷船寄泊尖
沙嘴洋面所帶鴉片不能銷售價值大減起
意買來轉賣圖利獨駕小艇僭由僻港駛至
尖沙嘴向吧喇夷船用洋銀六十四圓買得烟
土十二斤運回是月二十五日有被獲素識
之屈權祿及該犯姑母梁鄧氏到船同坐鄧三
婦談及船內買有烟土每斤價銀十圓屈權祿
即用洋銀一百二十圓將烟土十二斤全數買
受因一人不能攜帶另用洋銀一圓雇倩梁鄧
氏幫同轉回陸續賣與不識姓名人共得洋
銀一百三十八圓花用七月十六日鄧三婦又僭往

尖沙嘴向吧喇夷船用洋銀一百九十八圓買回
烟土二十七斤運回陸續分賣不識姓名人
每斤十圓十二圓不等七月二十九日又潛往
尖沙嘴向哩喇夷船用洋銀一百四十七圓買回
烟土二十二斤因其時嚴斷夷人接濟不論大
小艇隻皆要搜驗該犯恐被搜獲在夷船
幫同駕駛匿多時九月初二日乘間駛到東莞縣
屬白藤灣海邊停泊適鄧三婦之兄鄧亞勝與
堂侄鄧亞婦由該處岸上經過瞥見下船探望
鄧亞勝等同知鄧三婦船上買有烟土當各付
給洋銀二十圓各向買受烟土二斤鄧亞勝等
將烟土收藏身上正欲將回即被訪拏將鄧三婦

等三犯連船隻烟土一併獲解茲臣等親提鞫訊
據各供認前情不諱詰無別項不法及此外另有
同夥隱匿避就情事案無遁飾查新例載沿
海奸徒勾通外夷潛買鴉片烟土入口囤積發賣
圖利一經審實首犯擬斬立決恭請
王命先行正法仍傳首海口地方懸竿示衆知情受
雇之船户擬絞監候房屋船隻一律入官又興
販鴉片烟土僅止一二次並為數不及五百兩
為首發新疆給官兵為奴知情受雇之船户半
年以内杖一百徒三年船隻房屋一律入官各
等語此案黃添代即黃亞勝私作夷人買辦並
非由官非充已居接濟奸匪且在夷船多年代

賣鴉片說合經手不計次數雖非自開窰口寔屬積慣
勾通况經兵丁等拏獲過船並不俯首就縛膽敢倚恃
夷人袒護乘間脫逃營私藐法殊屬漢奸之尤彭
亞蘭起意潛買鴉片糾夥湊錢雖其出本無多
實係通夷首犯鄧三婦親向夷船買煙轉賣已至
三次之多尤屬不法俱應照新例問擬黃添化
即黃亞勝彭亞蘭鄧三婦均合依沿海奸徒勾
通外夷潛買鴉片入口發賣圖利首犯擬斬立決例
擬斬立決臣等現駐虎門係漢夷兵船出入要口正
須在此懲辦藉以警悚愚頑當即於審明後恭請
王命飭委署廣州府佛山同知劉開域署水師提標右
營游擊王鵬年將該犯黃添化即黃亞勝彭亞蘭

鄧三娣三名御赴海口先行正法傳首沿海地
方懸竿示衆以昭炯戒梁亞宝、嚴亞赭均係為從
同謀除梁亞宝業已聞拏畏罪服毒身死應毋庸
議外嚴亞赭合依為從同謀擬絞監候例擬絞
監候秋後處決盧權復向鄧三娣買受烟土十二
斤計重一百九十二兩鄧亞勝鄧亞娣各向鄧三娣
買受烟土二斤計重三十二兩均止一次盧權
復鄧亞勝鄧亞娣均合依與販僅止一二次並數
不及五百兩為首發新疆給官兵為奴例發新疆
給官兵為奴照例刺字梁鄧氏偶爾受雇為盧權
復分拏烟土係屬婦女無知較與知情受雇之船
户有間應照不應重律杖八十係婦人照例收贖為

犯有無房屋飭縣查明連現獲匪艇隻一併估變
分別入官充賞地方文武自行獲犯例得免議兵
丁鄧邦並前次拏獲黃添化黃亞葉等因所船
內未有貨無從吏人扭獲爭嚷致各犯乘間脫
逃訊無賄縱亦非畏葸退縮請免置議逸犯黃亞
葉邱黃亞初並分飭嚴緝獲日另結除全錄
供招咨部外所有獲犯審明辦理緣由臣等謹會同
廣東巡撫臣怡良水師提督臣關天培合詞恭摺具
奏伏乞
皇上聖鑒敕部覈覆施行謹
奏
道光十九年十月十六日

硃批刑部議奏欽此

十月十六日

欽差大臣林則徐等奏摺 拏獲通洋售買鴉片各犯審明彙案懲辦
道光十九年十月十六日

遣用革員馬辰漢陽縣丞彭鳳池協辦洋務

旨　隨

○臣林則徐跪

奏再臣由外任出差不敢援部院隨帶司員之例

亦不敢聞隔有

奏調人員之端惟初次到粵人地生疏一切洋務

夷情若不先遣一兩人密行訪查路過安徽

時知有在籍之已革湖南撫標游擊馬辰係採

寧縣人因失察家人私受替班兵丁規錢經臣

在湖廣總督任內專摺

奏請交部議處旋議革職回籍該革員素諳武備

疊經出師川楚台灣湖南以軍功蒙

恩賞戴花翎現年六十五歲精力甚強係無礙之人員

尚可乘便驅使當令兼程先赴海口代訪夷情

欽差大臣林則徐奏片　遣用革員馬辰漢陽縣丞彭鳳池協辦洋務
道光十九年十月十六日

自收繳躉船鴉片以迄燬化該丞皆任其勞瘁
臣提臣亦皆以爲得用並知其熟悉夷務故又委
赴行營會同勦辦又上年由楚北撫臣劉委解犯
到粵之漢陽縣丞彭鳳池臣在楚時知其廉
明勤幹且籍隸廣東于土俗方言本皆諳曉
先既奉差在粵因令暫留回楚就近代查鴉
片根株即據訪出漢奸多名一一確鑿臣於未
到省城之前先飭地方官嚴拏頗足聳動恩頒
關後隨赴各海口常資指臂之使緣一係微員
一係廢員前以指職遴用未敢瀆
奏今爲日已久彭鳳池尚未銷差回楚馬辰業經
從事行間理合據實具片附陳伏祈

至營每次二員往來差遣凡盤纏食用皆由臣自行

付給不敢稍擾地方合併聲明謹

奏

道光十九年十一月初八日奉

硃批　欽此

欽差大臣林則徐奏片　遣用革員馬辰漢陽縣丞彭鳳池協辦洋務

道光十九年十月十六日

欽差大臣林則徐等奏片

奏參陳道坦拴住片内烟土數目繕寫錯誤奏請更正

旨已錄

林則徐等片

再，臣等因署南雄州知州陳道坦、署南
雄協副將拴住札江西省南安府移提長[illegible]
一[illegible]道家馬[illegible]獲於本
年九月十九日附片
奏，奉請將該州、協等摘頂，限[illegible]
查議。該州、協歷奉准南安府移，開此案起獲鴉
片烟土實止一千一百九十餘兩，臣等片内因將一
百二字誤書[illegible]錯誤，相應據實[illegible]
奏請更正。謹附片
奏乞
聖鑒。謹
奏。

欽差大臣林則徐等奏片 奏參陳道坦拴住片內烟土數目繕寫錯誤奏請更正 道光十九年十月十六日

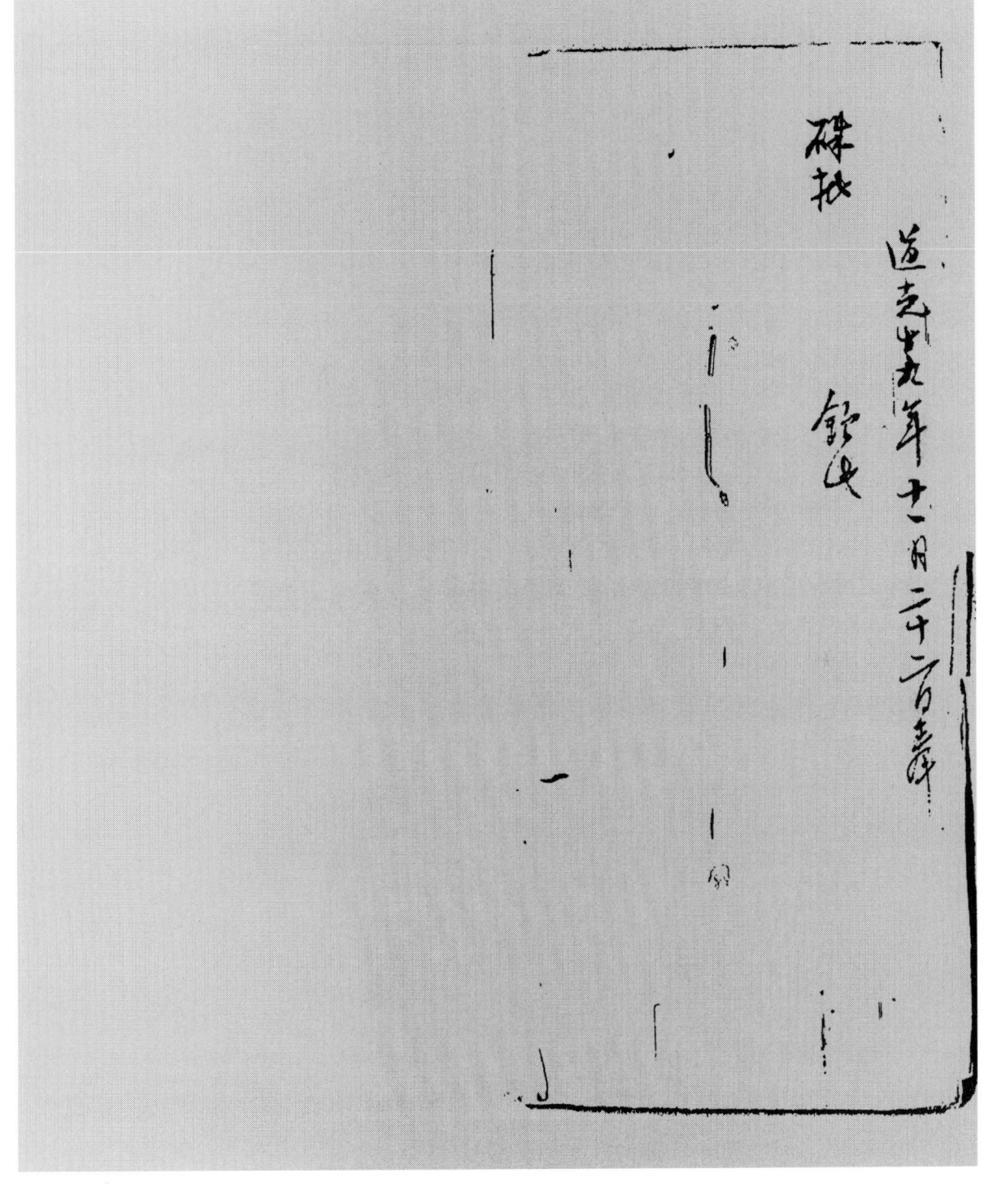

硃批
道光十九年十一月二十六日奉
欽此

上諭　著林則徐等派員巡查以防鴉片入口並令英船交兇無得逗留

軍機大臣　字寄
欽差大臣兩江總督林　兩廣總督鄧　道光十九
年十月二十二日奉
上諭林則徐等奏暎國躉船現已盡行驅逐並飭取
切結情形一摺覽奏均悉據稱該夷駛出老萬山
回國空船二十三隻奸夷十六名均經驅逐淨盡
並遵式取具切結等語該夷等經此查辦懲創之
後自必畏服惟大船六隻小船十餘隻潛回夷埠
距粵不過半月海程恐日後私運入口不可不嚴
密防範至嘩喻兵船來自夷埠雖名為護貨亦難
保無叵測情形前次犯案兇夷既不交出聽審又
不能究出正兇狡鷲可惡著林則徐鄧廷楨派委

上諭　著林則徐等派員巡查以防鴉片入口並令英船交兇無得逗留
道光十九年十月二十二日

妥員巡查各隘口如夷埠船隻潛載煙土混入即
行查拏懲辦其護貨兵船果否安靜並飭令將毆
斃林姓兇夷交出無得藉詞逗留儻有一事不遵
即當權變示威為一勞永逸之計至該夷恐兵役
搜查栽贓雖係過慮亦不可不防其漸著鄧廷楨
嚴飭該管文武員弁剴切訓諭如有栽贓等情一
經查出定當從重治罪務使兵役畏法夷商知恩
是為至要若約束不嚴稍滋弊混外夷轉得藉口
尚復成何事體懍之將此諭令知之欽此遵
旨寄信前來

上諭　著翁亞瀧照林則徐等擬杖徒陳姓逸犯仍飭嚴拏究辦

道光十九年十月二十二日内閣奉

上諭林則徐等奏審擬刋賣假揑照會外國公文人犯一摺此案廣東省城鋪户翁亞瀧因見陳姓文章抄有欽差與本省督撫照會暎咭唎國禁造鴉片文稿並不查明真偽輒行刋賣圖利著照所擬杖一百徒三年不准查辦留養逸犯陳姓仍著飭屬嚴拏務獲究辦餘著照所議辦理該部知道欽此

上諭　著林則徐等認真盤驗韶州東西二關查明有無包庇冒稱等弊

軍機大臣　字寄

欽差大臣兩江總督林　兩廣總督鄧　廣東巡撫

怡　道光十九年十一月初六日奉

上諭御史駱秉章奏廣東韶州設立東西二關凡往

江西浙江江南等省則由東關稽查往湖南湖北

河南等省則由西關稽查現在奸商馬姓夾帶煙

土由南雄直度大庾嶺係由韶關偷度恐該關吏

役等有得規故縱情弊並聞向來奸商有以鴉片

煙冒作玻璃片報税請飭查究等語現當查拏鴉

片喫緊之時各處關口尤須認真盤驗著林則徐

鄧廷楨怡良確切查明如有吏役包庇及冒稱别

物報税等弊即行從嚴懲辦務使根株永斷錮弊

悉除是為至要將此各諭令知之欽此遵
旨寄信前來

上諭 著林則徐等驅逐英船停止貿易曉諭各國獎恤出力員弁兵

軍機大臣 字寄

欽差大臣兩江總督林 兩廣總督鄧 廣東水師

提督關 道光十九年十一月初八日奉

上諭林則徐等奏轟擊夷船情形一摺覽奏均悉𠸄

咭唎國夷人自議禁煙之後反覆無常前次膽敢

先放火礮旋經剴諭偽作恭順仍勾結兵船潛圖

報復彼時雖加懲創未即絕其貿易已不足以示

威此次吐嘧夷船復敢首先開放大礮又於官涌

地方占據巢穴接仗六次我兵連獲勝仗並將尖

沙嘴夷船全數逐出外洋該夷心懷叵測已可概

見即使此時出具甘結亦難保無反覆情事若屢

次抗拒仍准通商殊屬不成事體至區區稅銀何

上諭　著林則徐等驅逐英船停止貿易曉諭各國獎恤出力員弁兵
道光十九年十一月初八日

足計論我朝撫綏外夷恩澤極厚該夷等不知感
戴反肆鴟張是彼曲我直中外咸知自外生成尚
何足惜著林則徐等酌量情形即將暎咭唎國貿
易停止所有該國船隻盡行驅逐出口不必取具
甘結其毆斃華民兇犯亦不值令其交出噹啷一
船無庸查明下落並著出示曉諭各國列其罪狀
宣布各夷俾知暎夷自絕天朝與爾各國無與爾
各國照常恭順仍准通商儻敢包庇暎夷潛帶入
口一經查出從重治罪其沿海各隘口並距夷埠
不遠之各海島均著林則徐等相度機宜密派員
摘文起
弁兵丁嚴加防護毋稍疎懈此次攻擊夷船提督
關天培奮勇直前身先士卒可嘉之至著賞給法

硃

福靈阿巴圖魯名號以示獎勵所有在事出力員
仍交部從優議敘
弁著查明保奏候朕施恩陣亡及受傷弁兵著林
摘交止
則徐等查明咨部照例辦理將此各諭令知之欽
此遵
旨寄信前來

上諭　著准已革遊擊馬辰縣丞彭鳳池均留於廣東交林則徐差委

道光十九年十一月初八日内閣奉

上諭林則徐片奏據實附陳等語已革湖南撫標遊擊馬辰湖北漢陽縣縣丞彭鳳池均著准其留於廣東交林則徐差遣委用該部知道欽此

欽差大臣林則徐等奏摺

察看英商反覆情形仍為圖賣鴉片遵旨不准交易

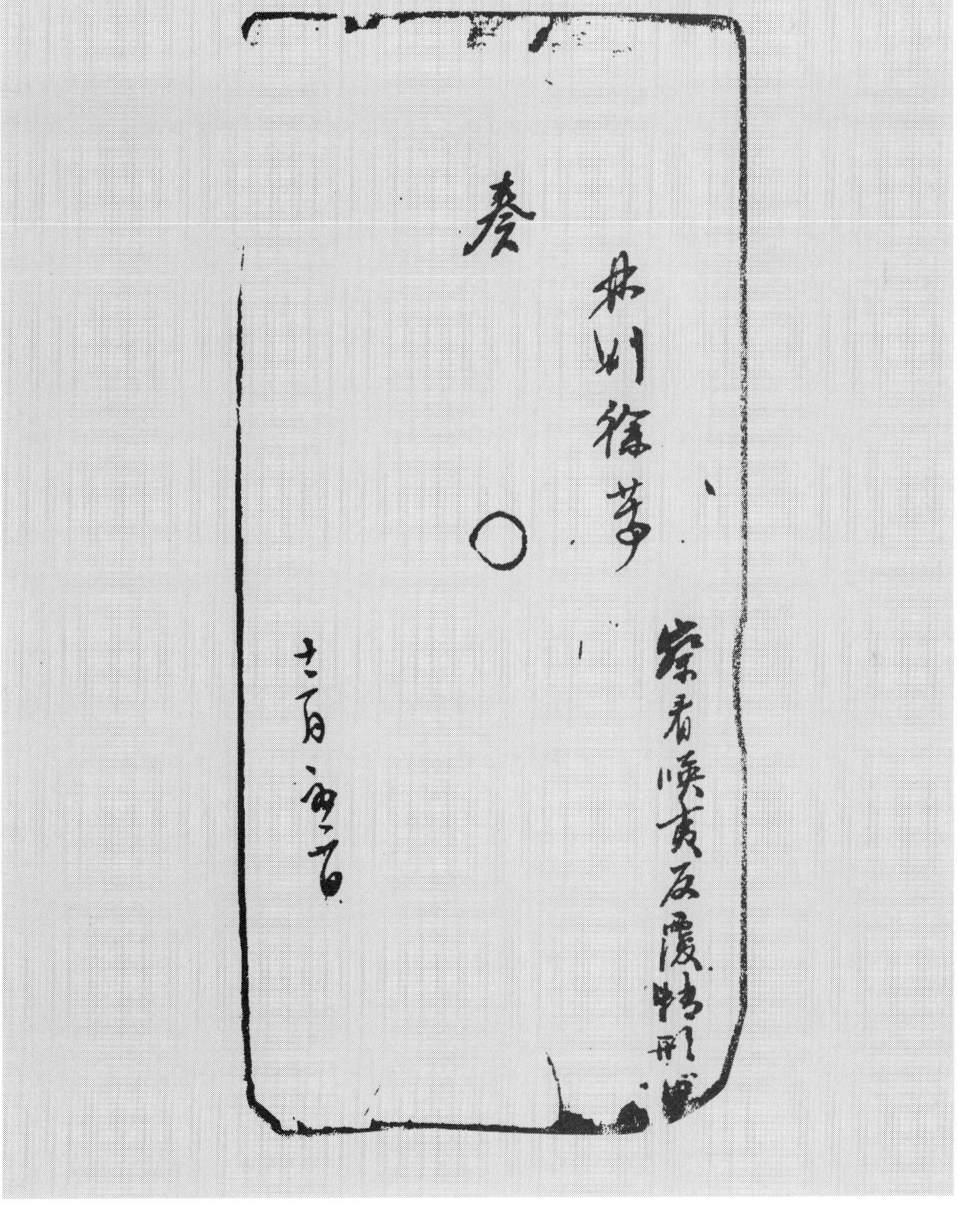
奏
林則徐等
察看英商反覆情形
十一月初九日

二二　欽差大臣林則徐等奏摺　察看英商反覆情形仍為圖賣鴉片遵旨不准交易

道光十九年十一月初九日

臣林則徐 臣鄧廷楨 跪

奏為察看英夷反覆情形仍為圖賣鴉片

起見並

旨不准交易俾知儆懼并以折服各國夷情恭摺

奏祈

聖鑒事竊照嘆咭唎國貨船于九月底臣在虎門[illegible]

以護該國兵船二隻擅阻援我兵水陸營[illegible]

將該兵船及尖沙嘴各夷船盡行逐出外洋係[illegible]

臣等於十月十八日恭摺具

奏在案欽承准軍機大臣字寄九月二十二日奉

上諭前以該國各船難保不潛赴東西各路冀圖私銷

著即派員跟蹤偵察嚴飭沿海各營認真防範

至該夷切結如果可靠自必漸就肅清儻該夷迫
於勢蹙暫作緩兵之計日後再有反覆即當示以兵
威斷絕大黃茶葉永遠不准交易俾冥頑之徒知所
儆懼等因欽此臣等跪讀之下仰見我
皇上洞燭夷情之反覆
示儆懼於冥頑
訓諭周詳彌深欽服查臣等先於收繳煙土事竣
當以此後不准夷人再賣鴉片理應取具遵依是
以傳諭甘結聲明如有夷帶鴉片人即正法貨物
沒官字樣義律先本抗違迨數月相持屢經折挫
月內始據稟稱情願具結惟所寫字樣尚與新
例不符臣等念其畏罪輸誠冀可再加開導是

以將其原遞澳門同知說帖謄錄奏
聞，詎該夷陽奉陰違，迄不出
聖明欽辦。至九月間，義律復招來商數人在澳門集
議，彼時擬卸刀班時反覆之始也。該國有嚤喇、嗎
唧二船，均遵式具結。嚤喇噹嗎先進黃埔，而嗎唧
船反在入口，被義律潛行唆嗾兵船將其擋回，以致與
師船互相礮擊，其為反覆，莫甚於此。且前遞說帖
內云毆斃林維喜命案兇手已懇賞二千圓，令
人報知，至九月底乃將因案在船之夷人五名拘獲，
欲解同該國照夷例辦理，是其反覆之形不一而
足。而究其所以反覆之故，實因慣賣鴉片，好
夷利心不死，前雖已繳新舊煙，回夷埠而

欽差大臣林則徐等奏摺　察看英商反覆情形仍為圖賣鴉片遵旨不准交易　道光十九年十一月初九日

往來躉船內匿，仍思乘機偷運。伊恐甘結一具，性
命難逃，而義律利其抽分，與之朋比，忽恭忽驕，
皆有譎謀。及其前已據諭該夷查違者來之抗違
者，去之𠸄夷既不能約束，與其開門而揖盜，何如去
莠以安良，恭蒙
訓諭嚴明，尤當恪遵辦理。當商粵海關監督豫堃，會
同出示曉諭，自十一月初六起，停止𠸄咭唎國貿易，除業
經停止以前𠸄夷所有帶來貨物，轉賣與別國夷商者，現據
業或呈請查簽，飛長即係正經貿易，業已移步換形
者，亦不追既往，與咪唎等一律准令進口，另其餘貨成澤
商。惟𠸄國來船一概停其交易，計有大黃、茶葉二物，
查大黃每年出口本屬有限，不過附搭爲材，項下𠸄

夷所銷尤少惟茶葉在所必需然有綠茶黑茶之分
㗎夷所銷多係黑茶現在嚴密稽察不使影射偷漏
查向來夷船到粵以㗎咭唎為最多自嚴禁鴉片以來
各夷埠均有傳聞以鴉片出自㗎國此後該國買賣
可減則別國買賣可增如嗹國瑞國及單鷹嘿嘴咥等
國歷年不過偶來一二船本年來者特多是他夷
皆有欣欣向榮之象而咪唎𡀔國之船現來四五
隻則比往屆全年之數已有浮多尤見
天朝聲教覃敷並不少此㗎咭唎一國而義律之勾結
喳噸等屢將驕飾捏造營私該國以七萬里之遙其主
君臣未必周知情狀今他國通商如舊而㗎國獨停若
該國查究情由係因囤賣鴉片抗違

天朝新例則內而自知理曲外而顏面何存彼亦不肯容
義律等之詭計奸謀以自保其二百年來之生計也
伏思斷絕鴉片首貴杜其來源而杜源總在夷船整
他謬可譬之防守河工鴉片之來如黃水然惟有
嚴隄防以禦之彼[illegible]出如決水然惟有閘
壩以束之本年以來收繳已化之煙土值銀千
倘英夷人許其姑而新來之鴉片必逐同信折回
及到粵畏罪運回者訪聞亦復稱是杖本年嘆
夷來船本數往年為少今既嚴令斷絕該國貿
易只有洋商行[illegible]揭不敢與之私售惟當視其有
無偷帶其情弊[illegible]翻至他國並照具結進口
查無鴉片者已有船六十二隻呈[illegible]

嚴銷將及二萬箱，因反覆仍當時刻稽查

防其賄代英夷私偷，夷不敢因他夷之

並式出結，即逕信為無他，其先已具

結之時，即一船雖係英國夷人，而早知莫循

法度，現被義律等私留口外，日後若求入口，仍

當帶進黃埔，不宜與販營私至他船一例辦

理，以示區別。至若役駛回各船，誠難保不潛

赴東西兩路希冀私銷，臣等仍遵

諭旨，咨派文武跟蹤偵察，並嚴飭沿海各

營認真防範堵截，該夷鴉片無處可售

庶使海面肅清以仰副
聖主除患保民之至意所有現斷英夷貿易
緣由謹會同廣東巡撫臣怡良水師提臣
關天培粵海關監督臣豫堃會詞恭摺具
奏伏乞
皇上聖鑒訓示謹
奏
道光十九年十一月初二日

硃批
欽此
十一月初九日

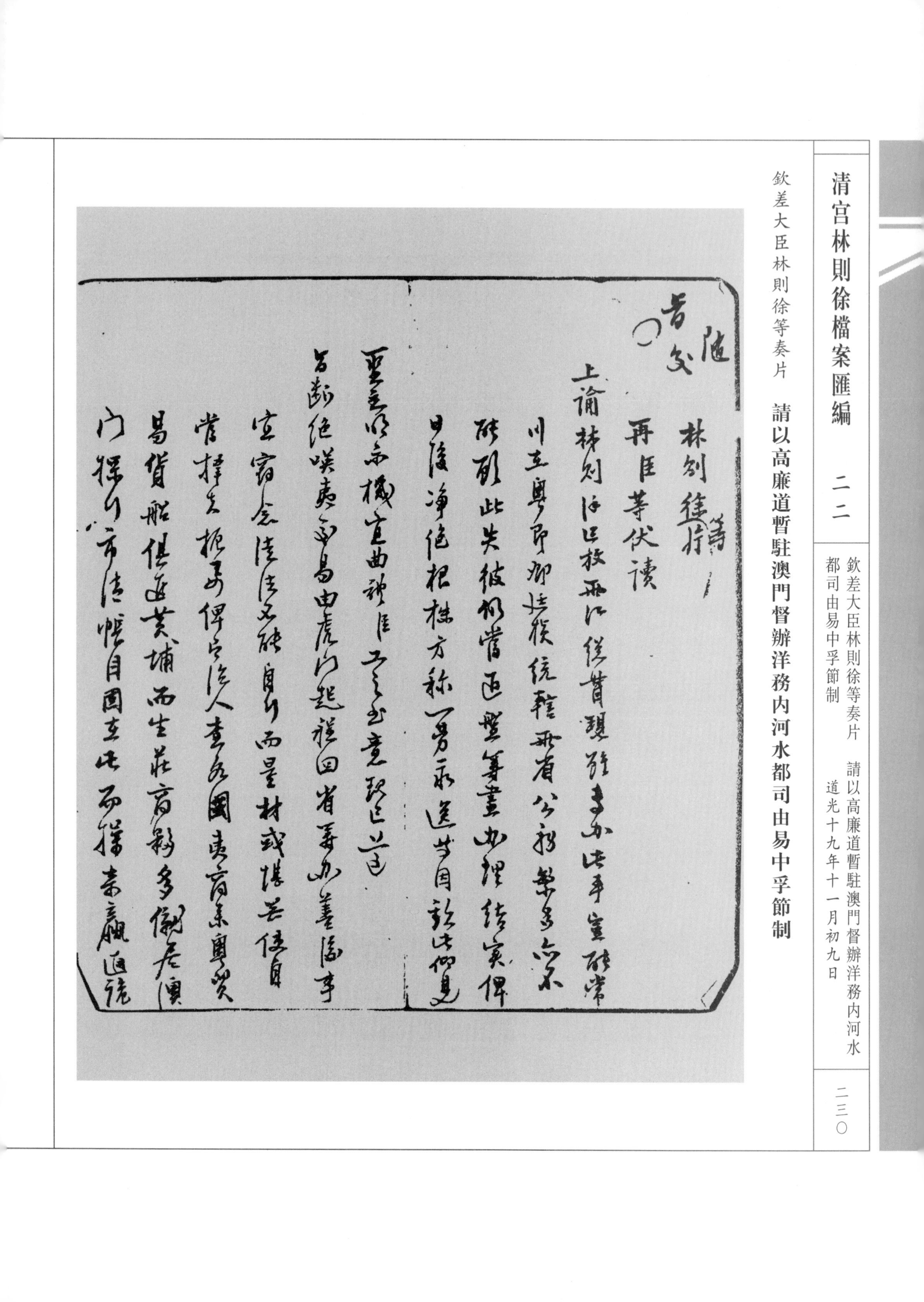

欽差大臣林則徐等奏片

請以高廉道暫駐澳門督辦洋務内河水都司由易中孚節制

欽差大臣林則徐等奏片　請以高廉道暫駐澳門督辦洋務內河水都司由易中孚節制

道光十九年十一月初九日

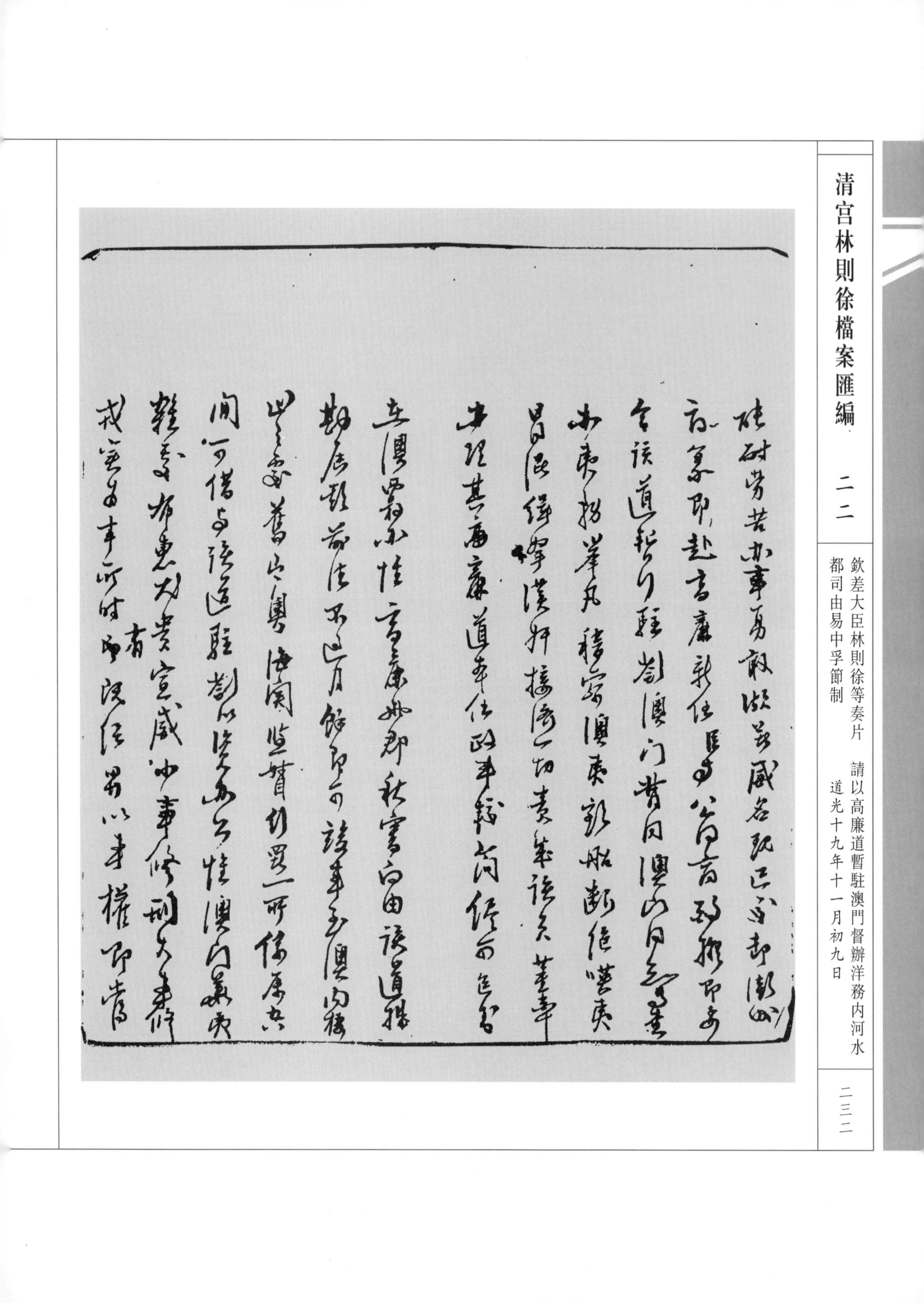

欽差大臣林則徐等奏片　請以高廉道暫駐澳門督辦洋務內河水都司由易中孚節制

道光十九年十一月初九日

欽差大臣林則徐等奏片　請以高廉道暫駐澳門督辦洋務內河水師都司由易中孚節制

道光十九年十一月初九日

于以示衛。查香山寨設有內河水師都司
一員，帶兵二百名，向駐香山地方，請准
請由該道節制，以便其調遣。高
廉道本兼兵備，節制亦屬相符。俟數一
二年後如果諸夷就範，群情寧靜，再將該
道撤回高廉，以重職守。臣等是否之見，
是否可當，謹會同撫臣怡良附片
陳祈
聖鑒。謹
奏。
道光十九年十一月初九日奉
硃批　欽此

上諭　林則徐等奏參陳道坦拴住失察摺内烟土數目錯誤著即更正

道光十九年十一月二十二日内閣奉

上諭前據林則徐等奏条廣東署南雄直隸州知州陳道坦署南雄協副將拴住失察奸商夾帶鴉片煙土一千九百九十餘兩當降旨將該員等摘頂勒緝兹據查明該州協原禀此案起獲煙土實止一千一百九十餘兩原奏係屬錯誤著即更正該部知道欽此

上諭 著周天爵查明林則徐原辦江漢隄塍漫潰事具奏

軍機大臣 字寄

湖廣總督周 道光十九年十一月二十九日

奉

上諭上年五月據林則徐等奏請酌籌襄河防汛經費旋據奏稱江漢普慶安瀾懇請鼓勵各員當經

降旨施恩因思該處隄工緊要既經該督等籌款修辦復將經手承辦各員奏請議敘自必修防妥協一律鞏固乃甫隔年餘隄塍遂致漫潰其辦理不善已可概見昨據周天爵奏稱湖北之漢川沔陽天門京山等處潰决查對原摺内有上年伍長華等所稱為驗收堅實者恐水勢稍大漫潰尚多著周天爵覈實查明本年决隄有若干丈尺係上

年奏稱修築妥協之處並查明得邀議敘各員所
辦工程潰決若干處據實具奏毋稍迴護將此諭
令知之欽此遵
旨寄信前來

道光十九年十二月初一日内閣奉

上諭鄧廷楨著調補兩江總督兩廣總督著林則徐

調補鄧廷楨未到任以前兩江總督著麟慶兼署

欽此

上諭　著林則徐驅逐英船籌劃堵塞偷漏弊竇

軍機大臣　字寄

兩廣總督林　道光十九年十二月初二日奉

上諭前據林則徐等奏明轟擊夷船情形曾經降旨飭令將該國船隻盡行驅逐絕其貿易並諭以區區稅銀何足計論想已遵辦本日據林則徐等奏察看暎夷反覆情形一摺覽奏均悉該夷反覆無常早已洞見現當嚴禁鴉片豈容該奸夷陽奉陰違希圖影射著林則徐仍遵前旨凡係暎咭唎夷船一概驅逐出境不准逗留惟各國恭順照常通商難保該夷不潛行偷漏混入他國私帶烟土妄冀銷售即大黃茶葉亦恐他國加倍購買轉相付給是名為禁止暎國貿易而流弊益多殊非覈實

辦理之道著林則徐即將種種弊竇籌畫堵塞其
噹啷一船毋須招令入口以歸畫一林則徐現已
簡調兩廣總督責無旁貸務當趁此警動之機為
一勞永逸之策至於區區關稅之盈絀朕所不計
也將此諭令知之欽此遵
旨寄信前來

上諭　林則徐奏變通漕運著琦善體察直隸天津情形

軍機大臣　字寄

大學士直隸總督琦　道光十九年十二月初

二日奉

上諭前據金應麟奏變通漕運事宜一摺當降旨交

兩江總督等妥議具奏茲據林則徐陳奏籌議漕

務四條内請於直隸天津等府可作水田之地興

辦水利著琦善查照原奏悉心體察情形如果可

行實為足國裕民之至計朕必當簡派大員妥為

經理琦善勿存畏難之見僅以一奏塞責原摺著

摘鈔發給閲看將此諭令知之欽此遵

旨寄信前來

上諭　著照林則徐等奏高廉道暫駐澳門查辦洋務内河水都司歸其節制

道光十九年十二月初二日内閣奉

上諭林則徐等奏請將道員暫行移駐澳門查辦夷務等語廣東澳門地方為各國夷商貿易總匯之區現在清釐積弊控馭尤貴得人該處雖設有同知縣丞各一員惟官職較小尚不足以窮弊源而制驕縱著照所請即飭令高廉道易中孚暫行駐劄澳門督同該同知等查辦夷務所有前山寨内河水師都司一員帶兵三百六十三名著即歸該道節制遇有緩急聽其調遣俟一二年後夷務肅清再將該道撤回任所以重職守餘著照所議辦理該部知道欽此

上諭　著林則徐嚴審廣西巨盜關九興

道光十九年十二月初三日内閣奉

上諭前據御史賈臻奏巨盜關九興盤踞廣西思恩府百色同知所屬臨鳳地方設鋪抽稅截刼殺人黨羽甚多地方官不敢捕拏並於緝獲後縱令逃逸等語當降旨著鄧廷楨梁章鉅查拏嚴審究辦茲據梁章鉅奏查該御史原奏所稱安鋪抽稅刼奪殺人並無控案亦無嘯聚多人以致閉城罷市及盜船數十聲言奪犯地方官畏刼故縱情事現在該犯關九興業經拏獲著即委員解往廣東交林則徐嚴行審訊至該御史風聞該犯等用礮轟斃黃姓父子三人一案情節重大雖據該撫查無赴各衙門控告之案仍著該督嚴審務得確情按

律定擬具奏欽此

欽差大臣林則徐等奏摺　**拏獲廣東沿海各犯出洋買烟接濟洋商船隻審明分別定擬**

奏

林則徐等　審擬出洋買物之匪犯鍾亞二等案由

十二月二十六日

欽差大臣林則徐等奏摺 拏獲廣東沿海各犯出洋買烟接濟洋商船隻審明分別定擬
道光十九年十二月初四日

臣林則徐臣鄧廷楨臣怡良跪
奏為拏獲沿海奸徒出洋僭買烟土運船接濟夷船照例分別定擬恭摺具
奏仰祈
聖鑒事竊照廣東沿海奸徒往往私出外洋或向夷船購買鴉片分運售銷或私充船夷買辦聽其指使或於嚴斷接濟之時運給夷船食物種種牟利營私以致夷人恣意販烟流傳內地故欲絕鴉片必須整頓海口欲制夷人必先嚴辦漢奸節經臣等督飭沿海文武及巡洋舟師嚴密偵拏臣林則徐臣鄧廷楨駐劄虎門時據文武拏獲積慣接濟代銷烟土及向夷船買烟之吳添化彭

亞開鄧三娣三名照例斬決梟示夥犯歐亞豬等

問擬從遣者業經具

奏在案嗣據護理廣海寨游擊吳萬和等拏獲

匪犯鍾亞二及艇戶吳亞益葉亞姚馮手郭亞

鋒梁亞吉黃亞滿黃亞茂黃亞秋林亞二盧亞好

高亞鰍陳亞西等十二名起獲艇一隻解至虎門往

臣林則徐鄧廷楨督同隨帶委員南雄直隸州

候補知府余保純署佛山同知劉開域候補通判謝

耿光審明辦理又香山縣澳門同知等

拏獲匪犯彭亞佘吳亞平二名新安縣營先後

拏獲陳亞成藍亞惠李亞四張有慶鄧呂祥賴

亞三黃亞穩七名起獲烟土二小圓重九十二兩[illegible]

並縣營拏獲曾黃嬌係連生二名起獲艚船
一隻併豬隻雞鴨蛋鹽白糖等物均經解省
先後飭委署候補知府余保純等會同廣州
府珠爾杭阿准補潮州府同知張錫蕃同候補
縣方良鈺等確審旋據委員先後審擬分
別由省局遞解前來臣等逐案查訊
緣鍾亞二即鍾亞債籍隸香山縣向在澳門找換
銀錢度日與各國夷人多有認識通曉夷語道
光十七年十一月內鍾亞二探知素識西洋夷
樓方里奴偷賣鴉片烟土價值便宜起意販賣
獲利隨陸續用番銀一二十圓買得烟土二三
十斤攜回家內零星轉賣與不識姓名人不記

次於十九年八月，鍾亞二知澳門查拏嚴緊，夷樓
不敢存烟，向何達夷人搬帶鴉片越赴新安
縣白石角洋面。鍾亞二欲往買取，並許允素識未
獲在澳貿易之陽江縣人吳幗熾各帶番銀同
雇現獲之船户吳亞益、葉亞姚艇隻撐駕。吳幗
熾方病，復鍾亞二送回陽江原籍，議定往
返艇價銀十兩。八月十九日由澳開行，二十日駛
至陽江之東平洋面停泊。鍾亞二另雇不識姓名
人小艇，諉稱欲送吳幗熾登岸坐轎回家，
即與吳幗熾坐艇駛至新安縣白石角洋面。
適何達夷船拋泊該處，鍾亞二帶同吳幗熾上
至夷船，向該夷何達買取烟土六十斤，公土每觔價

銀十一圓，鍾亞二用番銀四十四圓買得公土四個，
吳帽既用番銀一百一十圓買得公土十箇，各
用蓆袋包裹，假作行李，搬過小艇，駛回。吳
帽既即由小艇上岸，先携烟土回家。鍾亞二
仍回吳亞益等艇內。時水手鄭亞鮮等赴墟買
物，留吳亞益、葉亞姚二人在艇看守。吳亞益等
因見鍾亞二所帶蓆包形跡可疑，欲行開看。鍾
亞二不肯隱瞞，當將夾帶烟土實告，知並許
給艇銀五圓，囑勿聲張。吳亞益等素知鴉片
獲利甚厚，復各自起意，用銀十五圓，各向鍾亞二
買取烟土一箇，帶回陸賣。鍾亞二隨賣給吳亞
益、葉亞姚烟土各一箇，其係照舊包好，密藏艙

夜水手鄭亞鏻等均不知情辛丑自船至青山洋

面適舟師追逐夷船訪知有人買烟帶入下

查拏鍾亞二等情急畏懼將烟土丟棄落海

隨將鍾亞二連船戶吳亞一並葉亞姚水手鄭亞

鏻一併拏獲訊供相符此鍾亞二積慣販烟並出

洋隨赴夷船購買及艇戶吳亞一等各自起意

向鍾亞二買土希圖轉賣之實情也又彭亞會籍

隸番禺縣向在澳門傭工度日略曉夷語道光

十九年二月十日有素識未獲之趙亞漢欲

販烟土託彭亞會代為購買許俟謝資彭亞會

貪利應允趙亞漢隨將番銀一百四十圓交給

彭亞會往向住澳之嘆咭唎夷人吐嘜咈買烟

烟土買兩交趙亞潰接收得受謝銀十五圓
五月初五日彭亞會又代素好未獲之梁亞法
用番銀三十六圓向夷人囑船買得公土三箇
交梁亞法接收得受謝銀八圓經該縣營訪
聞拏獲又陳亞成黄亞惠李亞四均籍隸歸
善縣陳亞成向在新安駕艇捕魚道光十九年五月
初三日有素識未獲之吴亞五李亞晚至艇閒
坐談及生計艱難陳亞成探知尖沙嘴洋面
有夷船灣泊起意商同合夥買備食物駕艇前
往接濟並向兑換烟土轉賣獲利吴亞五等應
允各出本錢二千五百文買備鹹魚雞鴨等物
載往尖沙嘴陳亞成因不諳夷語轉託在逃之

林亞有向不識姓名人夷船換得鴉片烟土半
斤載回新安縣之長洲環肚地方先後賣與藍
亞來李亞四及李獲之盧亞全得銀九圓均分
藍亞連李亞四各買烟土二兩轉賣與不識姓
名人分得銀三圓旋經該縣營訪聞拏獲及陳
有虔鄧名詳賴亞三黃亞穩均籍隸新安縣小
販營生道光十九年十月十四五六等日陳有
虔等探知素識李獲之賴亞長李承洋夷船
買有烟土各自起意向買轉賣獲利隨各用舊
銀一二十圓買得烟土一二箇轉賣與不識姓名人
得銀花用陳有虔賴亞三各存留烟土一箇
未賣即經該管文武訪聞督率兵役將陳有虔

鄧台詳稱亞三黃亞祿買存連烟土一併拏獲
又曾黃勝陳連生均籍隸歸善縣先係在粵
獲之陳亞四艚船充當火工水手每月工錢各
千文陳亞四先因受母舅曾江頭二文與碯五隻
令赴省城售賣將銷買物携售獲利均分道
光十九年七月賣給亞四與未獲之水手
陳亞賢稱亞南及伊子陳叶苵艚船至新安
縣之三門洋面給亞四將碯五隻賣與不識姓名
長船得番銀七十圓該處人另給陳亞四番銀一
百二十圓囑再買物接濟嗣因其將銀不同陳
叶苵留於夷船由陳亞四將船駛回歸善與
曾黃勝陳連生陳亞陛於五月內少述偷偕村鄉

買得猪七隻鷄鴨一百五十六隻鹽十二包並
鷄蛋白糖等物于二十五日下船開行即被訪
拏將王四等鳧水脫逃將黃嬌陳連生拏獲
並起出船隻猪鷄等物又吳亞年籍隸香山縣
向在澳門居住曉夷語道光十八年八月內
受雇與夷人吐嘩咈私充買辦每月工銀五圓
常代吐嘩咈購買食用各物並駕夷人三板送
給夷船收受不記次數十九年七月間暎夷被
逐出夷澳正在嚴禁接濟吐嘩咈給吳亞年
番銀八圓囑買鷄鴨等物于初七日載赴嘩叻
咈等夷船交給轉回即經澳內文武拏獲此
又彭亞金等出洋代買鴉片及易換烟土並運接濟夷

之之實情也以上先後拏獲人犯共二十三名
除水手郭亞鏽等九名訊不知情先予省釋
外其餘各犯均據供認前情不諱該犯等
違例民出洋亦無另犯別項不法及與外
夷者同夥隱匿遮避就情事等通飾查
該犯等渡海將往勾通外夷潛買鴉片烟
土只圖積貨賣圖利一經審實首犯擬斬
立決奏請
王命先行正法仍傳首海口以昭炯戒餘亦屬
屢駕船隻入洋又收買鴉片烟土尚未售賣雖審
非為首者擬照烟犯充軍又與販賣鴉片烟僅
止一二次並為時不及至為兩為首者新疆給官兵為

收又舊例載興販鴉片烟枷號一箇月發近邊
充軍又云結交外國互相買賣誆騙財物發邊
遠充軍又民人多帶私出外境杖一百流
二千里各等語廣東省係於道光十九年五
月奉旨查到新例現辦鴉片案犯多援犯
子日分別新例奏限援引問擬此案鍾亞二
即鍾亞潰先在澳門西洋夷樓受買鴉片
轉賣為澳已屬藐法復因查拏嚴緊輒
敢糾夥出赴白石角洋面向通事遞夷船潛
買鴉片即在船上轉賣獲利尋其犯了早烟
在案到新例以後應照新例問擬鍾亞二即
鍾亞潰合依沿海奸徒勾通外夷潛買鴉片
入口發賣圖利首犯擬斬立決即於審
明後奏請

欽差大臣林則徐等奏摺 拏獲廣東沿海各犯出洋買烟接濟洋商船隻審明分別定擬 道光十九年十二月初四日

王命
飭委南雄直隸州知州余保純提
集羅古葉潑覃王鵬年研訊犯鍾亞三即
鍾亞潰在虎門海口與伊等洋海地方熟
平素以販烟為生船户吳亞道葉亞姚於
鍾亞二向夷船躉買烟土雖未允准惟鍾
亞三帶烟到船該犯等各自起意出資向其
買取希圖轉賣應各以收買為首論吳亞
道葉亞姚均合依收買鴉片烟土者未售
賣照窩留者發極邊烟瘴充軍例發極
邊烟瘴充軍彭亞舍代趙亞潰出先係
向夷人購買烟土陸亞戚則運食物出洋濟
夷換烟雖犯事在本年未奉新例以
前按之舊例祇應擬軍惟現當嚴禁鴉片之

之際伊居住蕭姓船彭亞合陳亞成烟往
並發遣新疆給官兵為奴並亞惠李亞四
向陳亞成買烟轉賣又租在新附以發居住
與服舊例同接濟亞惠李亞四均合依興
販鴉片烟枷號一個月發近邊充軍例枷
號一個月發近邊充軍蕭亞惠業經病
故應毋庸議陳有虔鄧台祥賴亞三黃亞
穩因探知賴亞赤在貴船買有烟土欲自起
意向買轉賣商以為首諭陳有虔鄧台祥
賴亞三黃亞穩均合依興販鴉片烟僅止一
二次為數不多者發新疆給官兵為奴例
發新疆給官兵為奴黃樹陳達生充當

於面向船内火工水手於洋面向運豬出洋
賣與夷船該犯等輒敢駛往駕運糧度
竟赴村莊代為購買食物駛往接濟現應
嚴逐夷人之時更復潛濟資給自應照
例頒私向擬草黃燒陳速生應照交結
外國互相買賣誆騙財物發邊遠充軍例
為從杖一百徒三年累犯一次杖一百流二千
里其西洋受僱與夷人吐嘩犯究實亦均
係工民並無隨從載運食物私越出洋即
與無票私出口外各自應照例問擬罪至
年應照民人無票私出口外者杖一百流二
千里例杖一百流二千里以上罪流及犯充配
均各杖責安置該犯等販煙無照係屬黃

蔗僚並無保隣具由僚港偷越出洋
並未經由營汛口岸兵役無從得規
故縱均毋庸議鍾亞二有無房屋飭
行查封分別估變並起出運烟船隻追
出各犯販得賣烟接濟及僱工銀錢一
併入官起獲豬雞等物充賞烟土候
飭燒燬各逸犯飭行嚴拏務獲另辦
本案人犯均係該管文武訪拏失察
職名應請免開除全錄供招咨部外
所有訪獲各犯審明辦理緣由臣等謹
合詞恭摺具
奏伏乞

皇上聖鑒敕部覈覆施行謹

奏

道光十九年十二月二十七日奉

硃批刑部議奏欽此

十二月初四日

欽差大臣林則徐奏摺　**審明革役譚升謝安等販烟案分別定擬**

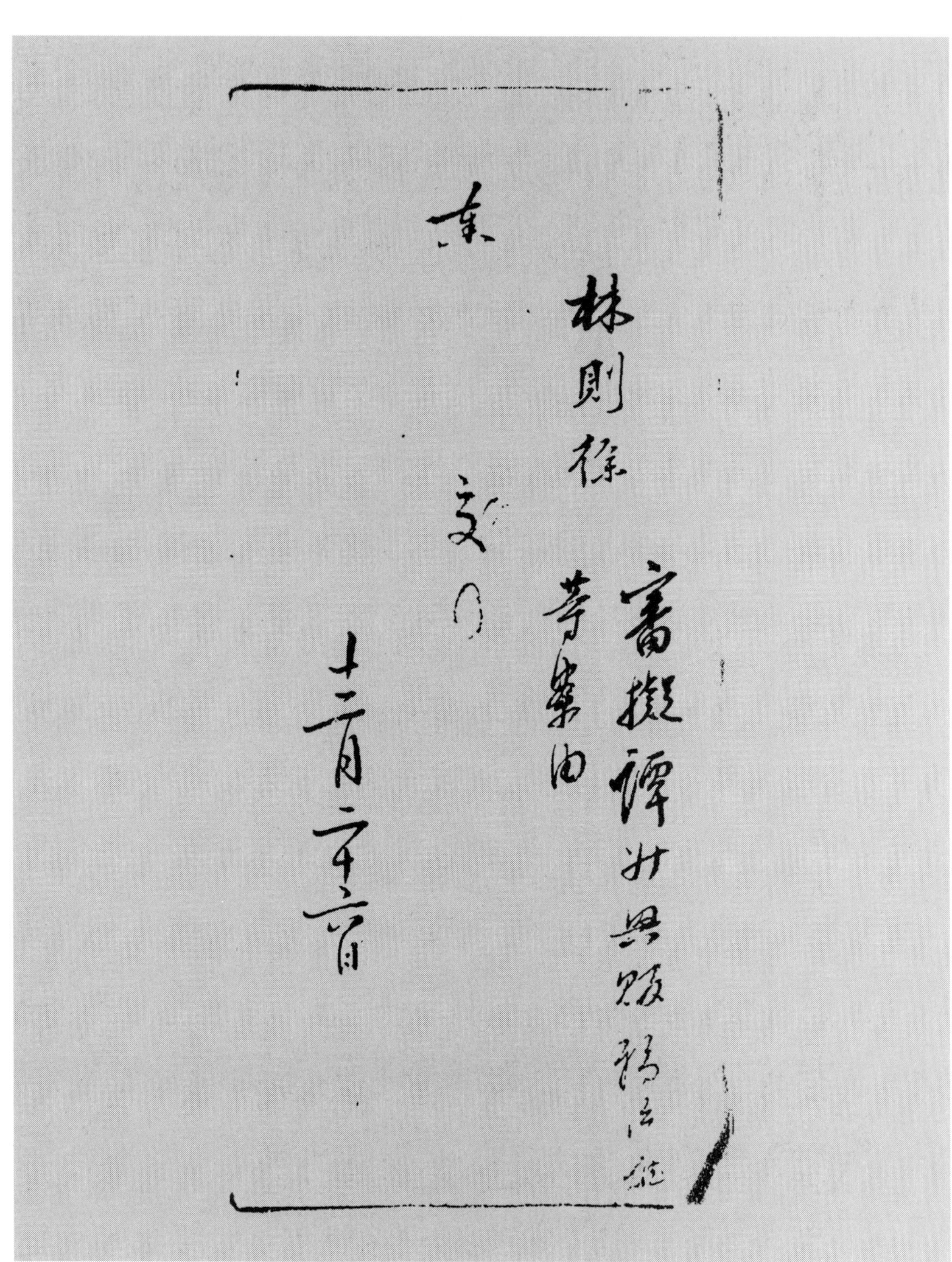

奏

林則徐

審擬譚升興販鴉片烟

等案由

交

十二月廿二日

臣林則徐跪
奏爲審明定擬恭摺奏祈
聖鑒事。竊臣奉
命來粵查辦海口事件，仰蒙
發下太僕寺少卿楊殿邦、給事中黃樂之、御史袁玉
麟、周頊條奏廣東碼頭等事原摺各件，飭帶
到粵分別查辦。臣謹將各摺悉心查閱，如所陳
驅逐躉船奸夷、嚴懲漢奸、嚴究包庇兵弁
等款，皆係應辦之事，當經會同督撫臣次第辦理，隨
時奏蒙
聖鑒在案。茲查袁玉麟摺內指稱澳門縣丞衙役
譚升即譚第、黃亭姓林冒名樊昌、謝玉璵華

鍍為奸匪囤販鴉片之地，又勾串媽閣稅口書吏
謝安、何其興、丁盧亮、郭年及夫役馬老六
等包設長龍、三板、快艇等船，以一船牌照私帶接
為名，盤運烟土歸澳，得受每月規銀三五圓至
十圓、八圓不等。又鴉片一箱在媽閣報稅十餘
圓，私號大肉每貨銀一二圓，附近合包銀兩使費
每月三四千圓。每年烟土到澳，甚經譚升等包
攬，窯口所費銀錢，夷人得六十，人得四十。有一種
華艇送給規銀，大者一百圓，小者三四十圓，賄賂鍍
娼寮每月下發戶，亦每戶收錢，皆有規銀，名曰收
花衆等語，已行據粵省者不生話查閱，據案
審明逐遷開報頭審烟案人犯册內又有譚升

謝安兩名即謝業查嚴譚升係在澳門充當
捕役於十八年十二月內經督臣鄧 訪聞諭飭拏從
前曾賣鴉片銷貨餉者謝安係在煙館開設，又於
迨後十九年正月初間經粵海關監督豫 飭拏
訪有私販單役帶同家丁搜來定案臣即摘
錄原於所敘誼拒等款除作為訪聞之案另
奮用還辦即密並飭將盧意即郭年及再
委六府經實查以節標喬用還禍查訊時節
錄供等送臣 臣 反覆推究勒期緝實且查兩犯
以譚升先充澳門捕役衙門巡役即樊昌通與
六年有陳朝堂控樊昌勒詐陳姓五兩將陳
亞五私行押斃一案又道光十年當有臣控樊昌

欽差大臣林則徐奏摺 審明革役譚升謝安等販烟案分別定擬

道光十九年十二月初四日

並私勒賭一案，又勒詐鄭玉觸被控一案，樊昌
遂捏報病故，更名譚升充役，著任後思譚升如
果即係樊昌捏故更名，則從前控案累累，赴均在
委升徹底究，惟譚升與樊昌是一是二，必提原告
當面質對，不足徵信。除道光六年之原告陳朝
堂已故外，尚將廿年之原告生員曾大經查提
到案，與譚升質認，據曾大經供稱：已故之樊昌另
是一人，並非現在對質之譚升，取具親筆供
結在卷。是原相所叙樊昌已結控案，案與譚升
無干。惟所指鄭玉觸控案，查道光十六年有香
山人鄭玉湖等與陳宗開互控，騖欠工資一案，
李控譚升雜端勒索，經委員會同前署澳門同

知其虛訊明譚升尚無索詐情弊應從減定
因同船紙兩三言隨口答覆鄭玉胡鈺爲備證
將譚升酌擬杖革究係爲接濟請旨用還轄探
署澳門同知蔣立昂等查覆澳門地方先有
楊貽標僱同張華字號錢鋪所設因楊貽標
改開賭館於道光八年被獲擬徒將鋪封禁
別無張華鋪兼因華採因出譚升交當澳門
係目陸續指獲烟匪郭亞平等犯六名嚴對
案揆難屬於將兩貨茲除其革役之外曾
經責過鴉片訪查屬實謝安即何真在娘媽閣
稅口充當巡役亦實有得規私縱情事應因遞
狠虛意尚未六弍獲各船揉累舊開還先將現

報擬解勘前來。臣即飭提研鞫。緣譚升即譚
茅昔，並非姓林，原籍新安縣，寄居澳門，道光十
四年充當香山縣丞衙門書役，十六年革役之
後仍在澳門住。十七年買同談犯路遇素
識未獲之新安縣人李亞華，聞談譚犯因李
亞華曉有夷語，起意商同合夥興販鴉片烟獲
利。李亞華先出本銀一百圓，李亞華赴
夷樓躉買烟土，自十七年買起至十月止，共買
過烟土十餘次，每次十筒、八筒不等，每筒價銀
十三圓，陸續賣與不識姓名過往客船，每筒
得銀十四、五圓，均分。旋因查拿嚴緊，該犯
畏懼中止，與李亞華分夥，殺未經販賣霸嗣物丞

澳門奉文飭拿烟案人犯承票弓役因該犯
緝捕遲意希作賄隨捷失以拏獲烟犯郭亞
平等六名解縣審辦十八年十二月間譚升
即延楨楊尼怡訪聞該犯曾賣鴉片會劄
委并馳赴澳門查借住罟將丞彭邦晦拏獲
解省發司飭委廣州府審究又謝安即何真本
名何真元出繼母舅謝映芝爲嗣遂以謝安爲
名充當粵海關差役道光十七年十二月派赴澳
門娘媽閣稅口該處向無書吏只有差役巡查
十八年四月間該犯帶同巡船水手盧意即郭
平查出赴閩拖艚之東山鄭亞二生菜船内有
白烟土四包欲行解究鄭亞二懇向央求送給

洋銀三圓釋放。五月初五日又同盧意查出李
亞養諸船內有烟土三箇，得銀二圓。五月初十日
查出莫亞與某艇內有烟土六箇，得銀四圓，
均係釋放。此外陸續查出不識姓名家船烟土
四五次，烟土多少不等，每次向得銀二三圓至八
圓不等，隨付賣放，計共得銀二十餘兩，譚升分
六成，盧意分四成花用。盧意旋因患病辭退，
另僱水手莫亞交至十二月內經粵海關監督豫
堃察覺有情弊，勒令換班。十九年五月初旬回籍
發覺，再加究詰，譚升言語支吾，未據供吐，隨即
本年送交臬司轉飭廣州府審辦，以上情節
均據譚升等供認不諱。惟譚升與謝安僅稱

彼此私識不認得姓甚名誰之盧意即
郭年與老六二犯譚升呈稱素不認識即謝安亦
祇供在澳門大馬頭曾與老六識面並未與之
同夥並業同為老六當過長隨盧意即郭年
實只究當水手並未當兵請開設璞寶館
收長龍三板快蟹等船艘運烟土得受窯口華規
賭館娼寮花窯各項規銀包庇拐騙烟稅並簽文
武衙門陋規妄貸規詐等弊誣扳等呈俟並
至其弟當子嚴加拷究譚升供稱伊與之年
更無與販烟均係零買零賣得利即售分使佔
擱本錢無須斂金圓店並置有多項載烟船
隻自不能在兼山岸停泊何無人看見且伊等役

臣又詰留給節規銀兩是否將此項稅規侵貪，
伊豈攬之理，況得規之罪比販煙爲輕，伊既承認
與販鴉片，何必捨輕罪而冒受規收稅一節，
費買煙等弊。又詰據謝安供稱：稅銀係
國課正項，徵收甚嚴，不逾日無報解之論，如何膽大之
人斷不敢將鴉片公然收稅，伊因充役巡查，兼
聞責放正犯，恐閩省委員與附近文武衙門查知，
那敢明目張膽，餽送使費，致干嚴憲處。
辭退之後，實不知其蹤跡，馬老六僅一認識，
係伊夥，如果一同作弊，伊已自行認罪，何肯代
人隱瞞等語。其譚升與販收數同夥姓名及
謝安賄縱銀數，均經再三究詰，加以刑訊，矢口不

移無提訊閩省奏覆咨御史徐繼懇將供
奉派在閩出料分領萬兩之數商用向敵盡忠
時亦營私干犯以無其親供呈送竄與查訪相符
似無遁飾查舊例載與販鴉片烟無收買違
禁貨物例枷號一個月發近邊充軍兵役藉端
需索計贓以枉法律治罪等語該已革弓
役譚升起意與販鴉片雖久經歇業吏役稍有
為實代已革巡役謝安在閩查出鴉片得銀縱放即
與興販無異誠非尋常可比到案雖在未奉新例
以前惟現當嚴辦鴉片烟之時若僅照本例擬罪
尚覺輕縱譚升謝安均應於興販鴉片烟發近邊
充軍例上從重發遣新疆給兵丁為奴譚升雖

住欽差丁單等節據委員不准其留居澳學
銀兩迨進入官譚華貽餉單往查封關口委員
徐懷懋汛兵得受餽送並業經委員故在澳門
爲巡哨役樊昌及開賭之楊貽標係每年
議澳門夷人等朱之遷現雖查無確據及長
視三和快蟹等艇運送鴉片其人賄買賄受規
收稅局所侵費無款銀兩查無踪據仍不可不
杜斷防微應請現今會同督臣撫臣移咨粵海關監
督並責成澳門同知暨同香山縣及澳門縣丞隨
時嚴密訪查如有前項弊端之即認真拘拏
按其情形其有婪索賄銀者官票匯類之華
艇並即分別封拆押實收詳地方官究辦

非同夥無害在澳門圍踞居住於碼片之
情所犯應與遞犯盧意竹郭亞平等稍嚴
俱飭另飭府行提犯由該管官審擬辦詳
究其奏案除錄供咨部外所有審明定擬
緣由謹繕摺具
奏伏乞
皇上聖鑒敕部覈覆施行謹
奏。
道光十九年十二月二十六日奉
硃批：該部議奏。欽此。
十二月初四日

欽差大臣林則徐奏片　**查拏廣東會案各犯情形**

林則徐片

再臣查太僕寺少卿楊殿邦摺內稱粵省匪
徒身帶短刀稱為大貨手件入夥謂之放臺子
每臺八人飲酒拜盟不序年齒輾轉糾約千
百人又結拜三點會有柴腦房長柳枝鐵板老
虎名目搶擄勒贖殺人放火皆此輩所為並聞
出著名之鄧亞蛟混名大王支陳亞盛混名蛟
龍盛並陳亞暢陳亞得等共二十二名又御史周
春祺奏片內稱三點洪等為號舉手不離
三開口則稱三七二十八結黨成群手執刀牙槍劍
名曰練勇興販煙土船隻與此等通結合而為
一護送售銷與同分肥等語臣抵粵後正將

欽差大臣林則徐奏片　查拏廣東會案各犯情形
道光十九年十二月初四日

犯名開單移咨督撫以憑剿其日後只分
赴各處英拏船棧候日屆用遞年私書查送
十二年南海縣事主潘冊當店被劫案內拏獲
搶燒夥犯陳亞得等擬斬又道光十七年陳亞桐
在南海縣屬不知年歲結拜弟兄案內拏獲夥
犯陳亞鳩擬流又道光十四年三水縣事主陸
良家被劫案內拏獲搶燒夥犯陳亞成又名
亞勝混名竣錢戊擬遣以三犯或姓名相符或
姓名混號相近是否即係單開之犯尚請查核
並檢查廣東省所辦結拜之案自道光十六年
至今共計破獲十餘案拏獲人犯一百四十五
名內惟十七年惠州府拏獲鄧四橋板壽三名

訊據在福建邵武縣聽從歃血飲酒盟誓，傳授開口
不離本，起手不離三等隱語暗號。雖共拜
會之處本在福建，現有廣東人入會，即恐輾轉
流傳。且等獲遞回各犯，間有某縣之會長黃若
者，亦經紀極完，辦理各案，均訊無大夥手放
錢子練多名，色亦不足敷千百人結拜之事，而係
拏不甚務實，且現當查辦鴉片吃緊之時，若因
販煙土船隻與遞回之犯有一大宗案，亦屢緝
已移行各道府督縣嚴密查拏，並列單轉詳之
地某名府所會同地方文武，倘加訪緝，其情
查原奏所開犯名雖屬年貌籍貫，而廣東省
已獲遞回犯姓名，混多與原奏大致相符者，諒即

欽差大臣林則徐奏片　查拏廣東會案各犯情形
道光十九年十二月初四日

其人。至此次通行飭拏之後，據南海等縣根獲設立慶尊名佐拜之戚亞賤等犯，雖與鄭亞文等姓名互異，而此等奸徒行蹤詭秘，往往因聞訪拏，又復變易姓名，以求苟免者亦皆有。

朝廷懷保良民，愈飭各文武認真訪查，一無論是何會名，從嚴查拏，歸案究辦，務在搜除淨盡，以期仰副

聖主除莠安良、俾靖海疆之至意。理合附片密

奏，伏乞

聖鑒。謹

奏。

道光十九年十二月廿六日奉

硃批：嚴密查拏。欽此。

十二月初四

欽差大臣林則徐等奏摺 **遵旨宣布英商罪狀驅逐英船出口封港停其貿易情形**

奏

林則徐等 驅逐𠸄夷船隻出口等由

十二月二十七日

欽差大臣林則徐等奏摺 遵旨宣布英商罪狀驅逐英船出口封港停其貿易情形

道光十九年十二月初四日

臣林則徐 臣鄧廷楨跪
奏爲暎夷於禁斷貿易之後復又生事已恩經臣等嚴
行批駁堅與之絕兹復欽遵
諭旨列其罪狀宣布各夷並設法驅逐該國船隻出口
恭摺
奏祈
聖鑒事竊臣等於十一月二十九日承准軍機大臣字寄奉
上諭林則徐等奏轟擊夷船情形一摺覽奏均悉暎
咭唎國夷人自設禁煙之後反覆無常前次膽敢
敢先放大礮旋經剿諭復作恭順仍勾結兵船潛
圖報復彼時尚加懲創未即絕其貿易已不足以示
示威此次吐嚙夷船復敢首先開放大礮又於官涌

浦地方占據巢穴接仗六次我兵連獲勝仗並將夷
尖沙嘴夷船全數逐出外洋該夷心懷叵測已可概
概見即使此時出具甘結亦難保無反覆情事若屢
屢次抗拒仍准通商殊屬不成事體至區區稅課銀兩何
何足計論我朝撫綏外夷恩澤極厚該夷等不知感
感戴反肆鴟張是彼曲我直中外咸知自外生成尚
尚何足惜著林則徐等酌量情形即將嘆咭唎國貿
易停止所有該國船隻盡行驅逐出口不必取具甘結
其毆斃華民兇犯亦不值令其交出惟噹啷一船無庸
查辦下屆並著出示曉諭各國列其罪狀宣布各
夷俾知嘆夷自絕天朝與爾各國無與爾各國照
常恭順仍准通商倘敢包庇嘆夷潛帶入口一經

查出從重治罪其沿海各隘口並非夷埠不遠之各
海島均與林則徐等相度机宜密派員弁兵丁嚴加
防護毋稍疏懈 等因欽此 臣等跪讀之下仰見我
皇上乾綱獨斷震疊誠著
訓示嚴明俾有遵守不勝感悚莫可名言 當即恭錄
諭旨咨會提臣關天培欽遵辦理伏查暎夷自呈繳
烟土以後種種違玩反覆無常總因賣烟奸夷冀
留後路若使稍存寬假適足墮其詭謀是以
商同定議欽遵前奉
諭旨自十二月初一日起停止該國貿易業於十一月初
九日具
奏在案嗣於十一日該夷義律遣人前赴沙角繳

臺向提臣呈遞夷稟一件由提臣咨送前來臣等
當拆閱內稱哀懇欲求承平無異肅敬
天朝律例又稱前時所求非欲仍作正經貿易只求
欽遵
大清律例等語是欲明其奉法究係一片空言臣等
度其此次具稟懇求仍不過以前向偽作輸誠
伎倆當以飭令
奏明封港不與爾國交易皆由爾國之自取並非
天朝無故絕人爾不悔悟於前此時懇求已晚等語嚴
切批示仍經會同提臣飭令提標中軍遣令引水傳
諭去後思咲夷貨物久貯在船易於壞爛令
聞停止貿易竟思影射圖銷而各國夷商利其

運鴉片分難保不為私行夷船又經嚴諭洋商
傳知各國夷人不准代為轉運進口並責成洋商將
進口貨物詳細辨認如敢扶同含混即行加重治罪
迄今二十餘日該夷巡船貨船停泊長沙灣等處外洋
並風浪靡常仍遷延未去此封港一月以來之實在
情形也嗣後祇奉
訓示當即欽遵出示曉諭臚其罪狀宣布各夷俾知
聖明用恩用威惟其自取既以絕奸夷之望亦以安
良賈之心至於該國貨船停泊外洋本未進口該
聞
天威震怒自當警懍回帆惟奸夷之私其國仍冀
借私即良夷之載貨者亦未肯棄貨襄衆觀望

欽差大臣林則徐等奏摺 遵旨宣布英商罪狀驅逐英船出口封港停其貿易情形

道光十九年十二月初四日

勢所必然，諒非空言所能勸諭遣。臣等再三計議，惟有嚴查影射，以絕其銷貨之心；廣緝奸徒，以斷其售私之路。先之以文告，繼之以兵威，俾其計無復之，必將窮而私思返。若敢始終留惡，即何惜懲究禁革。惟外洋遼闊異常，仍不得不審度機宜，加以慎重。此又臣等悉心籌議之梗概也。抑臣等更有請者：粵東准通貿易之所，載煙夷船尚且潛來各洋分投圖賣，若粵港既經禁止，該夷無可希圖，而其售私牟利之心，未必即能盡泯，竊恐設法裝舢板由黑水深洋越赴各路，潛圖銷售。除粵省東西兩路業經飭行沿海鎮協營弁實力巡查，州縣文武嚴防口岸，以杜偷運外，其沿海各省，以福

欽差大臣林則徐等奏摺　遵旨宣布英商罪狀驅逐英船出口封港停其貿易情形　道光十九年十二月初四日

建為最近浙江蘇次之應請
敕下各該省督撫一体嚴行防堵以絕去路所有嘆夷貿
易業已封港並遵
旨籌辦緣由謹會同廣東巡撫臣怡良廣東水師提督臣
關天培合詞恭摺具
奏伏乞
皇上聖鑒訓示謹
奏
道光十九年十月二十七日具

硃批　欽此

十二月初四日

上諭　著林則徐等妥議曾望顔封關禁海並澳洋互市定限摺片具奏

軍機大臣　字寄

兩廣總督林　廣東巡撫怡　水師提督關

陸路提督郭　傳諭粤海關監督豫堃　道光

十九年十二月十一日奉

上諭本日據曾望顔奏夷情反覆請封關禁海設法

剿辦以清弊源一摺又另片奏澳夷互市貨物亦

請定以限制等語著林則徐等悉心妥議具奏原

摺片著鈔給閲看將此諭知林則徐怡良關天培

郭繼昌並傳諭豫堃知之欽此遵

旨寄信前來

上諭 粤東洋船難保不逃往閩浙著桂良吳文鎔密查

軍機大臣 字寄

閩浙總督桂 福建巡撫吳 道光十九年十二月十二日奉

上諭據御史蔡家玕奏福建煙土向從廣東潮州陸路運至漳泉嗣因查拏甚密遂有泉州奸民王略等勾通夷船串同水師兵弁將夷船煙土由哨船代運漳泉今王略雖經正法而各弁兵習慣如故恬不知改仍前買放代運此等情弊在督撫或未能備悉而各提督近在海濱專司其事不得諉為不知等語鴉片煙為害既久現經林則徐在粤嚴辦該夷船等難保不逃往閩浙冀圖銷售著桂良吳文鎔嚴密訪查如有買放代運等弊立將該弁

上諭 粵東洋船難保不逃往閩浙著桂良吳文鎔密查
道光十九年十二月十二日

兵從重治罪儻該管提鎮意存迴護即著據實參
奏毋稍徇隱原摺著鈔給閱看將此諭令知之欽
此遵
旨寄信前來

欽差大臣林則徐等奏摺　**粵東查辦鴉片續獲人烟槍具實數**

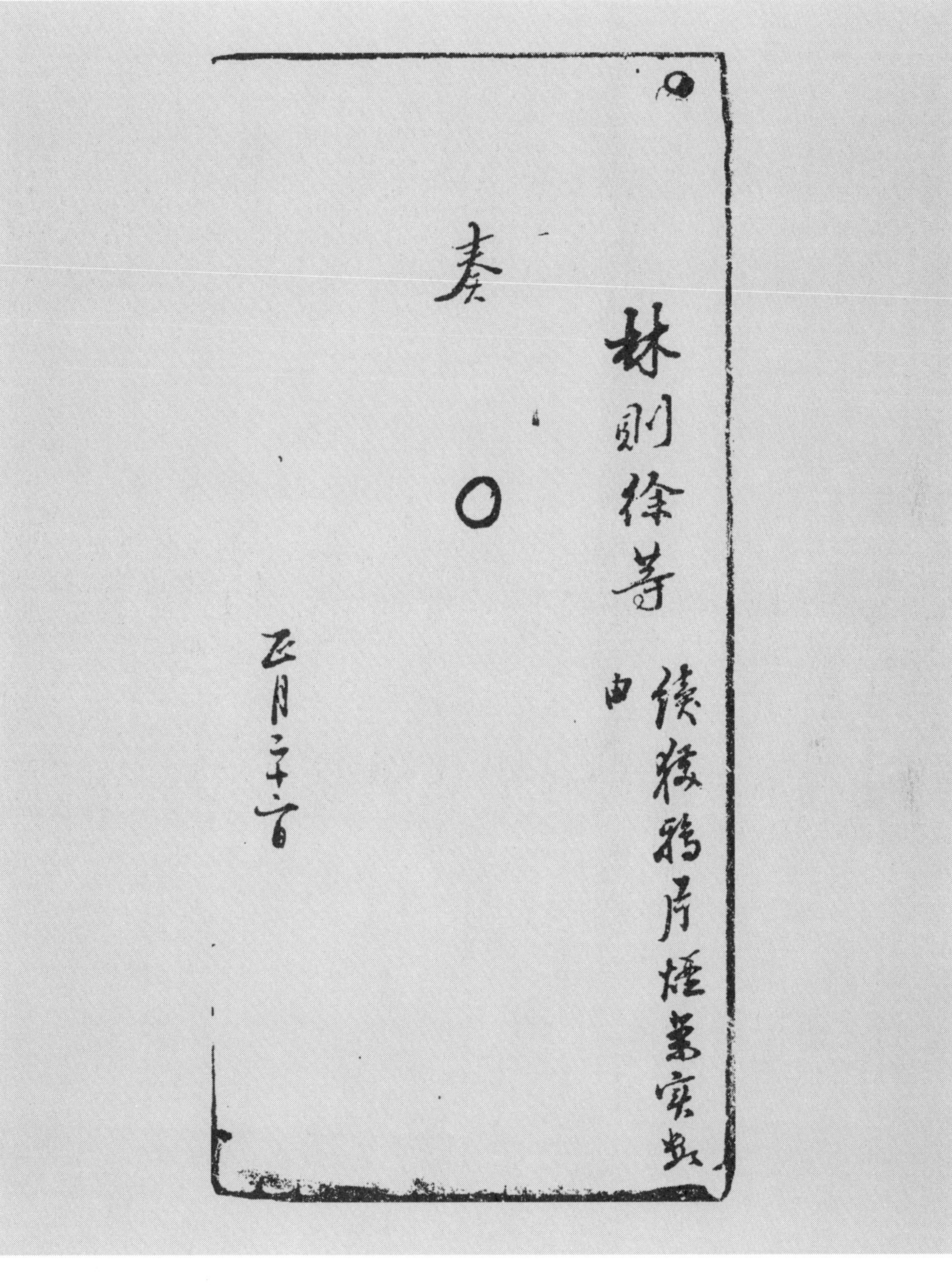

臣林則徐　臣鄧廷楨　臣怡良跪

奏爲粵東查辦鴉片續獲人烟槍具確核實數

恭摺具

奏仰祈

聖鑒事竊照粵東查辦鴉片節經臣等將所獲烟

槍具確數恭摺

奏報在案茲自本年九月十一日起至十二月初十日止共計

九旬據水師員弁先後報獲烟案二十五起人犯二

十二名烟土六千八百四十兩零二錢烟膏二千六兩一錢五

分烟槍四枝烟鍋一口陸路地方文武報獲烟案一

百三十九起人犯二百零九名烟土一千六百四十一兩二錢

二分烟膏三百九十五兩六錢五分烟槍九十二枝烟

欽差大臣林則徐等奏摺 粵東查辦鴉片續獲人烟槍具實數
道光十九年十二月十九日

鍋三口又陸續搜獲民間所繳烟土一萬四千二百
五十九兩八錢四分烟膏六十五兩三錢七分烟槍一千
七百二十八枝烟鍋八十六口統計烟土烟膏二萬三千二百
五十六兩四錢三分烟槍一千八百二十四枝烟鍋九十二口雖
省外地均經隨時蒐訪密拏抄獲烟土烟膏槍
具槍具約量照省遠近分別飭令解省解送驗
視燒燬無偷換情弊伏念鴉片來世華
實為汎濫之源而此類不少因蒸吸食漸至風靡
請源固所當急截流亦不宜寬現在夷國來船蓋
臺嚴封港日久仍兜攬澳臺諸艇之潛買增截案
西兩縣十分鑽節節加嚴要清來路至內地匪積
以沿海各縣為多熬土成膏取時尤便路閘津渡

口處密續查訪其村莊奸匪藏匿居奇一有
風聞即由省派委幹員單身密訪擒捕吸食
之犯戒者固多而斷嗜如而捨生就死者亦尚不
乏且若現又以新例予限一年六個月限滿不知悛
改一概擬絞廣東應於十九年五月二十六日奉文起
限迄除期已逾半年此後受病愈深者如急
促求生不得雖悔何追甚語刊刻告示遍貼通衢
並以危言聳動使戒者不死犯者意然仍嚴飭
各營縣遇差嚴緝有犯必懲須知限內多拿一人
限外多活一人以威行愛莫甚於此不得稍存姑息
之心致蹈苟安之咎所有自首現辦情形謹合詞恭摺
具

欽差大臣林則徐等奏摺　粤東查辦鴉片續獲人烟槍具實數
道光十九年十二月十九日

奏伏乞
皇上聖鑒訓示謹
奏
道光二十年正月二十二日奉
硃批一力勉之欽此
十二月十九日

欽差大臣林則徐等奏摺　**遵旨密查韶關並無包庇烟犯冒稱別物報稅等弊**

奏

林則徐等

遵查韶關並無包庇烟匪由

正月十八日

臣林則徐臣鄧廷楨臣怡良跪

奏為遵

旨密查韶州東西二關近無吏役包庇烟匪冒稱別物

報稅等弊恭摺覆

奏仰祈

聖鑒事竊臣等承准軍機大臣字寄本

上諭御史駱秉章奏廣東韶州設立東西關凡

往來江西浙江南等省則由東關稽查往湖南湖

北河南等省則由西關稽查現在奸商馬姓夾

帶烟土由南雄直度大庾嶺係由韶關偷度恐該

關吏役等有得規故縱情弊並聞向來奸商有

以鴉片烟冒作玻璃片稅請飭查究等語現當

查禁鴉片興販之時，各處關口尤須認真盤驗。著林則徐、鄧廷楨即查明，如有吏役包庇及冒稱別物報税等弊，即行從嚴懲辦，務使根株永斷，錮弊悉除，是爲至要。將此各諭令知之。欽此。臣等查廣東省西北一帶，惟韶州府屬之樂昌、乳源二縣暨連州直隸州與湖南省之臨武、桂陽直隸等處接壤，樂昌有瀧河一道，自楚西來入粵，商賈帆檣絡繹，實屬楚粵咽喉，而南雄直隸州與江西省分界之大庾嶺尤爲客商要路，鴉片流毒日久，率由各該處灌入腹疆。臣鄧廷楨曾於十七年八月間以韶關建設曲江，地居扼要，西北兩路匯所必經，且爲鎮道駐劄之所

會商前撫臣祁𡍼嚴札責成該鎮道在於韶關
上下督率員弁晝夜巡查遇有奸徒販運公
行截拏船隻暗中夾帶立即拏獲從重辦理並經附片奏
聞至今兩載有餘據南韶連道楊九畹會同該鎮
督率各府州暨所屬文武陸續拏獲烟匪
區老三等九十二名烟土烟膏共五千四百六十
二兩七錢報經歷次彙
奏在案欽奉前因誠恐吏役尚有乘隙包庇欺朦
情弊因思該關係道員管理若委府州人
員往查恐尚意存瞻顧查肇羅道王雲錦秉
性樸直且韶關非其所轄無所用其迴護
臣等當即會商密委該道以別項公事為

由即日親赴韶關確切訪拏去後茲據該道
王云錦回省稟稱奉札遵即詭詞查勘基圍
於出境後更換小船扮作客商行抵韶州離關
數里地方上岸至東西兩關街市備買貨物
為名探問該處有無鴉片可買關上玻璃稅
近日徵收衰旺若何據各鋪戶僉稱各街
查拏嚴緊近已無烟可買從前曾聞偷
帶烟土過關有捏報玻璃片之事緣關上
查稅每物皆以鐵扦戳探惟玻璃不可用扦
故將烟土捏稱玻璃可免扦探自楊道到任
以來凡過關官商士民各船到關無論何項
開看即使報稱玻璃亦不使過是以[illegible]徑
貨箱均要親自[illegible]搜出烟土違犯拏解

審辦過關之人聞知破案甚多不敢夾帶
冒混其吏役亦無從包庇縱放等語該道王
云錦復親至兩關雜入稠人中見客船箱
隻擡入官艙令本商人眼同開箱查驗其
粗重貨包即用鐵扦打看每船各數十箱
包不等計須一二時方能查竣一船辦理頗
為嚴密惟兩關俱係浮橋查税即在江心江
外非關所能查及而陸路山徑叢雜亦多
不必由關出境難保無零星偷漏等情臣
等查該道王云錦所稟訪查情節尚屬認真
即證之前獲人烟各數似楊九晚剔弊較嚴
無可冒混並江西幫獲挑夫匡新求等

運烟過嶺一案現據南安府移文內開訊
據彭萬益供稱烟土係由各該犯措獲捏名
馬老兆雇夫運送並無馬老兆其人等語
覈之該州續獲彭興榮吳亞章二犯所訊供
詞相符隔省文移不謀而合其為並非由
韶關偷度似屬可信惟除害務求盡絕立
法不厭周詳臣等現又嚴檄該道楊九畹
於兩關查稅事宜總當親身盤查毋任久
而生懈於人所不經意處更須留神並查明山
僻小路可以偷越兩關者共有幾處會營
設法堵緝防範倘稍涉疏懈續經外省
拏獲鴉片究係來自韶州或贛縣由於

兩關截護送由於奸匪即分別盡法懲辦庶永
陸路嚴阻截即根株可冀肅清以仰副我
聖主除惡務盡之至意所有遵
旨密委查辦緣由謹合詞恭摺覆
奏伏乞
皇上聖鑒訓示謹
奏
道光二十年正月十六日奉
硃批隨時認真查辦切勿一奏了事也欽此
十二月二十四日

欽差大臣林則徐等奏摺　遵旨籌議駱秉章整飭洋務章程
道光十九年十二月二十四日

林則徐等　遵議整飭洋務章程由

奏

正月十八

欽差大臣林則徐等奏摺　遵旨籌議駱秉章整飭洋務章程

臣林則徐 臣鄧廷楨 臣怡良 臣豫堃跪

奏為粵省現辦洋務，臣等將舊弊斷除，仍遵

旨籌議整飭章程，恭摺奏祈

聖鑒事。竊臣等承准軍機大臣字寄，欽奉

上諭：御史駱秉章奏請整飭洋務以絕弊端一摺，所有慎

選洋商，嚴禁私躉，並夷人只住省館三板，夷

船灣泊省河，及內地洋銀應與紋銀一律嚴禁出

洋之處，著林則徐、鄧廷楨、怡良並傳諭豫堃一體

妥議章程具奏。原摺著鈔給閱看。將此諭令知之。

欽此。臣等謹將原摺公同閱看，所列五條皆夷

人與漢奸勾通勢混之事，雖係從前積習，近時

業已革除，仍恐舊弊復萌，整頓自宜嚴密，謹將

辦過情形及現在立定章程逐條分析敬為我
皇上陳之
一原摺慎選洋商以專責成一條內稱試辦之商
素非殷實每向夷人借資營運極力承攬
後呈充新商務須從嚴取具聯保互查倘有
弊而不禀究除本商治罪外聯保之商一併嚴
辦等語臣等謹查嘉慶十八年前任粵海關
監督德慶
奏准設立總商綜理行務嗣後選承新商責令總
散各商聯名保結擇其身家殷實居心誠篤者
方准承充立法本為周密惟因從前洋行十三
家漸有倒歇至道光九年僅存怡和等

七行前任監督臣隆

奏請變通招募新商准其試辦一二年即令一二
商具保承充將各商聯保之法停止此後雖復
十三行舊觀而流品不至混雜縱不至逐向夷
人借本營運而行夥朋充之弊實所難免是
以臣鄧廷楨於十七年八月內察看情形會同
前任監督文祥

奏請將試辦之法革除仍復總散各商聯保舊
制隨遇十三行內有歇業者准其聯保承充如
不得已故添設一商是原擬所指一二年試辦及一
二商保充之弊係在十七年以前自

奏准改立章程即無借資朋充等弊且彼時好手難

私通祀梁亞奇等案內起有洋商羅福泰
請託書信臣鄧廷楨當將羅福泰革商飭巡
並因信內牽涉守備羅曉風亦將該守備革
職示儆在案今御史摺內所指之嚴與泰亦即
從前試辦之商其所革監追係因拖欠餉項尚
非有涉洋夷船情事又於十八年十月內
緝獲帶送夷信運販烟土之劉亞英等訊係
在義和夷行內充當管店當經向撫軍衙門
咨部覈覆亦非在潘人和行內搜獲鴉片現在
禁斷夷人夾帶烟土新例愈嚴所有各洋行輪
派保辦尤必嚴切責成如有夷帶分毫不獨
該夷商照新例懲辦並保辦之洋商亦干

亦革治眾嘆咭唎夷船不敢進口職是之故
臣等派員刻訪查如洋商中尚有朋充買
空名不能誠篤殷實者一經察出輕則革退重
則辦罪總須有犯即懲庶能咸知畏懼矣
一原摺嚴禁孖氊以防勾串一條內稱孖氊自出
資本與夷人交易代貨物出口則諸洋貨代為
輸稅名曰攬報遂有違禁售私並出入夷樓
過付銀兩等弊臣等查夷語有孖氊名目者
同馬占即華言所謂買賣人也不獨洋商工夥
該夷以此相稱即一應交易貨物者俱該夷
均呼為孖氊而漢奸即在其內蓋粵洋通
商年久內地民人多與夷人相習以致膽

地方迨臣等自查辦夷務以來令各洋行
將所用司事管店人等按月造具清冊送官
查考本年五月內訪有安昌行司事羅維老本
及其子羅維坤在該行另立祥記字號於五六
月間兩次將茶葉搭附該行赴關報稅交便
單渡船載往澳門賣與西洋夷人當將羅維坤
拏獲提訊安昌行商容有光便單渡夫葉
保倡葉永利訊明雖係已經納稅尚非走私但
借名搭報究屬不合將羅維坤擬以枷杖容有光
革退商名葉保倡葉永利渡船裁革嚴
飭各商嗣後不得容隱司事搭報致干究辦至
各夷館所用工人以及看門人等均責成買

辦保雇其買辦責成通事保充而通事又責
成洋商遴擇令其逐層擔保仍由府縣查驗
給牌承充如查有營私舞弊惟擔保之人
是問為此嚴加約束諒不致因緣為奸此外私赴
夷船代為經手買賣或私充買辦接濟食物
夷船均飭地方文武隨時緝究前於十六年
緝獲捐職千總之孫邅馮清即馮亞求訊
擬軍罪本年疊獲通夷匪犯內有積窩
重大之黃添代鄧三娣彭亞開鍾亞二罪犯臣
等於駐劄佛山時先後審明恭請
王命正法其餘各案發司督飭府縣分別照例詳辦節
經具奏在案至屢揭所指之陳老著參鼻

演二名臣林則徐甫入粵境之時開單飭訪
幫該犯先已遠颺當經南海縣將其所開
雜貨店鋪查抄封閉現仍懸賞購緝務獲
究辦惟孖氈並無名字漢奸亦無名字數沿海漁
民蛋戶動輒貪利忘生惟有加嚴懲不敢
姑息養奸以冀其令行禁止
一原摺嚴禁夷人久住省館以絕弊源一條內
稱喳噸嚦噸𠹭等夷多年在省城夷館居住
潛行探聽應請速爲驅逐等語臣等查定例
夷商於銷貨歸本後即應隨原船回國自喳
噸嚦噸𠹭盤踞省垣把持洋務百弊叢生實爲
罪魁首先經臣鄧廷楨嚴行驅逐該夷喳噸已

於十八年冬間回國其嚬㘎咃及賣烟奸夷吡
啉啞等十六名又經臣林則徐等於本年
勒繳烟土後尽數驅逐回國現在停止嘆國
貿易所有嘆夷並不准一名住省其咪唎㗔
等各國正經貿易良夷亦勒令遵照定例於
銷貨後依期回國即間有行欠未清止准酌
留一二夷人住冬清楚並於省館周圍地段
安設柵欄防閑出入不准與內地民人私相交
接凡進省出省各國夷人俱令委員逐日
按名點驗造冊繳查均不容其任意逗留致
滋糞混

一原摺禁止夷船灣泊省河以防偷漏一條內

祗夷人製造三板駕駛出入每船可載貨物
二三百斤從前嗶嘰裝載礟位進省即用
此項船隻應一概驅逐不准在省河停泊等
語臣等查夷船停泊黃埔向用西瓜扁艇剝
貨入省而夷人往來省埔所坐三板或係有
艙或係無艙船身本小不能載貨二三百斤
之多從前嗶嘰係用大船入埔而省河防
堵極嚴遂致驚嚇破膽出口即死並無將三
板運礟駛入之事臣鄧廷楨前因三板來往
向無定數易滋影射於十八年十一月內設
立編號順字三板七隻載運夷人往來省澳
此外運貨各項三板均不許駛入省河現因

停止𠸄夷貿易恐其冒混進省議將順字三
板一併裁撤另由粵海關發給咪唎㗼等國
護照二張凡各國夷人進省及寄信往來均
令另雇民船持照赴各礮臺後驗明方准內
駛是夷人三板既不准入省洵自不至有夾帶
走私之弊

一原擬內地洋銀與紋銀一律嚴禁出洋一條
內稱近來夷人止帶禁物並無另帶洋銀及其
出洋不拘紋銀洋銀任意攜帶並記名某年
某夷寄存限期載歸此後應不准違例攜帶
並不准有代帶名目以免朦混等語臣等查
紋銀出洋經遞年遇案嚴辦之後沿海奸

徒較前大為斂跡至夷商買貨餘剩洋銀仍行
攜帶回洋向無限制自嘉慶二十三年前督臣
阮元酌議夷人帶來洋銀置貨所賸量准
帶回三成歷年以來遂循其舊曾於奏案
內節次聲明但既有准其帶回三成舊章
即難保無影射代帶情弊現在臣等會同諭令
洋商覈明夷人帶來洋銀之數務令以銀準
貨不使餘剩帶回查本年夷船載運入口洋銀
臣經查驗者有二百七十三萬二千九百餘圓其
未驗者尚不在此數之內是此外來洋銀
實見旺盛而廣東省城市上紋銀價值
每兩較前少減大錢百餘文至二百文不

等似係禁止鴉片之成效第夷情變幻多端仍須嚴
督洋商於夷船出口時切實查驗以杜弊混
以上各條臣等公同體察立法必持恒久除惡務絕
根株均當屢益加屢勉之又勉以期仰副
聖主訓諭諄諄之至意所有臣等籌議緣由謹合詞
恭摺具
奏伏乞
皇上聖鑒謹
奏
道光二十年正月十八日奉
硃批軍機大臣速議具奏欽此

十二月二十四

兩廣總督林則徐奏片　**遵旨封港查驗進口洋船堅拒英人換官封繳欽差大臣關防**

臣林則徐跪
奏再臣正在繕摺間即准軍機大臣字寄十二月初二日
奉
上諭本日據林則徐等奏察看嘆夷反覆情形一摺覽奏均悉
該夷反覆無常早已洞見現當嚴禁鴉片豈容該奸夷陽
奉陰違希圖影射著林則徐仍遵前旨凡係嘆咭唎夷船一概
驅逐出境不准逗留惟各國恭順照常通商難保該夷不
潛行偷漏混入他國私帶煙土妄冀銷售即大黃茶葉亦
恐他國加倍購買轉相付給是名為禁止嘆國貿易而流
弊滋多殊非核實辦理之道著林則徐即將種種弊竇
籌畫堵塞其喳嘟一船毋須搭令入口以歸劃一林則徐現
已簡調兩廣總督責無旁貸務當趁此整頓之機力為一勞

兩廣總督林則徐奏片　遵旨封港查驗進口洋船堅拒英人換官封繳欽差大臣關防
道光十九年十二月二十四日

永遠之策，至於區區關稅之盈絀，朕斷不計也。等因。欽此。仰見
聖主訓諭嚴明，核實杜弊之至意。並以臣荷蒙
簡調兩廣總督，責無旁貸，日夜循誦之下，感悚彌深。現在
調任部文尚未到粵，應俟准到部行，欽遵。
諭旨，即當督篆日與鄧廷楨移交，接篆各具另摺恭謝
天恩。查英夷遞至粵省通商事務，他國仍係照常，誠
難保英夷不將私帶煙土混入各國，亦難保各國不將大黃
茶葉付給英夷。臣于十一月封港之後，即與鄧廷楨據整嚴
飭洋商暨各國夷商，先將進口之船係屬何國何名
貨物，是否原裝，及何以取認之處，逐層結報，務得確憑，
再行盤查核驗。其出口貨船，探擇明丈尺，應載若干，不
許逾額多載。如有弊混，即將船貨沒收，雖駛赴夷洋

以後勢難窮其所往，正切躊躇，茲蒙

訓諭諄諄，更當於此釁動之機，務將種種弊竇籌畫堵

塞，不敢稍任影射。現據澳門文武探報，咦咭唎國王另

遣夷官有嘆義吐嚧噸來粵，係因該國領事義律所為

不合，是以換人經理貿易。惟臣查該國距內地七萬里，

來船到粵，總在半年以上，當該國王另遣夷官前

來之時，尚不知內地斷其貿易。現既欽遵

諭旨不准通商，即使另換夷官，亦惟堅為拒絕。凡水陸險

要之地，皆當倍整軍威，而口門出入之船，更必嚴行稽

察，務使該夷盡絕逗留之念，潛消叵測之情，庶幾

弊去害除，仰付

鴻慈委任。再臣接受督篆之後，理應即將

恩頒

欽差大臣關防敬謹封繳惟現值防夷吃緊之際自未敢

遽請覲齎進京應否先委大員敬代齎繳之處

伏候

訓示祗遵謹先附片叩謝

天恩伏祈

聖鑒謹

奏

道光二十年正月十六日奉

硃批　欽此

兩廣總督林則徐等奏片　陳道坦拴住限內弋獲全犯請開復頂戴

旨依議

林則徐等片

再，日前因署南雄州知州陳道坦、署南雄協副將拴住于
江西南安府移提長豐店主彭與榮暨逕若馬
姓查拿未獲，于本年九月十九日附片
奏請將陳道坦、拴住先行摘頂勒緝，奉
旨：此次參失查奸商夾帶烟土之署廣東南雄直隸州尹
候補直隸州知州陳道坦、署南雄協副將南韶連鎮
鎮中軍遊擊拴住，于逕若馬姓夾帶烟土過嶺並不
不立時掩捕，迨至鄰省移緝，僅獲店夥二名，又未查
獲烟土烟膏，隱此查拿鴉片吃緊之時，實屬玩視
捕務。陳道坦、拴住著先行一併摘去頂戴，勒限兩個
月嚴拿店主彭與榮及馬姓務獲，移解江西歸

兩廣總督林則徐等奏片 陳道坦拴住限內弋獲全犯請開復頂戴

道光十九年十二月二十四日

案業如倘逾限未獲，即著嚴參示儆。欽此。當即欽遵

嚴飭該州協督率文武設法。據署南雄州知州陳道坦稟稱

移會營員，于十月初三日續獲彭亞榮，到案訊據供稱

南海縣人，又名兆發，向在州屬城外開張長豐雜貨店

生理，彭第益係屬店夥。該犯于本年七八月間向在附近

溪河撈獲烟土大小十一件，維時彭第益及鄰居吳

亞幸亦各有撈獲，因查拏嚴緊，不敢售賣，起意商

同夾帶過嶺，當將烟土各人分貯箱桶，因平日人稱該犯

為老兆，隨捏為過嶺老兆行李，僱倩鄉夫區新求

等代為挑運，該犯與彭第益尾隨行至梅嶺交界地方

即被南安兵役盤獲。該犯與彭第蘇益尾隨及至梅嶺

交界地方，見被南安兵役盤獲，該犯與彭第益分路

兩廣總督林則徐等奏片　陳道坦拴住限内弋獲全犯請開復頂戴
道光十九年十二月二十四日

跪奏。再，供匪在各犯解赴江西歸案審辦，向旋准江西南
安府移稱：後提彭業益訊明，此獲煙土實係伊與
彭與榮董及吴亞章各自撈獲，並無馬志兆其人，
前供煙土係馬志兆之物，委係捏飾圖卸己罪等語。
復經該州會營于十一月二十六日將吴亞章拏獲
到案，訊與彭與榮此供大略相同，將該犯等先後解
歸南安府審辦等情，並據署南雄協付將拴住具
稟前來。臣等伏查該州協于奏奉
諭旨摘頂勒緝之後，即于兩月限內拏獲店主彭與榮及
供影吴亞章，并解江西歸案審辦，是本案要犯
業經先後全數弋獲，馬志兆且經南安府移
稱後提彭業益先去此獲煙土實係該犯與彭與

犯吳亞幸各自擒獲偵追逃遁並無遠兆

其人核與該州該訊相符亦無捏飾情弊相應請

旨將南雄直隸州知州候補直隸知州陳道坦南雄協付

將南韶連鎮中軍遊擊拴住一併開復頂戴俾

知激勸而觀後效是否有當臣等謹會同廣東陸路

提督臣郭繼昌附片

奏乞

聖鑒訓示謹

奏

道光二十年正月十八日奉

硃批　欽此

上諭　林則徐責無旁貸著委員嚴查斷絕英商售私之路

軍機大臣　字寄
兩廣總督林　廣東巡撫怡　傳諭粵海關監
督豫堃　道光十九年十二月二十六日奉
上諭本日據林則徐等奏斷絕⿰口英夷一摺覽奏均悉
該奸夷反覆無常早已洞見曾經降旨飭令絕其
貿易一概驅逐出口現據奏稱該夷具稟乞恩業
經嚴行批駁所辦甚是惟夷商貨物意在銷售尤
冀夾帶烟土影射作奸現已列其罪狀宣布各夷
該夷智窮力竭難保不將違禁貨物分寄各國夷
商轉為灑帶是名為禁絕流弊愈滋著林則徐等
派委文武各員仍遵前旨散布各隘口嚴查影射
緝拏奸徒絕其銷貨之心斷其售私之路是為至

要林則徐已實授兩廣總督文武皆所統屬責無
旁貸儻查拏不能淨絕根株惟林則徐是問所有
沿海各直省督撫已降旨飭令嚴密防堵不留去
路矣將此諭知林則徐怡良並傳諭豫堃知之欽
此遵
旨寄信前來

上諭　粵省已責成林則徐等查拏私售著沿海各省一體嚴查防範

軍機大臣　字寄

盛京將軍耆　大學士直隸總督琦　山東巡撫托　署兩江總督麟　江蘇巡撫裕　兼署閩浙總督福建巡撫吳　浙江巡撫烏　道光十九年十二月二十六日奉

上諭本日據林則徐等奏暎夷自封港後具稟乞恩業經嚴行批駁驅逐出口等語該夷反覆無常兾圖售其奸計該督等已列其罪狀宣布各夷該夷智窮力竭難保不將違禁貨物分寄各國夷商轉為銷售現在粵省東西兩路已責成林則徐等派委妥員散布各隘認真查拏此外沿海各省亦應一體嚴密防範絕其去路著盛京將軍直隸山東

兩江江蘇閩浙福建浙江各督撫各飭所屬認真稽查儻竄入各口即實力驅逐淨盡以杜來源而清積弊將此各諭令知之欽此遵
旨寄信前來

欽差大臣林則徐等奏摺

審明永靖營額外外委曾日恩等縱放烟犯賣土得銀案

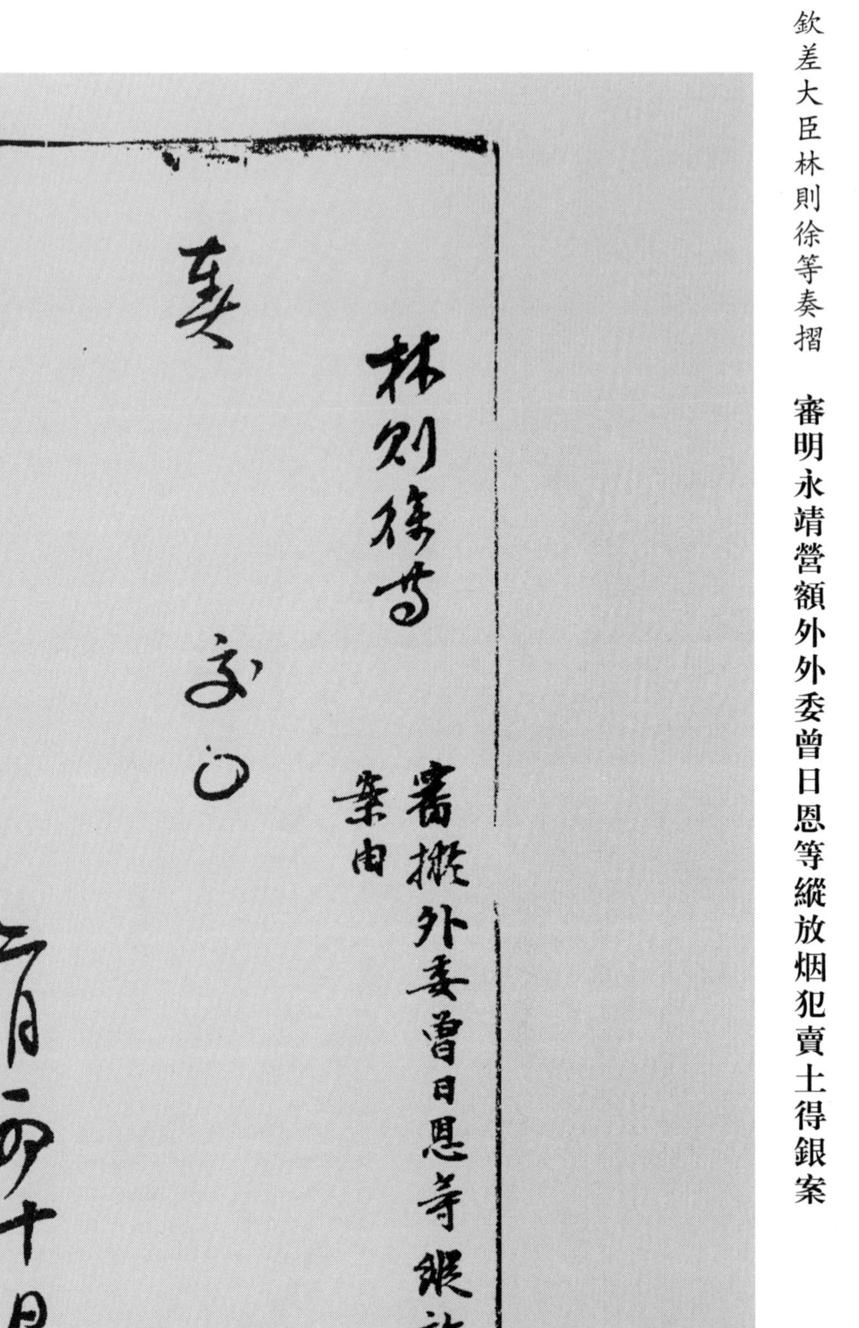
林則徐等
審擬外委曾日恩等縱放烟犯
案由
奏

欽差大臣林則徐等奏摺　審明永靖營額外外委曾日恩等縱放烟犯賣土得銀案　道光十九年十二月二十八日

臣林則徐　臣鄧廷楨　臣怡良跪

奏為弁兵等需賍將烟人犯私行縱放并收烟

土轉賣得銀審明按例定擬恭摺

奏祈

聖鑒事竊照臣等一次屢奉

諭旨嚴禁烟土查拏要犯經臣等札飭各地方文武認

真嚴拏究辦并訪查弁兵有無得規縱放在

案茲於道光十九年十一月十九日據廣州協

副將趙承德轉據永靖營都司陳鳳來詳

稱該營派撥羅涌汛防守額外外委曾日恩

與兵丁曾達茂等通同需賍將烟人犯人

烟來搜獲縱放并有得規徇縱情弊揭請示革

訊究臣等當將該額外曾日恩兵丁曾達茂
李燦章溫大林胡平亮侯茂黎年譚到庭
嘗督奉高黎春耀陸兒同等赴提書據寓
訊據該弁兵等供認得受烟匪鄧景東等
並烟土船隻私行縱放並將烟土轉賣得銀若干
情即經飭司委員確審去後茲據委員廣州
府知府珠爾杭阿督同番禺知縣吳思樹
候補知府言良鈺審明詳由廣東按察使
喬用遷布政使熊常錞招解前來臣等當
即親提研鞫緣曾日恩籍隸博羅縣於
道光五年充當陸路提標中營兵丁十二年
考拔補永靖營額外外委派撥羅涌汛防

守十九年十一月二十日早来義之線人杜亞
潮因與来義之鄧景泰同往墩頭灣民杜
亞錦探知鄧景泰由東莞一帶興販稍
仔烟土用蝦筍船裝載在泛大壕口河面往
還當向曾日恩報知慫令帶兵前往截拏
曾日恩即於是日帶同来義之汛兵丁
並達濠李燦章溫大林胡平亮蔡李風
兵丁陳達濠蔡章詳到庄業及来義之汛
船幫丁李亞邦一共九人分駕兩船二隻往大
壕口河面等候已牌時候見有蝦筍船一隻
從東南駛至曾日恩等知係鄧景泰烟船隱
將自己船隻駛開迫至墩頭河面將鄧景泰

烟艇截住曾日恩帶同兵丁曾連茂等過
艇搜查至尾艙搜獲鴉片烟土五個計重
二百四十兩銅錢二千文連艇户鄧景永并伊
弟鄧景盛伊妻鄧梁氏及伊子共四人一併
帶回汛地曾日恩因鄧景永哀懇賄
遂貪得銀起意得財縱放并將收存烟
土交給線人何成伊與往幫兵丁得六成
變賣多用線人杜亞娣與曾連茂等瓜分
二十七日經該汛兵丁黎章高向曾日恩告知
有鄧景永親戚梁亞三央伊說合許給
番銀一千圓曾日恩未將人艇先行釋放當
下約候還日交付曾日恩因梁亞三係素

識艇戶可以相信肯收艇隻連人釋放并
收授蔴烟土五箇陳錦人杜亞勝分去兩箇
外共餘三箇賣與素識未獲之黃炳章得番
銀六千九百圓計重四千八兩三錢西主派分適
同汛兵丁黎章耀林兆見同李玉看見撥留
日恩等不能隱瞞據實告許分給銀兩勻
黎時黎章耀等各允曾日恩隨分給曾達
茂李燦章溫大林胡平亮林達元沖黎章洋
列在堂麥亞邦八人各分番銀一兩二錢八分黎章
高黎章耀林兆見同三人各分番銀六錢四分餘
銀三千九百兩一錢四分并銅錢二千文均係曾
日恩自己收用分散旋經永靖營都司陞

欽差大臣林則徐等奏摺　審明永靖營額外外委曾日恩等縱放烟犯賣土得銀案

道光十九年十二月二十八日

該督參弁訊問詳揭　經臣等　飭提來省
審辦並據委員廣州府等審明議擬由藩
臬兩司核解　臣等提犯親加研訊據各供認
前情不諱詰無收受窯口財物乃另犯到
案嚴鞫至再矢口不移案無遁飾查對
例載兵役興販鴉片烟之犯有受財賣
放者與本犯一體治罪又興販鴉片一二次者數
不及五百兩為首者新疆給官兵為奴為從者
極邊足四千里充軍各等語此案額外外委
曾日恩與兵丁曾達茂等在周河墩巡獲鄧
景棻艇內鴉片烟土五箇計重二百四十兩銅
錢二千文連艇上男婦四人一併帶回曾日恩

欽差大臣林則徐等奏摺 審明永靖營額外外委曾日恩等縱放烟犯賣土得銀案

道光十九年十二月二十八日

意圖財放縱捏誑鄧異來說威嚇要銀三許給
番銀三千圓向鄧異來人取縱放並向所獲
烟土之犯黃銀係之大屋藏沒查要銀三
許給番銀三千圓尚未入手作罷
口許庇縱例免核計雖據烟售賣店與
興販同科則爲烟賣放府店與本犯並論
曾日恩合革去額外外委合依營弁興販
鴉片烟之犯有兵丁得財賣放其與本犯一
體治罪興販鴉片一二次爲數不及五百兩
者發新疆給官兵爲奴例發新疆給官
兵爲奴兵丁黎李高黎李耀陳兄向先來
同往搜查惟說合縱犯或自受賣烟民易

即唐為臣供明自係供述陳能叔鄧係一家
並非僅賣烟泥毒害實屬侵損亦應以凡人
論黎亞五高黎亞五羅供明得贓縱
犯分贓之亞丁曾達茂李燦章邀大林
胡平亮供達茂黎亞五詳到在案均革
去亞丁照為臣營橫由足四千里充軍俱
營橫由足四千里充軍到配杖一百折責
安置曾日恩曾達茂潘大林標供認充老丁
軍惟係照興販鴉片營從問擬遣軍例不准
其留養毋庸取結查明得受贓銀照追入
官逸犯鄧晏亞東等飭緝務獲另結李案
并亞曾日恩等將罪照興販鴉烟人犯

私行縱放，業經該管營員自行訪聞揭請斥革，究亦失察，咎無可辭，請免開除，備録併擬額外。所有審明定擬緣由，謹會同陸路提督臣郭繼昌合詞恭摺具

奏，伏乞

皇上聖鑒，敕部核覆施行。謹

奏。

道光二十年二月初十日奉

硃批：刑部議奏。欽此。

十二月二十八日

欽差大臣林則徐等奏摺　審明守備蔣大彪等縱犯私售烟土案

道光十九年十二月二十八日

欽差大臣林則徐等奏摺　**審明守備蔣大彪等縱犯私售烟土案**

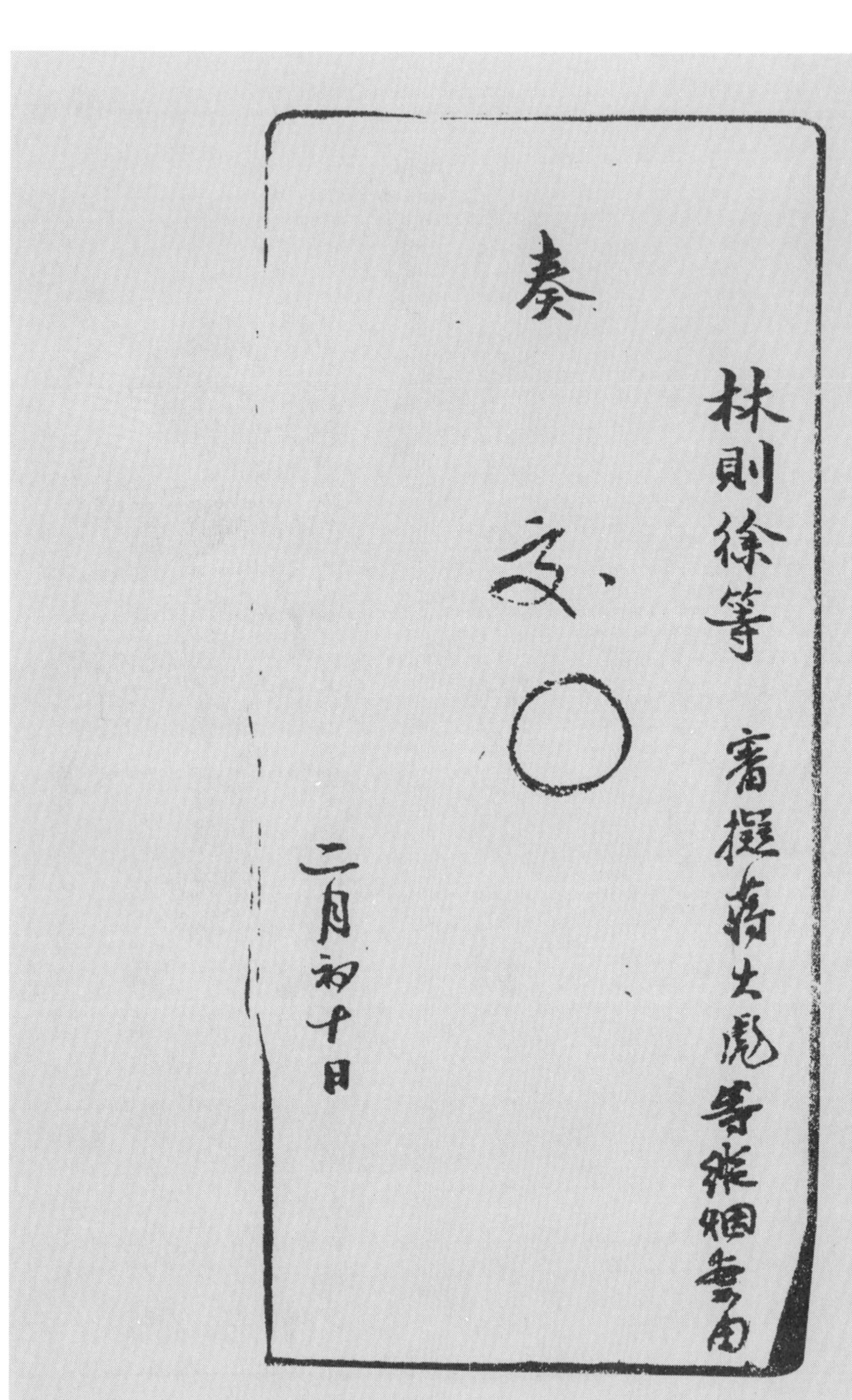

林則徐等　審擬蔣大彪等縱烟案由

奏

交

○

二月初十日

欽差大臣林則徐等奏摺　審明守備蔣大彪等縱犯私售烟土案
道光十九年十二月二十八日

臣林則徐 臣鄧廷楨跪
奏爲遵
旨嚴審定擬恭摺奏祈
聖鑒事竊臣林則徐奉
命來粵查辦海口事件會同臣鄧廷楨訪聞廣州巡
船已經撤巡之營員蔣大彪倫朝光等從前獲
出洋紋銀及盤獲鴉片有侵匿賄縱情弊當經
奏請革審欽奉
上諭林則徐等奏請將原派巡船營員革職審辦
一摺廣東准陞水師提標後營守備蔣大彪順
德協右營守備倫朝光前經派赴海洋巡緝先後獲販
烟匪銀兩案犯並據該大臣等訪有侵匿賄縱情弊

必應嚴行審辦蔣大彪倫朝光俱著即革職交林則
徐鄧廷楨提同案內各犯嚴審確情按律定擬具
奏該部知道欽此當查革守備倫朝光已與游革
之捐職都司王振高外委梁恩陞記委徐廣即
在沙廣革委侯安泰均先飭提到案惟因守備
蔣大彪到
見未因其坐船水人等全行提到難免推諉避
就致未定供隨委員馳赴前途迎提來旋之已
革守備蔣大彪委解將兵丁張亞三即張致勇
革除名糧達拘獲巡船頭人王木弟等先後解
到屏據發審訊又據南海縣查有前在巡船管
事之書識陳耀縱即陳亞潤畏罪在家自縊

身死驗訊通詳撤飭歸案審辦並據藩司熊常
錞臬司喬用遷轉據委員廣州府等以逸犯
孔丙信等及各匪船頭人熊永昇亞弟等屢緝未
獲惟案關撤將解前來　臣等督同提集隔別研訊
緣蔣大彪以籍隸東莞縣由行伍歷陞水師提標
後營守備編朝光以籍隸高要縣由行伍歷陞順
德協右營守備王振高籍隸番禺縣由行伍拔補
廣州協額外外委援例捐陞都司職銜經前督
臣盧坤飭發香山協水師效力渠恩陞籍隸南海
縣由行伍歷拔順德協左營外委又係廣即
秦汸廣籍隸番禺縣因作綫獲犯賞給把委
頂戴保安秦籍隸南海縣由行伍拔補廣州

協額外外委，先於道光十五年因捕犯無獲斥
革。陳亞三經隸新會縣，先經蔣大彪雇作火
夫。嗣蔣大彪署順德協守備，即令充當營兵，仍
兼火夫。王木弟馮亞閏、周亞傑均係南海、番禺蛋
民，受雇充當巡船頭人並柁舵工。廣東海口巡船係
道光十五年間所設，前兩廣督臣盧坤以海口匪
徒私帶紋銀出洋，包運鴉片入境，須得巡船
偵緝，當經捐廉置辦四隻，遣派水師員弁駕
駛巡查。是年五月內，王振高坐駕巡船在香山縣
淇澳洋面，拿獲走私船一隻，犯人陸華勝一名，
烟土大小三十包，秤重一千一百六十五斤。王
振高僅將烟土一千零六十五斤，解交副將

奉裕昌轉報為下烟土一百斤與已故綫人陳
亞三及在船水手等即時分散分賣給不
識姓名人得銀私用不記確數又於六月內王
振高在龍穴洋面拏獲蝦筍艇烟土十箇亦未
稟報送往素好之香山縣人郭老十收囤
又於七月內在獅子洋面拏獲走私快蟹一隻
硝磺十三担中兩砂一百二十斤人犯脫逃未獲
王振高僅將快蟹一隻硝磺十三担中兩砂一
百斤稟報為下兩砂二十斤賣與不識姓名人
得番銀九十圓王振高分賞與水手銀二十
圓餘俱自行花用蔣大彪於十六年九月內奉
委巡查伊因走私之快蟹匪艇眾多行捷屢查

巡船年多損漏，難以展進，不如即用快蟹船前往
誘拏，當令徐廣購得快蟹船三隻，每隻價銀
四百圓，蔣大彪先自措交定銀二百圓，俟拏
獲贓銀領賞再行交足。十月內蔣大彪與戴
文彪帶同徐廣出洋偵緝，在大嶼山急水門洋
面拏獲馮亞金、黃二公、陸錦文等快蟹三隻，贓銀
一萬九千餘兩，報省撥將贓銀發出充賞。蔣
大彪取贓銀交徐廣找給前買快蟹船價，又
取應領賞項贓銀六錠，約重三百兩，囑書識陳
雅輝、陳亞開送回家，內餘銀分給出力兵丁給
目，並將所獲快蟹三隻及前買快蟹三隻，木
料統行拆改，撥補原定巡船，分為四號，每號船

水五十八名前署督標中軍副將韓肇慶派守
備倫朝光管駕第一號巡船雇周亞保充當頭人
周亞灶充當舵工又派外委梁恩陞管駕第二號
巡船梁亞第充當頭人亞初充當舵工又派昔
在今故之都司戴文彪管駕第三號巡船梁
亞蒙充當頭人馮亞閏充當舵工又派守備蔣
大彪管駕第四號巡船王木第充當頭人梁亞
勝充當舵工書識陳耀輝即陳亞潤管理火船
口糧十七年三月蔣大彪會同倫朝光等在洋
拏獲丁亞三快蟹起獲紋銀二萬六千餘兩番銀
一千餘兩烟土一百一十斤緣者將銀充賞由副
將韓肇慶轉交蔣大彪與倫朝光等散給因

線八畢亞閒等於報信時先經說定要花紅銀
五成係已革外委傅安泰代為說合迨經獲銀
充賞當給畢亞閒等五成花紅銀一萬四千兩
傅安泰亦得花紅銀二千圓皆假分給出力兵丁
線目是年六月內有徐廣素識在逃之東莞縣
人唐達培雇船潛運烟土由伶仃洋往石龍
支卸託徐廣轉囑蔣大彪不要查拏許給蔣
大彪番銀二百圓徐廣番銀五十圓徐廣向蔣
大彪說允將銀送給是時戴文彪傅安泰二
人聞知其事蔣大彪當分給戴文彪銀五十
圓傅安泰銀二十圓並另給徐廣銀五十圓餘銀
八十圓自行收用又是年八月內倫朝光與戴文

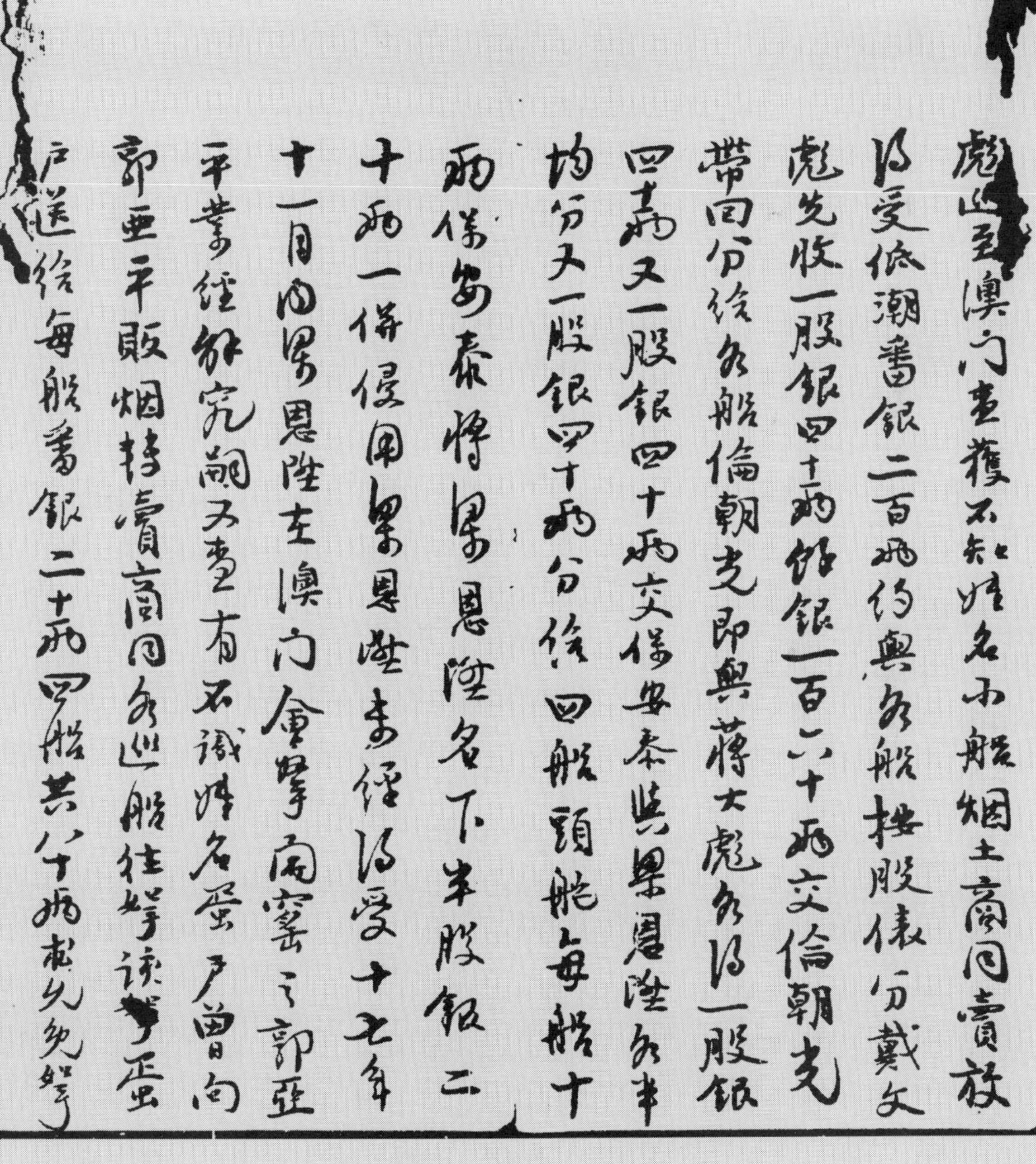

彪出至澳門查獲不知姓名小船烟土商同賣放
得受伍潮番銀二百兩仍與各船按股俵分戴文
彪先收一股銀四十兩餘銀一百六十兩交倫朝光
帶回分給各船倫朝光即與蔣大彪各得一股銀
四十兩又一股銀四十兩交保安泰與梁恩陞各半
均分又一股銀四十兩分給四船頭舵每船十
兩保安泰將梁恩陞名下半股銀二
十兩一併侵用梁恩陞未經得受十七年
十一月內梁恩陞至澳門會晤開窯之郭亞
平業經緝究逃走查有不識姓名蛋户曾向
郭亞平販烟待賣商同各巡船往晤說合蛋
户送給每船番銀二十兩四船共八十兩彪允收等

劉恩陞將銀散給各船頭舵水手自一二兩至
十兩不等，梁恩陞未經入己。又是年蔣大彪與
戴文彪在雁塘拴艇往電白地方拏獲每懷烟土
六十餘担，回至澳門，被巡船頭人王木弟與各水
手窃賣烟土十餘担，得銀五十兩。蔣大彪查知，
令王木弟繳回銀兩，充賞將烟繳案。又十八年
正月，蔣遣戴文彪第三號巡船在雞頸洋面拏
獲夷人三板船內烟土十五担，人犯二名。戴
文彪僅將烟土十三担連人犯解回省河交蔣
大彪稟解，戴文彪私自留下烟土二担。是月二
十日，令馮亞閏坐駕巡船運至佛山陸海廟前，
經梁恩陞令黎亞三前往接收，代為存貯。戴

兩因是年三月戴文彪進京引
見將第三号巡船交蔣大彪管帶因第二号巡船
裁撤蔣大彪即將第三号巡船交梁恩升管駕五
月初八日蔣大彪梁恩升在佛山沙口拏獲走
龍船内烟土並人犯一名李解馮亞閏見該船
走將烟土丟棄河内与舵水手撈獲烟土三包賣
得番銀十五圓蔣大彪并無不知情是年六月
又鄧廷楨因該巡船出赴外海稽察難周恐有弊
竇當令將各巡船全行裁撤此係訊出前項巡船
走後查拏販烟運銀人犯就中舞弊之原委
也又查出梁恩升先于道光六年間聽從孔兩
詰臣[illegible][illegible]同丁忠遂及不識姓名人共四人在

住山西後巷地方開設窯口孔兩信等每人各出
本銀一百兩梁恩升出銀三十兩至六年向歇業
又徐廣先于道光十一二年向有番禺梁澤
井村人淩大根淩亞九即橫步九在村內開設
私快蟹艇時徐廣在番禺梁英壙引與船幫
同緝捕淩大根淩亞九每年各送規銀三十圓
徐廣得過兩年規銀共一百二十圓淩亞九每
年另送趁船水手銀三十圓係水手內徐廣止
認識番禺梁新進村人黎亞二即豬肉二其餘
俱不認識淩大根等快蟹艇于兩年後即經閑
歇又保安泰[先]于道光十五年六月內有已故黎羅
[illegible]徐錦文私開快蟹艇保安泰作線往

送給銀三千圓共與隱瞞又王木弟于十八年
五月內有艮弁胡泱之河老送嗲女往澳門洋面
裝運烟土回省至靖海門外河旁起卸蔣大彪
並不認情又將弓三千十八年間查有不識姓
名木匠曾向何老近窯口買烟轉賣前往提署
誘木匠送給陳亞三銀四圓陳亞三即代為寄隱
以上各情屢經嚴審擬各供認始終如一日猶
認罪每當有弓犯別項不法及知情分贓
之人經隔別究詰復擬各供伊等已𠛬諾鴉信詳
賄放縱及私開窯口各重罪均果不另有犯
案何能甘認重刑不諱且果另有知情分贓之人
亦何肯代人隱瞞賄縱之鴉亞五均各供指

本各案以不移解迺錄查舊例載兵販鴉
片烟照收買違禁貨物例枷號一箇月發近邊充
軍為從杖一百徒三年私開鴉片烟館者照邪教惑
眾律擬絞監候為從杖一百流三千里兵役人等藉端需索計贓
照枉法從重論又律載應捕人知罪人所在而不
捕者減罪人罪一等又盜捕官已獲盜賊犯留贓物不
解官入己者計贓以不枉法論又有祿人枉法贓各
主者通算全科二十兩杖六十徒一年四十五兩杖
一百流二千里五十五兩杖一百流三千里無祿人枉
法贓一百二十兩絞監候不枉法贓各主者通
折半科罪一主者亦折半科罪二十兩杖六十無祿
人減一等又例載現獲之犯稱逃走為首以旁人

欽差大臣林則徐等奏摺 審明守備蔣大彪等縱犯私售烟土案
道光十九年十二月二十八日

[illegible]擬即依律先決從罪毋庸待質俟[illegible]
諭又道光十九年六月內准刑部咨以[illegible]犯
[illegible]犯查未奉新例以前仍照舊例辦理其因
飭派營兵船巡海口藉端舞弊[illegible]
受財惟將獲出洋紋銀轉經
奏准即照所獲之銀全行給賞並非贓私可比毋
庸按數科斷其餘自應分別計贓從重問擬
除先已病故之都司戴文彪應毋庸議外
畏罪自盡之書識陳耀輝均毋庸議外已革弁
委徐廣即赤沙廣故縱[illegible]向設法購
館得受規銀一百二十圓折實紋銀七十七兩七分
六錢代[illegible]烟之[illegible]蔣大彪故縱巡[illegible]

番銀□圓，並得蔣大彪分給銀五十圓，另受盧達培送給銀五十圓，折實紋銀六十兩八錢，先後通算共得枉法贓銀一百四十二兩五分六分，該犯充書識，因僅賞記委頂戴，並非本標補充，以無祿人科斷。徐廣合依無祿人枉法贓一百二十兩絞監候例擬絞監候，秋後處決。已革提標守備蔣大彪故縱盧達培烟土，得受番銀八十圓，折實紋銀五十一兩八分四分，又分受戴文彪賣放烟土低潮番銀四兩，折實紋銀二十兩，通算實銀七十一兩八分四分，照枉法贓科斷，罪應擬流。該革備身為備弁，犯查出頭人王木第等偷賣過獲烟土，令其繳銀五十兩充賞，照知罪人

訪查而不捕，減罪人一等，僅止擬徒。已革順德協
守備傅翔先分受戴文彪賣放烟土，假潮番銀
四十兩，折實紋銀二十兩，罪止杖徒。已革捕盜司
王振高起獲漏稅羽紗，私留二十疋，賣得番銀九
十圓，折實紋銀五十九兩二錢二分，照尅留贓物以
不枉法贓折半科斷，罪止擬杖；其兩次侵昧
獲烟土，或賣或送，亦即與販無異。已革順德協
外委梁見升聽從孔兩信開設窯口，照開館爲
從，舊例罪止擬流；其另犯不識姓名蛋戶販烟送
給與迎船番銀八十兩，該弁止于分給與舵
工水手，贓非入己，但知罪人所在而不捕，減罪人一
等，僅止擬徒。又明知戴文彪私存起獲烟土代

不據收照販烟不從亦止擬徒臣等廣州協額外
外委保安泰得受向役快蟹艇主陳帥文規銀
三十圓折實紋銀十九兩七錢四分又分受載運烟
土之陳達塘行賄番銀二千圓折實紋銀千二兩
九錢六分又分受戴文彪賣放烟土低潮番銀
二十兩并私向梁國外名下賣放烟土低潮
番銀二十兩並折實紋銀二十兩通算實銀五
十二兩零保安泰係已革額外外委應以受贓
人科斷受贓人枉法贓四十五兩減本罪止擬徒
川兵犯僅照私科斷尚覺輕縱既係得受鴉
片之利庇明知照兵販鴉片治罪舊例真販鴉
片物極第一個月發近邊充軍惟該犯等以

弊之人串通舞弊實屬藐法者此嚴杜鴉片
之際大彪縱重徵繳蔣大彪偽報先王振書盟梁
升係安東桃請縱重發遣新疆酌撥種地者
至王木第馮亞宜周亞保充當巡船頭人舵工
將安戴文彪與盟升賣放烟土番銀數至十兩
以下馮亞宜又聽從戴文彪裝逢私運截獲
烟土並丁人犯被拿收烟土棄海之時乘間撈取
復賣王木第又節取蔣大彪拿獲烟土私賣及
代何遠遠運烟土時亞三充當營兵得受販烟
人番銀四圓代為容隱亦係得受鴉片之利惟
與販鴉片一併治罪王木第馮亞宜周亞保時亞
三均合依兵販鴉片擬等一個月發近邊充軍例

枷號一箇月，發近邊充軍。至梁自興所供前開窰
係孔兩倍起意，伊僅聽從入夥，並非首犯，雖孔
兩倍現未弋獲，惟經巡船舵工馮亞周供指確
鑿，並據旁人指證有據，應請先決從罪，毋庸
監候待質。馮亞周、馮亞保雖供親老丁單，情
節較重，亦不准留養，各照巡追入夥窰口。
虎門鎮以專封疆，該充公巡船早已裁撤，故不
必再設，逸犯孔兩倍、李錫得獲日另結。除錄供
咨部外，所有審明定擬緣由，理合繕摺具
奏，伏乞
皇上聖鑒，敕部核覆施行。謹
奏

欽差大臣林則徐等奏摺　審明守備蔣大彪等縱犯私售烟土案
道光十九年十二月二十八日

道光二十年二月初十日奉
硃批該部議奏欽此
十二月二十八日

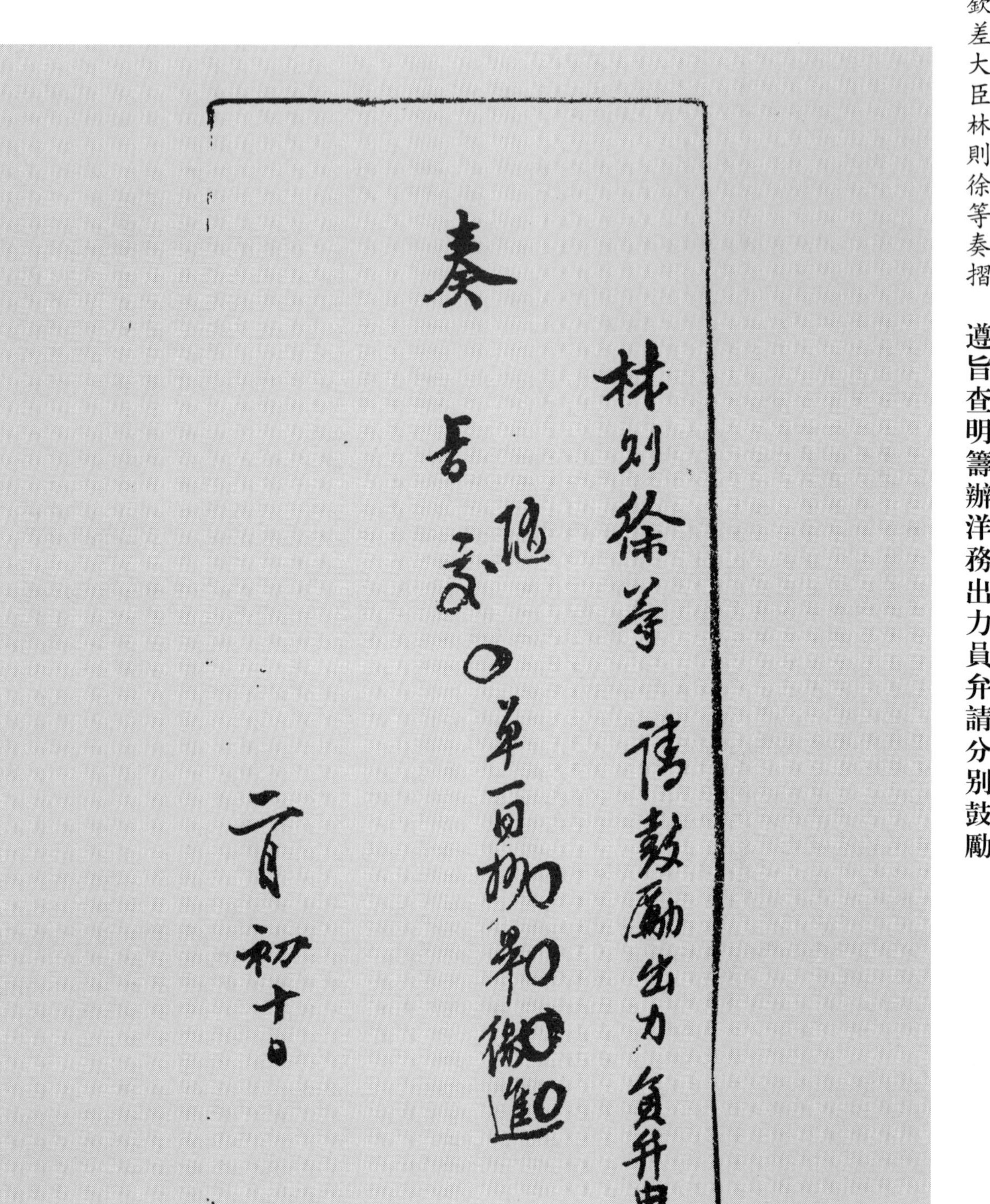
林則徐等　請鼓勵出力員弁由

奏

隨旨發○

正月初十日

欽差大臣林則徐等奏摺　**遵旨查明籌辦洋務出力員弁請分別鼓勵**

欽差大臣林則徐等奏摺　遵旨查明籌辦洋務出力員弁請分别鼓勵
道光十九年十二月二十八日

臣林則徐臣鄧廷楨跪

奏為遵

旨查明籌辦夷務出力員弁恭摺

奏懇

天恩分别鼓勵仰祈

聖鑒事竊臣等前奏叠次轟擊夷船情形一摺欽奉

上諭提督關天培奮勇直前身先士卒可嘉之至著賞

給法福靈阿巴圖魯名號仍交部從優議敘以示獎

勵所有在事出力員弁著查明保奏候朕施恩等因

欽此仰見我

皇上鼓勵戎行激勸必録不獨提臣關天培受

恩深重感極涕零而凡在事文武員弁無不頂感

鴻慈倍加奮躍臣等遵奉
恩諭查明保奏尤須確覈各員勞績務求實當其
功斷不敢稍任冒濫當與撫臣提臣及司道將領
等逐加甄覈計此次查辦海口夷務自十九年
正月内臣林則徐到粵會商先截來源當經諭
令夷人將躉船所貯鴉片悉數呈繳其時派委
大小各員弁或至夷館往返曉諭或在省河晝
夜巡查或赴海口分投防堵自省城至虎門内
外水陸交嚴夷情極爲震懾是以虔繳烟土悔
罪乞誠嗣於洋次逐船驗收運入内河堆貯一切
押送看守又需多員自二月下旬至四月初旬甫
經收竣正在起解赴京欽奉

上諭即於粵省銷燬者又開池樹柵添派員弁督視稽
查自四月下旬至五月中旬甫經銷化完竣幸無
敢混詆暎國領事義律先請在澳門卸貨不准
因而阻擋該國貨船進口種種抗違七月間逐出澳
門斷其接濟迨九龍山擊敗之後於八月內先請
具結聽查而九月間則又多端反覆我軍
於穿鼻洋轟逐一次又於尖沙嘴備攻六次擊
斃暎國夷人無數該國兵船始經全行驅逐
零星散泊外洋而水陸交防至今未敢稍懈
查一年以來在事出力文武人數甚多然戰功較
大之員在文職則如藩司熊常錞臬司喬用遷
運司陳嘉樹糧道王篤均不敢仰邀議敘在武

副將以香山協惠昌耀已蒙
簡授南澳鎮總兵署大鵬營參將賴恩爵已蒙
賞給巴圖魯並升授副將亦俱不敢再請
恩施其勞績稍次者均由臣等嚴加刪汰自行酌獎
外茲謹將出力尤著之員弁開列銜名酌擬分別鼓
勵另繕清單恭呈
御覽在該員弁等從公宣力本皆分所當為茲蒙
聖主循名徵勞
渥綸屢邀逮　臣等另單擬請之處如蒙
恩俞不特該員弁等益矢捐糜即臣等亦獲收指臂
之效感激
聖慈倍無既極所有遵

欽差大臣林則徐等奏摺　遵旨查明籌辦洋務出力員弁請分別鼓勵
道光十九年十二月二十八日

旨查明保奏，係由護理廣東巡撫臣怡良、水師提督
臣關天培、陸路提督臣郭繼昌會同恭摺具
奏，伏乞
皇上聖鑒訓示。謹
奏
道光二十年二月初十日奉
硃批：欽此。
十二月二十八日

欽差大臣林則徐等清單　**辦理洋務在事出力員弁清單**

一

清單

謹將辦理夷務在事出力員弁敬繕清單恭呈
御覽
計開文職各員
即補知府南雄直隸州知州余保純
該員係嘉慶七年進士以知縣即用分發廣
東垂四十年疊著勞績由首縣洊陞直隸州
歷署惠潮等府知府於海疆繁郡均能整頓
有為道光十八年奉
旨即以知府補用至今未遇缺出此次委辦總局事
務鉅細兼司並於尖沙嘴等處臨陣籌機最
為出力擬請
賞加道銜並

賞戴花翎

廣州府知府珠爾杭阿知府銜署佛山同知事
佛岡同知劉開域署澳門同知臨高縣知縣蔣
立昂南海縣知縣劉師陸番禺縣知縣張錫蕃
新安縣知縣梁星源樂昌縣知縣吴思樹
以上七員或在省垣區畫機宜或在澳門密
籌駕馭或在行間奔馳策應均屬最為出力
之員知府珠爾杭阿擬請

賞加道銜知府銜之同知劉開域請以知府即用蔣
立昂劉師陸張錫蕃梁星源吴思樹均請以
同知直隸州即用先换頂戴

候補通判李敦業龔耿光

以上二員往來虎門澳門及各海口稽查接濟偵探夷情始終不懈李敦業係補缺後應陞之員請免補本班以同知即用龔耿光補缺後以知州即用

試用知縣壽祺方玉達殷作梅陳裕垂

以上四員總司收烟出力請交部從優議叙

署香山縣縣丞廣州府經歷彭邦晦候補州判丁日生儘先補用縣丞張起鵾儘先補用府經歷縣丞羅江候補府經歷朱旬霖

以上五員内府經歷彭邦晦久駐澳門馭夷得法請以知縣補用張起鵾周歷海山協同防剿該縣丞儘先候補已閲五年今請免補

本班以知縣補用丁曰生羅江朱句霖勾稽
文案推鞫沿海販烟匪徒晝夜辛勤均請補
缺後以知縣補用
南海縣五斗司巡檢候補府經歷縣丞殷輔樂
會縣典史徐守和候補從九品姚恭訓候補鹽
知事陳峻
以上四員或專司支發或收烟化烟觸穢耐
勞殷輔本有藍翎軍功請加州同銜徐守和
以縣丞補用姚恭訓補缺後以縣丞補用陳
峻補缺後以場大使補用
候補縣丞李錫綬候補從九品鈕兆祺王貽槐
明兆台

以上四員在事出力均請儘先補用

計開武職各員

水師提標左營游擊麥廷章世襲雲騎尉候補守備何芳提標後營額外衛佐邦

以上三員隨同水師提督在於穿鼻洋面連開大礮轟破夷船後樓麥廷章何芳均請

賞戴花翎衛佐邦請

賞戴藍翎

增城營叅將陳連陞肇慶水師叅將張斌香山協都司洪名香新會營守備伍通標督標千總黄耆華把總張九經撫標把總劉文鳳

以上陳連陞等五員在於官涌營盤兩次督

兵打傷上岸夷人三次開礮轟擊夷船遊駛
張九經劉文鳳二員差探軍情奔馳出力陳
連陞請以副將陞用張斌請
賞戴花翎洪名香請以游擊陞用伍通標請以都司
陞用黄者華張九經劉文鳳均請
賞戴藍翎
病痊未入流關東
該員隨同水師提督駕船出洋不畏風浪在
穿鼻洋面開放大礮與夷人打仗得勝查該
員先因病重自行聲明不能起用兹調治就
痊年力正壯隨營効力奮勇直前請以外海
水師把總改補

候選從九品書吏李裕昌未滿吏何丙勳
以上書吏二名隨伺臣等辦理文案每遇事
務緊要牌劄盈尺立等施行該吏等分手繕
書連宵達旦實屬不辭勞瘁李裕昌請以從
九品歸部儘先選用何丙勳請扣滿年限以
從九品歸部儘先選用

另有旨

兩廣總督林則徐等奏片　革員彭鳳池馬辰繳烟剿防得力請分別補用開復

附

林則徐等片

□月□日

再，臣林則徐前經附片奏明酌留二員在粵差遣緣由，欽奉

上諭：林則徐片奏據實附陳，其已革湖南撫標

遊擊馬辰、湖北漢陽營守備彭鳳池均著准其交

廣東交林則徐差遣委用，經部知照，欽此。查該

員彭鳳池、馬辰自臣林則徐到粵以後，先遣偵

探夷情，查訪汗奸，皆能周詳慎密。迨收繳鴉

片烟土二萬餘箱，晝夜稽查，不辭勞瘁。嗣值

夷情反覆，驅逐出澳，示以兵威，彭鳳池駐紮虎

門偵查防堵，不避艱險；馬辰周歷官涌、東涌，奮

力勸防，屢經獲勝。臣鄧廷楨與臣關天培亦皆隨

附差遣均得力，惟該二員系非廣東省弁，

不便統入單內，自應另行保奏。可否仰懇

天恩俯准將湖北沔陽縣縣丞彭鳳池發回原省，

以知縣遇缺即補；已革湖南撫標右營遊擊馬

辰可否開復原官，抑以都司降補，歸部即選之

處，出自

聖主鴻慈。謹合詞附片具奏，懇

恩施，伏祈

聖鑒訓示。謹

奏。

硃批：

欽此。

道光二十年正月初十日奉

十二月二十八日

清單　遵旨查開林則徐等王大臣年歲生日單

遵

旨查開王大臣年歲生日單

惠親王綿愉年二十七歲二月二十七日生日

禮親王全齡年二十四歲十一月初八日生日

睿親王仁壽年三十一歲三月初六日生日

鄭親王烏爾恭阿年六十三歲六月十七日生日

豫親王裕全年六十四歲五月二十九日生日

肅親王敬敏年六十八歲十二月二十三日生日

莊親王綿護年五十八歲五月二十九日生日

怡親王載垣年二十五歲八月二十六日生日

順承郡王春山年四十一歲四月初一日生日

慶郡王奕綵年二十一歲三月初八日生日、

清單 遵旨查開林則徐等王大臣年歲生日單

道光二十年正月初二日

定郡王載銓 年四十七歲八月二十二日生日

成郡王載鋭 年三十六歲正月二十一日生日

大學士穆彰阿 年五十九歲十二月二十九日生日

大學士潘世恩 年七十二歲十二月二十一日生日

大學士總督琦善 年五十四歲十二月十九日生日

大學士王鼎 年七十三歲二月初三日生日

協辦大學士總督伊里布 年六十九歲正月二十四日生日

協辦大學士尚書湯金釗 年六十九歲十一月二十三日生日

本年九月初二日經 堂上
面奏實年六十九歲 旨由
内吏正 堂諭註明

尚書奕經 年五十歲十月初二日生日

尚書奕紀 年四十四歲四月二十八日生日

尚書何淩漢 年六十九歲八月二十五日生日

尚書奎照 年五十一歲三月初四日生日

清單　遵旨查開林則徐等王大臣年歲生日單
道光二十年正月初二日

尚書龔守正年六十五歲十一月初八日生日
尚書裕誠年五十一歲六月二十六日生日
尚書卓秉恬年五十八歲四月二十四日生日
尚書隆文年五十八歲九月十八日生日
尚書祁𡎴年六十四歲二月十四日生日
尚書敬徵年五十六歲十月初八日生日
尚書廖鴻荃年五十七歲十一月十七日生日
尚書賽尚阿年四十三歲五月二十日生日
左都御史鐵麟年五十五歲三月二十八日生日
左都御史祁寯藻年四十八歲六月初四日生日
都統恩特亨額年六十一歲二月十九日生日
都統色克精額年七十七歲正月初三日生日

都統僧格林沁年三十歲六月初五日生

都統綿岫年六十歲十二月初三日生

都統桂輪年五十三歲正月初六日生

都統哈哴阿年五十四歲十月十一日生

都統綿偲年六十五歲二月二十九日生

都統特依順保年七十四歲六月初五日生

總督鄧廷楨年六十六歲十二月初五日生

總督瑚松額年六十九歲十二月初一日生

總督寶興年六十四歲十一月二十一日生

總督桂良年五十六歲八月初六日生

總督周天爵年六十六歲四月十八日生

總督林則徐年五十六歲七月二十六日生

清單 遵旨查開林則徐等王大臣年歲生日單
道光二十年正月初二日

將軍耆英年五十四歲二月初二日生日
將軍祥康年六十一歲十一月十二日生日
將軍棍楚克策楞年六十三歲十二月十四日生日
將軍哈豐阿年六十九歲四月二十一日生日
將軍特依順年五十六歲六月初六日生日
將軍佈勒亨年七十二歲三月初三日生日
將軍奇明保年七十一歲
將軍德楞額年六十九歲正二十日生日
將軍德克金佈年六十九歲十月十三日生日
將軍保昌年六十七歲八月十七日生日
將軍經額布年六十六歲十月初九日生日
將軍嵩溥年六十七歲三月初三日生日

将軍奕山年五十一歲五月初一日生日
将軍廉敬年六十四歲四月初五日生日
察哈爾都統布彦泰年五十歲正月二十八日生日
熱河都統恩銘年五十五歲九月二十三日生日
烏魯木齊都統惠吉年五十四歲九月初六日生日
致仕大學士文孚年七十六歲正月二十五日生日
致仕大學士阮元年七十七歲正月二十日生日
致仕尚書黄鉞年九十一歲八月初五日生日

兩廣總督林則徐奏摺　**在粵接督篆日期謝恩**

臣林則徐接篆謝恩由

奏

○

正月十一日

二二

兩廣總督林則徐奏摺　在粵接督篆日期謝恩
道光二十年正月初四日

兩廣總督臣林則徐跪
奏爲恭報微臣在粵接受督篆日期叩謝
天恩仰祈
聖鑒事竊臣先於道光十九年十二月内承准軍機
大臣字寄欽奉
上諭林則徐現已簡調兩廣總督責無旁貸等
因欽此臣聞
命之下感悚難名當途在拜發由驛奏明之摺謹先附
片恭謝
天恩聲明俟接到調任部文欽遵正擬專弁赴省齎遞在
案旋准調任督臣鄧廷楨咨開准吏部咨道光
十九年十二月初四日内閣奉

上諭鄧廷楨著調補兩江總督兩廣總督著林則徐調
補欽此臣於道光二十年正月初一日准鄧廷楨委
員齎送兩廣總督關防暨鹽政印信暨
王命旗牌書籍等件前來臣謹即恭設香案望
闕叩頭謝
恩祇領任事伏念臣銜
命來粵已屆一年雖勉竭夫駑駘冀永除夫鴆毒
外域犬羊之性猶未馴而豺狼狽相依亦
未盡戢倘僕遽離五嶺問心何以能安又思遠
隔兩江舊職豈宜久曠正下懷之躑躅每
維以彷徨乃蒙
聖主曲賜轉移量加

兩廣總督林則徐奏摺 在粤接督篆日期謝恩
道光二十年正月初四日

任使杜粤夷之揣測戢敎安念之譖清書閭陋之之
責成惟矢初心之不負所愧才同朽馭還其地仍
弗能良從當力挽頹波覲於海念難為水來覆
命而特邀
簡調非夢想所能期是請
訓而不敢瀆陳寔愚忱之鬱切無時夷務正在緊
粤海防尤可請疏而吏治營伍鹺政諸大端
均當次第清釐認真經理臣惟有益殫心力倍
竭顓愚以冀仰酬
高厚鴻慈於萬一除將任事日期恭疏
題報外所有微臣感悚下忱謹繕摺叩謝
天恩伏乞

皇上聖鑒謹
奏
道光二十年二月十五日奉
硃批鴉片為當務之急自不待言其他皆
須認真籌理務益加勉以副委任朕有
厚望於卿也欽此
正月初四日

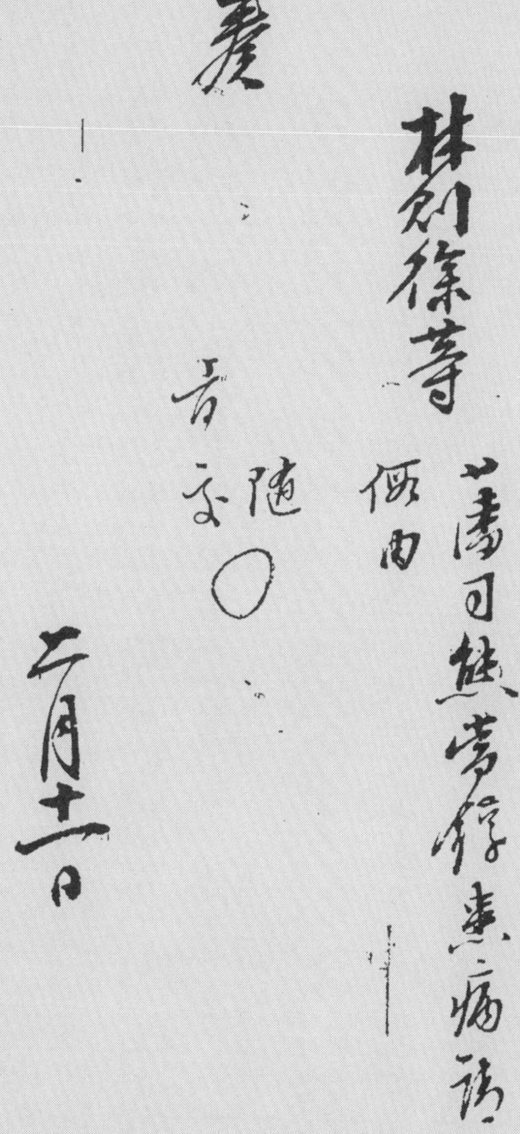

林則徐等
藩司熊常錞患病請
假由
隨
奏
旨交○
二月十二日

兩廣總督臣林則徐
廣東巡撫臣怡良跪
奏為遴員遞署司道篆務恭摺具
奏仰祈
聖鑒事竊照道光十九年十二月二十七日據廣東藩
司熊常錞稟稱該司於臘月間偶感
風寒似已平常由是一面服藥調治旋即就
痊惟因病後心煩偶遇公事急切之時轉
覺語言未能達意據醫家云係由平日
過於用心病後失於調養所致須靜攝
一兩月方可復原該司固不敢稍耽安逸第
慮公事繁必調理未能兼顧等語
奏
天恩賞假兩月俾得稍資調養一俟痊愈

即當咨請飭催等情商通調任唯臣鄧
廷楨以原都由該司熊常錞係因其日
道時常謁見經鄧廷楨與臣等面商以
熊常錞外感已愈不過病後失調自須
靜攝數時始見回擬俟其病痊屆歲除
之際業據常錞稟稱今復新正起請假兩月
將該司原字稱文　臣林則徐於接印後
會核辦理　臣等查該司熊常錞平時認真
奉差因病後未及調養精恐誤公務
請假敬素係屬實情合無仰懇
天恩准其給假兩月俾資靜攝該司復原再
廣東鹽務殷繁自應委員暫署鹽運司

委用遴選堪以署理藩篆運司陳嘉樹
堪以署理臬篆糧道王篤堪以署理
運篆其糧道篆務查有候補道洪錫
豫亦堪委署除分檄飭遵外所有遴
員委署緣由理合恭摺具

奏伏乞

皇上聖鑒謹

奏

道光二十年二月十四日奉

硃批

欽此

正月初四日

該部知道
題

兵部尚書兼都察院右都御史總督廣東廣西等處地方軍務兼理糧餉臣林則徐謹

題爲恭報微臣接印任事日期仰祈

聖鑒事竊臣於道光拾玖年拾貳月貳拾柒日准兩

廣總督臣鄧廷楨咨開准吏部咨文選司案呈

内閣抄出道光拾玖年拾貳月初壹日奉

上諭鄧廷楨著調補兩江總督兩廣總督著林則徐

調補等因欽此今於道光貳拾年正月初壹日在

廣州省城准兩廣總督調任兩江總督臣鄧廷

楨派委廣州府知府珠爾杭阿署督標中軍副

將祺壽齎捧

欽頒道字伍拾號兩廣總督關防壹顆

欽頒乾字貳千壹百陸拾捌號鹽政印信壹顆

王命旗牌拾面杆副並歷年欽奉
上諭書籍吏書文卷等項移交到臣當即恭設香案叩
謝
天恩欽遵祇領任事除地方營伍海防鹺務一切事
宜容臣次第經理實心籌辦外所有微臣接印
任事日期理合恭疏
題報伏乞
皇上聖鑒敕部查照施行再現值封篆期内遵將印
信暫開印用仍遵封固合併陳明謹具題
聞

兩廣總督林則徐題本　題報接印任事日期
道光二十年正月初六日

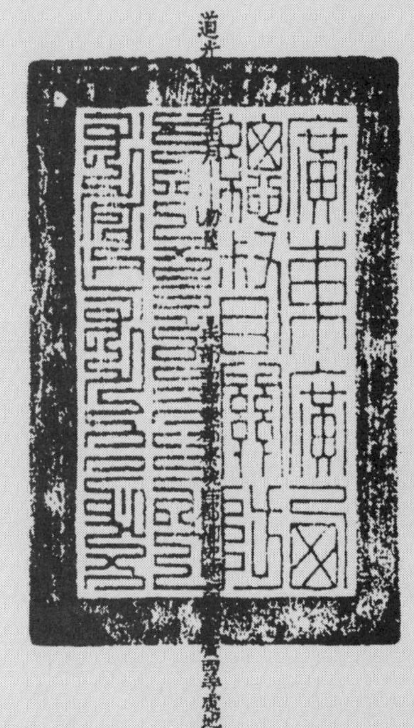

兵部尚書兼都察院右都御史總督廣東廣西等處地方軍務兼理糧餉臣林則徐謹
題為恭報微臣接印任事日期仰祈
聖鑒事竊臣於道光拾玖年拾貳月貳拾柒日准兩
廣總督臣鄧廷楨咨開准吏部咨文選司案呈
内閣抄出道光拾玖年拾貳月初壹日奉
上諭鄧廷楨著調補兩江總督兩廣總督著林則徐
調補等因欽此今於道光貳拾年正月初壹日在
廣州省城准兩廣總督調任兩江總督臣鄧廷
楨派委廣州府知府珠爾杭阿署督標中軍副
將祺壽齎捧

欽頒道字伍拾號兩廣總督關防壹顆

欽頒乾字貳千壹百陸拾捌號鹽政印信壹顆

王命旗牌拾面杆副並歷年欽奉

上諭書籍吏書文卷等項移交到臣當即恭設香案叩

謝

天恩敬謹祗領任事除地方營伍海防鹺務一切事

宜容臣次第經理實心籌辦外所有微臣接印

任事日期理合恭疏

題報謹具題

聞

上諭　江漢隄塍漫潰獎勵各員著即注銷林則徐交部議處

道光二十年正月初七日内閣奉

上諭前年五月據林則徐奏江漢安瀾懇請鼓勵各員當經降旨加恩兹據周天爵查明江漢隄塍漫潰情形京山天門二縣係安陸府所屬沔陽州係漢陽府所屬江夏等縣公隄係武昌府所屬此次漫潰隄段雖因水勢過大猝不及防究係籌辦驗收未能盡善所有安陸府知府周鳴鸞前加道銜漢陽府知府楊炳堃交部議敘之處著即註銷試用布政司照磨胡廷琨前請儘先補用之處亦著註銷其原請獎勵之調任湖廣總督林則徐著交部議處此次石工草工現已陸續興修著周天爵親往督辦勒令依限完竣餘依議又另片奏京山

縣知縣梁芸滋應賠月隄潰口銀六千兩請移修
渡船口楊隄灣二處要工等語著即照所議辦理
該部知道欽此

上諭　著林則徐降四級留任伍長華降二級留任均不准抵銷

道光二十年正月十四日奉

旨林則徐著降四級留任伍長華著降二級留任均不准其抵銷欽此

吏部尚書奕經等奏摺　遵議林則徐伍長華等處分

吏部摺
遵議林則徐等處分由
奏
隨旨交
正月十四日

吏部尚書奕經等奏摺　遵議林則徐伍長華等處分
道光二十年正月十四日

吏部尚書臣宗室奕經等謹
奏為遵
旨議處具奏事道光二十年正月初七日奉
上諭前年五月據林則徐奏江漢安瀾懇請鼓勵各員當
經降旨加恩茲據周天爵查明江漢隄塍漫潰情形京
山天門二縣係安陸府所屬沔陽州係漢陽府所屬江
夏等縣公隄係武昌府所屬此次漫潰隄段雖因水勢
過大猝不及防究係籌辦驗收未能盡善所有安陸府
知府周鳴鸞前加道銜漢陽府知府楊炳堃交部議敘
之處著即註銷試用布政司照磨胡廷琨前請儘先補
用之處亦著註銷其原請獎勵之調任湖廣總督林則
徐著交部議處此次石工草工現已陸續興修著周天

爵親往督辦勒令依限完竣餘依議又另片奏京山縣
知縣梁芸滋應賠月隄潰口銀六千兩請移修渡船口
楊隄灣二處要工等語著即照所議辦理該部知道欽
此又正月初十日奉
上諭伍長華奏自請議處等語上年湖北隄塍漫潰前此
修防各員曾經該撫奏請鼓勵咎亦難辭伍長華著交
部議處欽此欽遵抄出到部　查律載凡不應得為
而為之事理重者杖八十係公罪降二級留任等語
除安陸府知府周鳴鸞前加道銜漢陽府知府楊炳
堃交部議敘著即註銷試用布政司照磨胡廷琨前
請儘先補用亦著註銷之處臣部另行辦理外此案
湖北隄工前經該督等以江漢安瀾奏請鼓勵茲據

吏部尚書奕經等奏摺　遵議林則徐伍長華等處分
道光二十年正月十四日

查明隄塍漫潰雖因水勢過大猝不及防究係籌辦
驗收未能盡善其原請獎勵之調任湖廣總督林則
徐欽奉
諭旨著交部議處湖北巡撫伍長華前此奏請鼓勵咎亦
難辭奏奉
諭旨著交部議處應將前任湖廣總督調任兩廣總督林
則徐湖北巡撫伍長華均照不應重杖八十公罪律
各降二級留任係公罪例准抵銷可否准其抵銷之
處恭候
欽定伏候
命下臣部再行辦理所有臣等遵
旨議處緣由理合恭摺具

奏伏乞

皇上聖鑒

訓示遵行謹

奏

道光二十年正月　十四　日吏部尚書臣宗室奕經

協辦大學士吏部尚書臣湯金釗

吏部左侍郎臣桂輪

吏部左侍郎臣許乃普

吏部右侍郎臣宗室恩桂差

吏部右侍郎臣沈岐

上諭

著林則徐堅拒英吉利官員勿與通商封貯欽差大臣關防

軍機大臣　字寄
兩廣總督林　道光二十年正月十八日奉
上諭據林則徐奏暎咭唎國王另遣夷官㦤吐噔噸來粤係因義律所為不合是以换人經理等語該國距内地七萬里當該國王遣官來時斷不知内地斷其貿易自應一併堅拒勿與通商以絶其逗留之念消其叵測之情庶幾大害永除勿貽後患該督於封港後早經嚴飭洋夷各商將各口貨船覈實查驗確切結報自不至再滋弊混其水陸險要之地皆當倍整軍威嚴飭文武員弁巡查防範毋稍疎懈以肅海疆而副委任至欽差大臣關防著該督暫行封貯俟有該省大員進京之便帶繳

毋庸另行委員齎送將此諭令知之欽此遵
旨寄信前來

上諭　林則徐等奏陳道垣拴住限內弋獲全犯著准其開復頂戴

道光二十年正月十八日內閣奉

上諭林則徐等奏請將緝獲烟犯各員開復頂帶等語廣東署南雄直隸州事候補直隸州知州陳道垣署南雄協副將事南韶連鎮中軍遊擊拴住前因過客馬姓夾帶烟土未能立時捕獲當經降旨摘去頂帶勒限嚴拏茲據該督等查明該員等已於兩月限內將本案各犯全數弋獲尚知愧奮陳道垣拴住均著准其開復頂帶欽此

兩廣總督林則徐等奏片　**請以吳思樹調署香山縣知縣**

林則徐　怡良　程矞采片

再香山縣知縣王福前在陸豐縣知縣任內道光十六
年補行
大計薦舉卓異及十年俸滿調取引
見應即給咨該員赴京所遺香山縣知縣篆務查有樂
昌縣知縣吳思樹才具明晰辦事細心堪以調署據藩
臬兩司會詳前來除檄飭遵照外臣等謹合詞循
例附片具
奏伏乞
聖鑒謹
奏

道光二十年二月二十二日奉

兩廣總督林則徐等奏片　請以吳思樹調署香山縣知縣

道光二十年正月二十四日

硃批覽欽此

兩廣總督　正月二十四日

兩廣總督林則徐等奏摺　紳民捐建遂溪縣沈塘墟義學請量加獎勵

道光二十年正月二十四日

林則徐等
奏
由　紳民捐建義學請獎
限
另有旨　○
二月廿二日

兩廣總督林則徐等奏摺　**紳民捐建遂溪縣沈塘墟義學請量加獎勵**

兩廣總督林則徐等奏摺 紳民捐建遂溪縣沈塘墟義學請量加獎勵

道光二十年正月二十四日

兩廣總督臣林則徐

廣東巡撫臣怡良跪

奏為紳民捐建義學循例籲懇請

旨量加獎勵仰祈

聖鑒事竊查例載各省地方遇有義學等項公事

紳衿士民樂於捐輸其銀三十兩以上獎以匾

額五十兩申詳督撫遵加獎勵三百至千兩奏請

給以八品頂帶如本身有頂帶之人於奏請時聲

明飭部另行議敘又道光十五年准部咨行捐

輸議敘章程內開士民捐銀二百兩以上給予九

品頂帶各等因茲查道光十五年五月據

前任遂溪縣知縣黃榜詳稱縣屬沈塘墟

地方人烟稠密離縣城書院及各鄉義學甚

遂生童貧寒，維雅彥與紳士陳志和等商
議於該墟適中地方建立義學一所，俾得就
近延師課讀，以廣教育。嗣由該縣首先捐銀三
百兩，以爲之倡，並令各紳士廣爲勸捐，與亦隨據
各紳民踴躍樂捐，計共捐銀四千五百兩零，責
成該紳士董理其事，概不假手胥吏。道光十六年
七月興工，是年十月工竣。建立大小學舍二十餘
并置買桌椅各物，共用銀二千一十三兩零。尚
存銀二千四百八十六兩零，由紳士經營生息，
以爲每歲延師膏伙及日後修理經費之需。擬
定章俾義學立定規條，勒石垂久，其情尚屬
前據　臣鄧廷楨暨前撫臣祁𡎴飭司委員查勘

妥議詳由，茲據布政使熊常錞會同按察使
喬用遷詳稱：飭據委員石城縣知縣譚光
第前往會同該縣勘明前項工程，委係工堅
料實，並無偷減浮冒等情，出具切結，並錄
該縣造具紳民捐輸銀數姓名及工料細
冊，申送該管道府加結詳司核詳請具

奏鼓勵前來。臣等按冊查核，紳民捐銀一百兩及一
百兩以下者，紳民悉由本省照例分別給予
花紅匾額外，其捐銀三百兩之監生陳啓文、附
生陳煥文、童生陳宗堯、陳鴻儒、李維藩、黃
河清捐銀二百兩之例貢生陳鍾懿、監生何
紹聖、附生陳志遠、耆民吳繼登、童生吳瀚

董事十一名合無仰懇
皇上天恩俯賜
敕部照例分別給予議敘以昭激勸至該紳黃
榜偕捐良田係地方官應辦之事且該員續
已病故應毋庸議本案建造義學工
程係由紳士捐辦自行經理應請毋庸
造冊報銷除將該紳等造具紳民捐建
義學姓名銀數清冊印結送部查核外
臣等謹循例合詞恭摺具
奏伏乞
皇上聖鑒訓示施行謹
奏

兩廣總督林則徐等奏摺　紳民捐建遂溪縣沈塘墟義學請量加獎勵

道光二十年正月二十四日

硃批

道光二十年二月二十二日奉

欽此

正月二十四日

兩廣總督林則徐題本　**題參廣東督糧道王篤等疎防劫案限滿贓犯未獲**

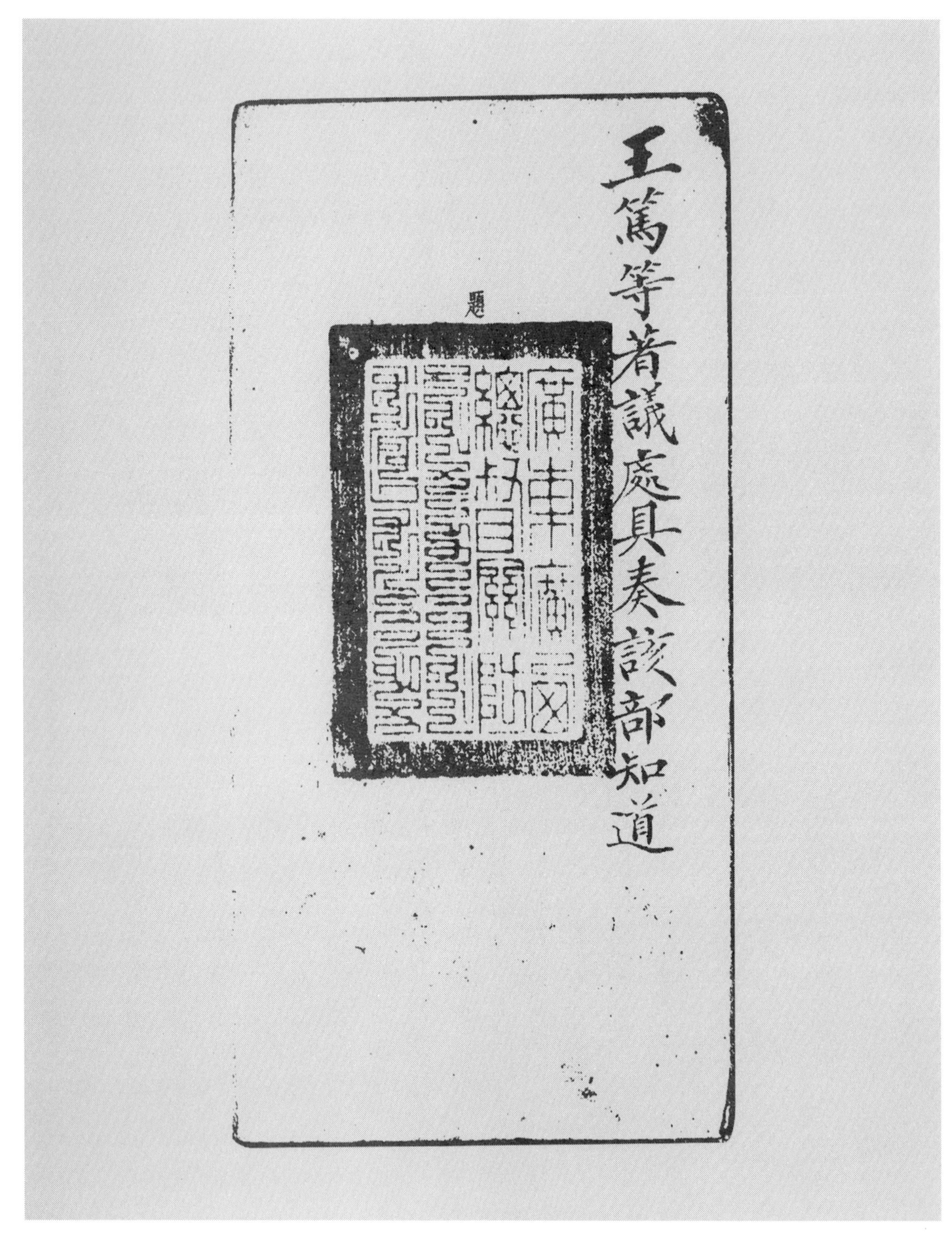
王篤等著議處具奏該部知道
題
廣東廣西總督關防

兵部尚書兼都察院右都御史總督廣東廣西等處地方軍務兼理糧餉臣林則徐謹
題爲報明被劫事准前督臣移交據廣東按察使
司按察使喬用遷詳稱案據署三水縣知縣任
荃申詳道光拾玖年柒月初壹日據廣寧縣民
莫達輝林阜泰稟稱蟻等向在原籍廣寧縣屬
合影岡張茶葉店生理拾玖年陸月貳拾叁日
蟻等帶有茶葉赴省賣得銀伍百貳拾壹兩貳
拾捌日由省河雇坐梁亞灶船隻一同回籍貳
拾玖日傍晚船抵三水縣屬三江河面停泊是
夜貳更時候被賊多人駕艇持械撬開倉門進
船行劫蟻等與船户人等驚起畏避各賊搜劫
銀兩衣物回艇喊捕不及該處並無埠保理合

開列失單報請勘緝等情到縣據此當即選差
勒緝賊賊一面會營前詣該處勘得該事主莫
達輝等被劫處所係在土名三江河下查驗倉
門撞損並無賊遺油捻器械距鶴岡汛約拾里
附近並無設立墩鋪防兵勘畢繪圖訊據事主
莫達輝林阜泰船户梁亞灶水手陳亞妹各供
均與稟詞無異隨傳鋪户眼同事主按照失單
逐一確估共值紋銀肆百捌拾肆兩叁錢貳分
列冊同勘圖附卷除移行勒緝賊賊務獲究解
外理合通詳等情當奉批司飭緝查參等因又
奉牌行據營員報同前由各到司均經移行勒
緝查參去後茲疏防限滿賊賊未獲准督糧道

兩廣總督林則徐題本　題參廣東督糧道王篤等疎防劫案限滿贓犯未獲
道光二十年正月二十四日

併據廣州府開列文員疎防統轄兼事各職名
到司准據此該廣東按察使司按察使喬用遷
查看得三水縣客民莫達輝等於道光拾玖年
陸月貳拾玖日夜船在三江河面被刦銀物一
案先據該署縣會營勘訊通詳併據營員呈報
均奉批檄行司勒緝查參等因移行遵照去後
茲疎防限滿贓賊未獲准督糧道併據廣州府
開列文員疎防各職名前來除移行勒緝贓賊
務獲究解外所有疎防文職統轄係廣東督糧
道兼分巡廣州府王篤兼轄不同城係廣州府
知府珠爾杭阿廣州府糧捕通判沈保頤專管
係前署三水縣事准補大埔縣知縣任荃三水

縣典史陳大鏞相應開報伏候

題參再照本案賊夥確數應俟獲犯審供爲定失

事處所撲勘係在鄉間河面距鶴岡汛約拾里

附近並無設立墩鋪防兵又專管前署三水縣

任荃因新任三水縣知縣浦國仁於道光拾玖

年柒月貳拾肆日到任任荃卽日卸署又三水

縣典史陳大鏞因俸滿奉調赴省驗看於道光

拾玖年柒月拾伍日離任所遺典史事務卽日

行委三水縣三水司巡檢郝和賡到兼理嗣郝

和賡因改委試用從玖品陳德光於道光拾玖

年拾月拾柒日到署郝和賡卽日卸兼理均在

疎防限內又任荃郝和賡係署事及兼理之員

業已部事不復回任均請照例議結滿國仁應
俟接緝壹年限滿陳大鏞應俟回任接扣限滿
無獲另文詳叅又本案自道光拾玖年陸月貳
拾玖日夜失事起計至是年拾月貳拾捌日肆
個月疎防限滿今該縣於拾貳月初捌日開列
職名具詳到府係開報前官應議職名在例限
叁個月之內例無處分職名應請免開至該府
於拾貳月拾壹日詳司按察司即於拾肆日轉
詳扣除轉文日期府司均無遲逾合併聲明等
由又先准廣東水師提督臣關天培開報武員
疎防統轄兼專協防遊巡各職名到前督臣鄧
廷楨移交到臣該臣看得廣東三水縣客民吳

達輝等於道光拾玖年陸月貳拾玖日夜船在
三江河面被刦銀物一案先經據報批行勒緝
查參去後茲疏防限滿贓賊未獲據按察使喬
用遷開列文員疏防各職名詳請
題參又先准廣東水師提督臣關天培開報武員
疏防各職名到前督臣鄧廷楨移交前來除嚴
飭移行勒緝贓賊務獲究解外所有疏防文職
統轄係廣東督糧道兼分巡廣州府王篤兼轄
不同城係廣州府知府珠爾杭阿廣州府糧捕
通判沈保頤專管係前署三水縣事准補大埔
縣知縣任荃三水縣典史陳大鏞武職統轄係
前署廣東順德協副將事肇慶水師營參將張

斌兼轄係前兼理順德協右營都司事該協左
營守備江連元事汛係順德協右營左哨頭司
把總施國材協防係順德協右營右哨外委千
總王萬年遊巡係署順德協右營守備事該營
右哨千總陳英才相應
題參聽候部議再照本案賊夥確數應俟獲犯審
供爲定失事處所據勘係在鄉間距鶴岡汛約
拾里附近並無設立墩鋪防兵又文職任卸日
期已於司詳內聲敘其武職統轄前署順德協
副將張斌因本任副將楊登俊於道光拾玖年
玖月拾壹日回任張斌即日卸署又兼轄前兼
理順德協右營都司江連元因改委新會營左

營右哨千總陶雄亮於道光拾玖年柒月初壹
日到護理江連元卽日卸兼理又遊巡署順德
協右營守備陳英才因季巡期滿於道光拾玖
年陸月底離巡均在疏防限內又協防順德協
右營右哨外委千總王萬年因奉委赴署該協
左營右哨貳司把總於道光拾玖年玖月初柒
日離汛所遺外委汛務卽日行委該營記委李
國英到署惟王萬年係正任承緝之弁例不准
其扣除委署公出日期應請照例查議又本案
自道光拾玖年陸月貳拾玖日失事起計至是
年拾月貳拾捌日肆個月疏防限滿今該縣於
拾貳月初捌日開列職名具詳到府係開報前

官應議職名在例限叁個月之內例無處分職
名應請免開至該府於拾貳月拾壹日詳司該
司卽於拾肆日轉詳扣除轉文日期府司均無
遲逾合併陳明臣謹具
題伏乞
皇上聖鑒敕部議覆施行謹
題請
旨

道光[illegible]年[illegible]兵部尚書兼都察院右副都御史總督廣東[illegible]廣西等處地方軍務兼理糧餉臣林則徐

兵部尚書兼都察院右副都御史總督廣東廣西等處地方軍務兼理糧餉臣林則徐謹

題為報明被劫事該臣看得廣東三水縣客民莫

達輝等於道光拾玖年陸月貳拾玖日夜船在

三江河面被劫銀物一案先經飭報批行勒緝

查參茲疏防限滿贓賊未獲據按察使喬用遷

開列文員疏防各職名詳請

題參又先准廣東水師提督臣關天培開報武員

疏防各職名到前督臣鄧廷楨移交前來所有

疏防文職統轄係廣東督糧道兼分巡廣州府

王篤兼轄不同城係廣州府知府珠爾杭阿廣

州府糧補通判沈保頤專管係前署三水縣事
准補大埔縣知縣任荃三水縣典史陳大鏞武
職統轄係前署廣東順德協副將事肇慶水師
營參將張斌兼轄係前兼理順德協右營都司
事該協左營守備江連元專汛係順德協右營
左哨頭司把總施國材協防係順德協右營右
哨外委千總王萬年遊巡係署順德協右營守
備事該營右哨千總陳英才相應
題參聽候部議臣謹
題請
旨

兩廣總督林則徐題本　題銷廣東省道光十五年份駐防綠營兵丁賞給紅白事件銀兩

道光二十年正月二十四日

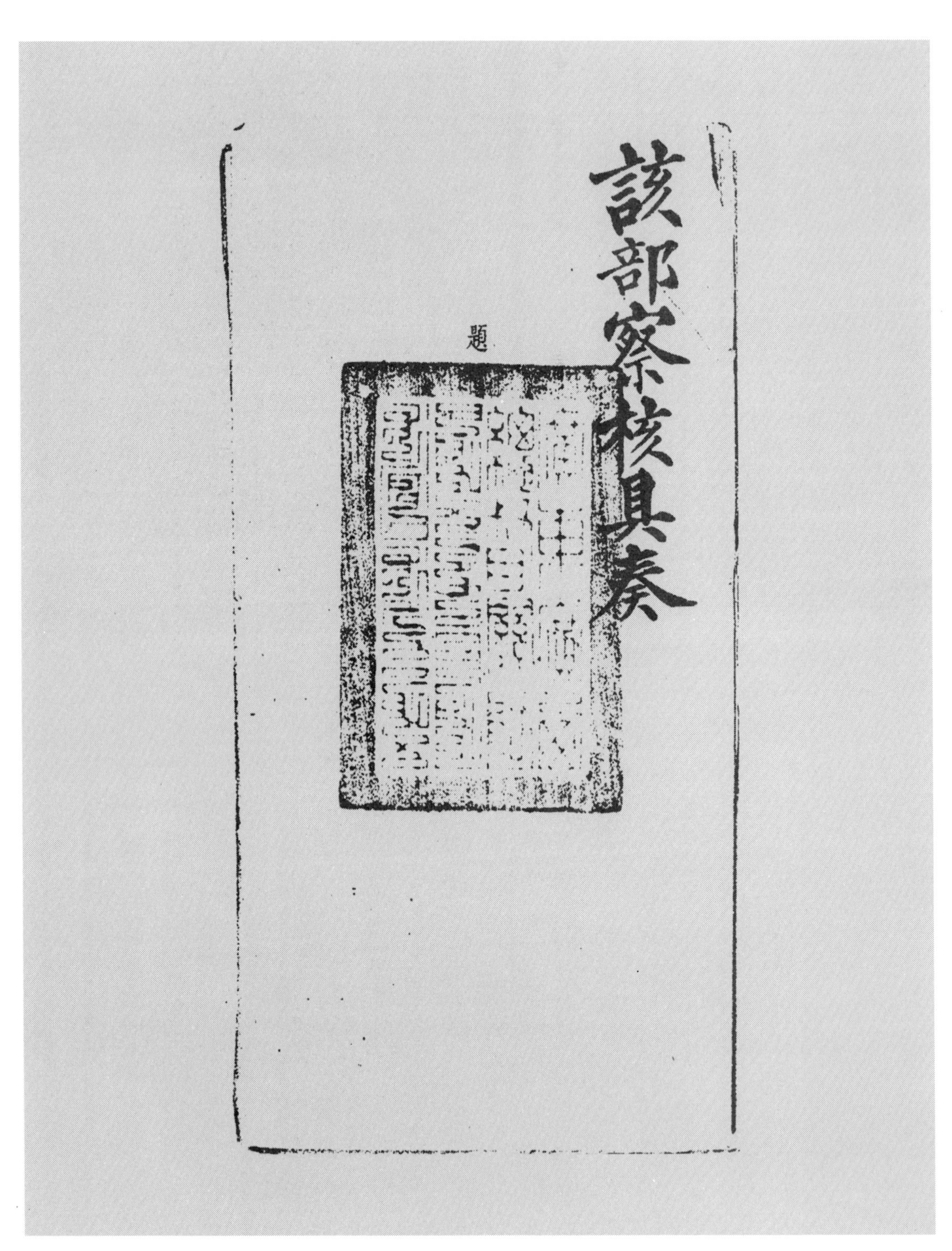

兩廣總督林則徐題本　**題銷廣東省道光十五年份駐防綠營兵丁賞給紅白事件銀兩**

兩廣總督林則徐題本　題銷廣東省道光十五年份駐防緑營兵丁賞給紅白事件銀兩

道光二十年正月二十四日

兵部尚書兼都察院右都御史總督廣東廣西等處地方軍務兼理糧餉臣林則徐謹

題爲賞過兵丁紅白銀兩事准前督臣移交據廣東布政使司布政使熊常錞詳稱案照奉准兵部咨開各直省督撫嗣後題報驛站朋馬併一切錢糧以及修理站船等本祗將本案緊要錢糧數目由各督撫核實題報其各該司原詳以及條陳酌改並節年例案於司總冊首詳細聲敘毋庸於疏内敘入庶題疏不致冗複而例案不致遺漏等因咨院行司奉此該廣東布政使司布政使熊常錞查看得粤東省道光拾伍年分駐防緑營兵丁賞給紅白事件銀兩一案依經在於各屬解到道光拾肆年地丁銀内扣留

銀叁萬陸千叁百肆拾陸兩貳錢伍分候支賞
給造入道光拾肆年地丁司總冊報又在前山
營備公生息銀內領撥前山三水大鵬右叁營
招募新兵紅白銀壹百伍拾捌兩伍錢陸分又
不敷補領銀捌錢壹分貳釐共銀壹百伍拾玖
兩叁錢柒分貳釐貳共扣留撥給備賞紅白銀
叁萬陸千伍百伍兩陸錢貳分貳釐茲准將軍
督撫提各旗標鎮協營案造報道光拾伍年分
領過司庫扣留備賞銀兩賞給兵丁紅白事件
數目造冊移送前來除照例將本案原詳以及
條陳酌改並節年例案於司總冊首詳細聲敘
外查道光拾肆年地丁司總冊報扣留備賞銀

叁萬陸千叁百肆拾陸兩貳錢伍分又在前山
營備公生息撥給備賞前山三水大鵬右叁營
新兵紅白連不敷補領共銀壹百伍拾玖兩叁
錢柒分貳釐貳共扣留撥給備賞銀叁萬陸千
伍百伍兩陸錢貳分貳釐計道光拾伍年各旗
標鎮協營寨及前山三水大鵬右叁營招募新
兵共領回銀叁萬貳千玖百壹拾貳兩陸錢玖
分玖釐內各旗標鎮協營寨共領回銀叁萬貳
千柒百伍拾叁兩叁錢貳分柒釐內告病布政
使吉恒經支銀伍百玖拾肆兩玖錢叁分玖釐
伍毫署布政司事調任陝西按察使李恩繹經
支銀壹萬伍千壹百伍拾肆兩壹錢叁分肆釐

陞見布政使阿勒清阿經支銀壹萬陸千玖百陸拾伍兩陸錢玖分陸釐署布政司事病故陞任山東布政使王青蓮經支銀壹兩伍錢捌分肆釐署布政司事兩廣鹽運使陳嘉樹經支銀肆兩陸錢肆分肆釐現任布政使熊常錞經支銀叁拾貳兩叁錢貳分玖釐伍毫又前山三水大鵬右叁營招募新兵領回銀壹百伍拾玖兩叁錢柒分貳釐內署布政司事調任陝西按察使李恩繹經支銀柒拾兩玖錢壹分捌釐

陞見布政使阿勒清阿經支銀捌拾柒兩捌錢陸釐

現任布政使熊常錞經支銀陸錢肆分捌釐貳

共領回銀叁萬貳千玖百壹拾貳兩陸錢玖分

玖釐內駐防滿漢八旗水師旗營兵丁共領回
銀陸千叁百兩照依原定賞格八旗小撥什庫
同甲兵砲手匠役有祖父母父母及本身妻室
喪事每件賞銀拾兩有本身及子女孫女喜事
每件賞銀陸兩步甲及養育兵照依馬甲兵丁
之例減半賞給水師旗營領催祖父母父母本
身妻室喪事賞銀柒兩本身娶妻及子女喜事
賞銀陸兩兵丁祖父母父母本身妻室喪事賞
銀陸兩本身娶妻及子女喜事賞銀伍兩教習
兵丁原屬綠營照綠營一例賞給又遵照乾隆
肆年奏准支給心紅紙筆銀兩定例八旗左右
司每月各支銀壹兩貳錢管理馬價之員每月

兩廣總督林則徐題本　題銷廣東省道光十五年份駐防綠營兵丁賞給紅白事件銀兩

道光二十年正月二十四日

支銀陸錢乾隆伍年奏准賞給貧助銀兩定例
如遇驍騎校題補防禦進京賞給貧助銀貳拾
兩共計賞給過銀肆千肆百貳拾陸兩存剩銀
壹千捌百柒拾肆兩業已解還司庫內署布政
司事調任陝西按察使李恩繹經收銀捌百肆
拾伍兩
陞見布政使阿勒清阿經收銀壹千貳拾玖兩候入
道光貳拾年秋季兩報又綠營各標鎮協營案
共領回銀貳萬陸千肆百伍拾叁兩叁錢貳分
柒釐前山三水大鵬右叁營新兵共領回銀壹
百伍拾玖兩叁錢柒分貳釐貳共領回銀貳萬
陸千陸百壹拾貳兩陸錢玖分玖釐照依歷年

原定賞格賞給兵丁紅白事件父母喪賞銀陸
兩肆錢娶妻賞銀叁兩貳錢子女婚嫁及妻子
喪賞銀壹兩陸錢祖父母故除無伯叔父母賞
銀陸兩肆錢外若該兵係長孫雖有父母耕農
實係貧苦減半量給銀叁兩貳錢兵丁身故有
家室者賞銀肆兩如無家室者賞銀貳兩肆錢
及壹兩陸錢不等以爲殯葬之用共計各標鎮
協營寨賞給過銀貳萬陸千肆百肆拾肆兩前
山三水大鵬右叁營新兵共賞給過銀壹百伍
拾玖兩貳錢存剩銀玖兩肆錢玖分玖釐業已
解還司庫內署布政司事調任陝西按察使李
恩繹經收銀貳兩叁錢柒分陸釐

陞見布政使阿勒清阿經收銀伍兩伍錢貳分玖釐

現任布政使熊常錞經收銀壹兩伍錢玖分肆

釐候造入道光貳拾年秋季冊報又存剩司庫

未支銀叁千伍百玖拾貳兩玖錢貳分叁釐候

造入道光貳拾年秋季冊內報撥查前山營新

兵原在備公息銀內領回原額及不數補領共

銀壹百壹拾兩捌錢伍分貳釐今冊開賞給過

銀壹百壹拾貳兩捌錢計不數銀壹兩玖錢肆

分捌釐在於該營舊兵賞剩銀內勻給又大鵬

右營新兵原在備公息銀內領回銀壹拾伍兩

柒錢貳分今冊開賞給過銀壹拾叁兩陸錢存

剩銀貳兩壹錢貳分全數移撥該營舊兵不數

紅白銀兩訖均經彙入開除之內造報所有道
光拾伍年分移准各旗標鎮協營寨造送賞給
過兵丁紅白事件銀兩各冊理合逐一核明彙
造總細各冊詳候覆核
題銷等由造冊到前督臣鄧廷楨移交到臣該臣
查得粵東省道光拾伍年分駐防綠營兵丁賞
給紅白事件銀兩一案據布政使熊常錞詳稱
在於各屬解到道光拾肆年地丁銀內扣留銀
叁萬陸千叁百肆拾陸兩柒錢伍分候支賞給
造入道光拾肆年地丁司總冊報又在前山營
備公生息銀內領發前山三水大鵬右叁營招
募新兵紅白銀壹百伍拾捌兩伍錢陸分又不

數補領銀捌錢壹分貳釐共銀壹百伍拾玖兩叁錢柒分貳釐貳共扣留撥給備賞紅白銀叁萬陸千伍百伍兩陸錢貳分貳釐茲准將軍督撫提各旗標鎮協營寨造報道光拾伍年分領過司庫扣留備賞銀兩賞給兵丁紅白事件數目造冊移送前來除照例將本案原詳以及條陳酌改並節年例案於司總冊首詳細聲敘外查道光拾肆年地丁司總冊報扣留備賞銀叁萬陸千叁百肆拾陸兩貳錢伍分又在前山營備公生息撥給備賞前山三水大鵬右叁營新兵紅白違不敷補領共銀壹百伍拾玖兩叁錢柒分貳釐貳共扣留撥給備賞銀叁萬陸千伍

百伍兩陸錢貳分貳釐計道光拾伍年分各旗
標鎮協營寨及前山三水大鵬右叁營招募新
兵共領回銀叁萬貳千玖百壹拾貳兩陸錢玖
分玖釐內各旗標鎮協營寨共領回銀叁萬貳
千柒百伍拾叁兩叁錢貳分柒釐內告病布政
使吉恒經支銀伍百玖拾肆兩玖錢叁分玖釐
伍毫署布政司事調任陝西按察使李恩繹經
支銀壹萬伍千壹百伍拾肆兩壹錢叁分肆釐
陞見布政使阿勒清阿經支銀壹萬陸千玖百陸拾
伍兩陸錢玖分陸釐署布政司事病故陞任山
東布政使王青蓮經支銀壹兩伍錢捌分肆釐
署布政司事兩廣鹽運使陳嘉樹經支銀肆兩

兩廣總督林則徐題本　題銷廣東省道光十五年份駐防綠營兵丁賞給紅白事件銀兩

道光二十年正月二十四日

陸錢肆分肆釐現任布政使熊常錞經支銀叁
拾貳兩叁錢貳分玖釐伍毫又前山三水大鵬
右叁營招募新兵領回銀壹百伍拾玖兩叁錢
柒分貳釐內署布政司事調任陝西按察使李
恩繹經支銀柒拾兩玖錢壹分捌釐
陞見布政使阿勒清阿經支銀捌拾柒兩捌錢陸釐
現任布政使熊常錞經支銀陸錢肆分捌釐貳
共領回銀叁萬貳千玖百壹拾貳兩陸錢玖分
玖釐內駐防滿漢八旗水師旗營兵丁共領回
銀陸千叁百兩照依原定賞格八旗小撥什庫
同甲兵砲手匠役有祖父母父母及本身妻室
喪事每件賞銀拾兩有本身及子女孫女喜事

兩廣總督林則徐題本 題銷廣東省道光十五年份駐防緑營兵丁賞給紅白事件銀兩 道光二十年正月二十四日

每件賞銀陸兩步甲及養育兵照依馬甲兵丁之例减半賞給水師旗營領催祖父母父母本身妻室喪事賞銀柒兩本身娶妻及子女喜事賞銀陸兩兵丁祖父母父母本身妻室喪事賞銀陸兩本身娶妻及子女喜事賞銀伍兩教習兵丁原屬綠營照綠營一例賞給又遵照乾隆肆年奏准支給心紅紙筆銀兩定例八旗左右司每月各支銀壹兩貳錢管理馬價之員每月支銀陸錢乾隆伍年奏准賞給資助銀兩定例如遇驍騎校題補防禦進京賞給資助銀貳拾兩共計賞給過銀肆千肆百貳拾陸兩存剩銀壹千捌百柒拾肆兩業已解還司庫內署布政

司事調任陝西按察使李恩繹經收銀捌百肆
拾伍兩
陞見布政使阿勒清阿經收銀壹千貳拾玖兩候入
道光貳拾年秋季冊報又綠營各標鎮協營寨
共領回銀貳萬陸千肆百伍拾叁兩叁錢貳分
柒釐前山三水大鵬右叁營新兵共領回銀壹
百伍拾玖兩叁錢柒分貳釐貳共領回銀貳萬
陸千陸百壹拾貳兩陸錢玖分玖釐照依歷年
原定賞格賞給兵丁紅白事件父母喪賞銀陸
兩肆錢娶妻賞銀叁兩貳錢子女婚嫁及妻子
喪賞銀壹兩陸錢祖父母故除無伯叔父母賞
銀陸兩肆錢外若該兵係長孫雖有父母耕農

實係貧苦減半量給銀叁兩貳錢兵丁身故有
家室者賞銀肆兩如無家室者賞銀貳兩肆錢
及壹兩陸錢不等以爲殯葬之用共計各標鎮
協營奏賞給過銀貳萬陸千肆百肆拾肆兩前
山三水大鵬右叁營新兵共賞給過銀壹百伍
拾玖兩貳錢存剩銀玖兩肆錢玖分玖釐業已
解還司庫内署布政司事調任陝西按察使李
恩繹經收銀貳兩叁錢柒分陸釐
陞見布政使阿勒清阿經收銀伍兩伍錢貳分玖釐
現任布政使熊常錞經收銀壹兩伍錢玖分肆
釐候造入道光貳拾年秋季冊報又存剩司庫
未支銀叁千伍百玖拾貳兩玖錢貳分叁釐候

造入道光貳拾年秋季冊內報撥查前山營新
兵原在備公息銀內領回原額反不敷補領共
銀壹百壹拾兩捌錢伍分貳釐今冊開賞給過
銀壹百壹拾貳兩捌錢計不敷銀壹兩玖錢肆
分捌釐在於該營舊兵賞剩銀內匀給又大鵬
右營新兵原在備公息銀內領回銀壹拾伍兩
柒錢貳分今冊開賞給過銀壹拾叁兩陸錢存
剩銀貳兩壹錢貳分全數移撥該營舊兵不敷
紅白銀兩訖均經彙入開除之內造報所有道
光拾伍年分移准各旗標鎮協營寨造送賞給
過兵丁紅白事件銀兩各冊理合逐一核明彙
造總細各冊詳候覆核

題銷等由到前督臣鄧廷楨移交前來臣覆核無
異除冊送部查核外臣謹會同廣州將軍臣德
克金布廣東巡撫臣怡良廣東水師提督臣關
天培陸路提督臣郭繼昌合詞具
題伏乞
皇上聖鑒敕部核覆施行謹會
題請
旨

兩廣總督林則徐題本　題銷廣東省道光十五年份駐防緑營兵丁賞給紅白事件銀兩

道光二十年正月二十四日

兵部尚書兼都察院右都御史總督廣東廣西等處地方軍務兼理糧餉臣林則徐謹
題爲賞過兵丁紅白銀兩事該臣看得粤東省道
光拾伍年分駐防綠營兵丁賞給紅白事件銀
兩一案據布政使熊常錞詳稱道光拾肆年地
丁司總兩報扣留備賞銀叁萬陸千叁百肆拾
陸兩貳錢伍分又在前山營備公生息發給備
賞前山三水大鵬右叁營新兵紅白連不敷補
領共銀壹百伍拾玖兩叁錢柒分貳釐貳共扣
留發給備賞銀叁萬陸千伍百伍兩陸錢貳分
貳釐計道光拾伍年分各旗標鎮協營暨及前
山三水大鵬右叁營招募新兵共領回銀叁萬
貳千玖百壹拾貳兩陸錢玖分玖釐内駐防兵
丁共賞給過銀肆千肆百貳拾陸兩存剩銀壹

千捌百柒拾肆兩業已解還司庫候入道光貳拾年秋季冊報又綠營兵丁共賞給過銀貳萬陸千肆百肆拾肆兩前山三水大鵬右叁營新兵共賞給過銀壹百伍拾玖兩貳錢存剩銀玖兩肆錢玖分玖釐業已解還司庫候造入道光貳拾年秋季冊報又存剩司庫未支銀叁千伍百玖拾貳兩玖錢貳分叁釐候造入道光貳拾年秋季冊內報撥所有道光拾伍年分移准各旗標鎮協營彙造送賞給過兵丁紅白事件銀兩各冊逐一核明彙造總細各冊詳送

題銷到前督臣鄧廷楨移交前來臣覆核無異除冊送部查核外臣謹會

題請

旨

大學士穆彰阿等奏摺　林則徐等議覆駱秉章條陳洋務章程均應照所議辦理

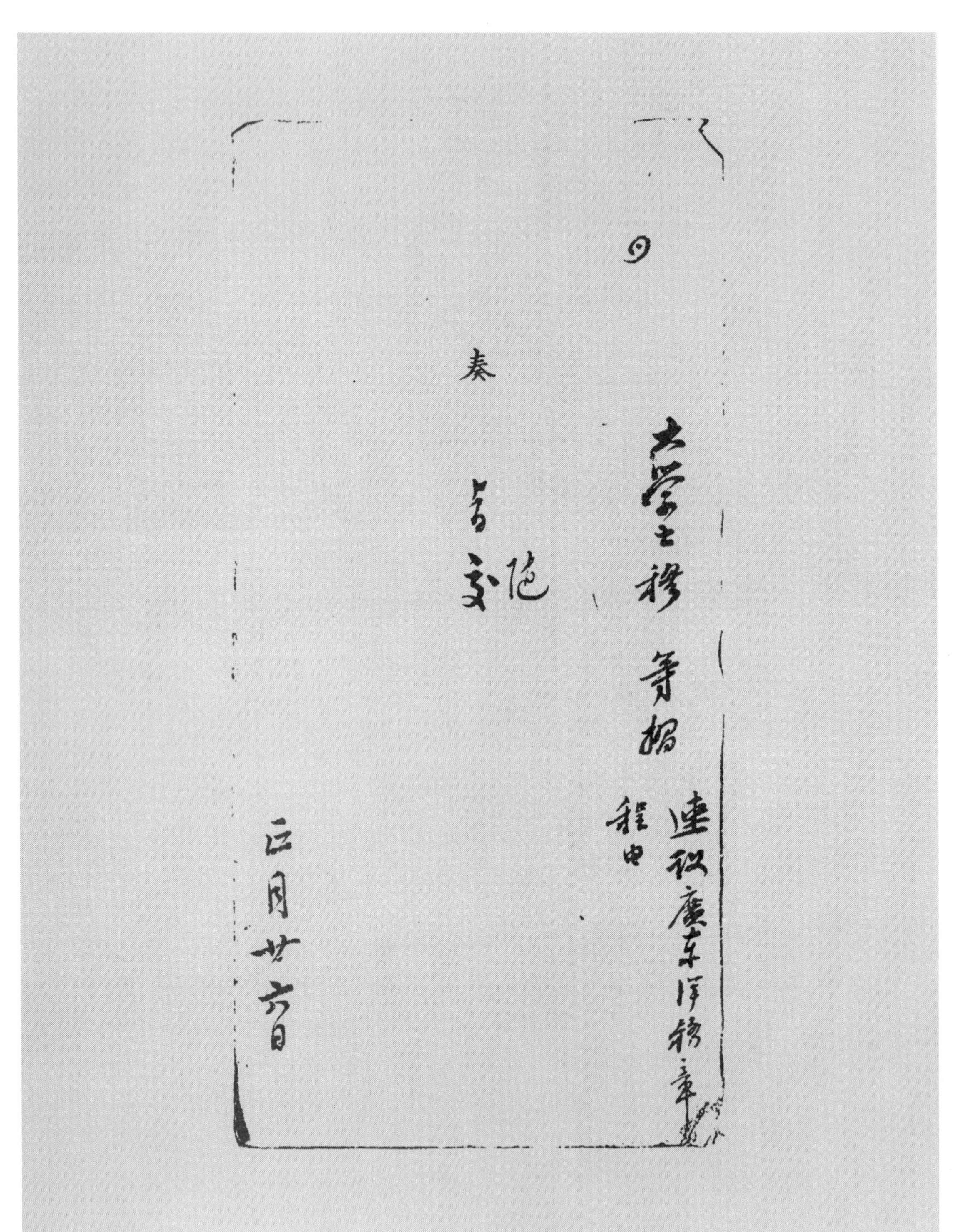

奏

大學士穆　等摺　速議廣東洋務章程由

旨　依議

正月廿六日

大學士穆彰阿等奏摺　林則徐等議覆駱秉章條陳洋務章程均應照所議辦理

道光二十年正月二十六日

臣穆彰阿臣潘世恩臣王鼎臣隆文跪

奏為廣東籌議洋務章程遵

旨速議仰祈

聖鑒事道光二十年正月十八日兩廣總督林則徐

等議覆御史駱秉章條陳整飭洋務一摺奉

硃批軍機大臣速議具奏欽此仰見

皇上慎重海防釐剔弊竇至意竊惟國家設立海關以來外夷各商雲集輻輳原於准其貿易之中默寓懷柔之意近來夷情狡獪與漢奸私相勾結馴至鴉片入口紋銀出洋百弊叢生致煩查辦此非制之未備法之不密也蓋招徠之道得其情而後可以服其心而制馭之方峻其防而

後可以袪其弊未有內治不嚴而能使外夷畏
威奉法者也臣等謹將該督等議覆該御史原
奏各條並立定章程之處逐款覈議恭呈
御覽伏候
欽定
一該督等議覆該御史原奏慎選洋商以專責
成一條內稱原摺所指試辦保充之弊均在
道光十七年以前自奏改章程仍復總散各
商聯保舊制等語臣等查洋商與夷人交接
傳宣言語道達夷情實為馭夷緊要關鍵是
以向例必擇身家殷實居心誠篤者方准承
充但此輩人數衆多流品不無混雜據該督

等查明現充各洋商尚無借資營運及糾夥朋充諸弊其作奸犯科者均已陸續懲辦近來禁斷夷人夾帶烟土新例愈嚴所有各洋行輪流保辦尤須嚴切責成儻有夾帶分毫不獨該夷商照新例懲治並保辦之洋商亦干斥革治罪暎咭唎夷船不敢進口職是之故應請照該督等所議隨時留心訪查如洋商中尚有朋充負欠不能誠篤殷實者一經察出輕則革退重則治罪務使咸知畏法奉公而夷情亦可藉以慴服矣

一該督等議覆該御史原奏嚴禁孖氈以防勾串一條內稱夷語孖氈名目音同馬占即華言

買賣人也而漢奸即在其中現經疊獲通夷
各匪犯分別懲辦等語臣等查粵洋通商年
久內地民人與夷人相習暗地勾串在所不
免現在查辦夷務尤以緝拏漢奸為要惟孖
氈既無定名漢奸亦無定數總須嚴密訪拏
俾各匪犯無容身之地自然革面洗心一歸
於正應請如該督等所議各洋行所用司事
管店人等按月造具清冊送官查考各夷館
所用工人看門人等均責成買辦保雇其買
辦責成通事保充而通事又責成洋商選擇
仍由府縣查驗給牌承充如查有營私舞弊
惟擔保之人是問此外私赴夷船代為經手

大學士穆彰阿等奏摺　林則徐等議覆駱秉章條陳洋務章程均應照所議辦理
道光二十年正月二十六日

買賣或私充買辦接濟食物各犯並沿海漁
民蛋户貪利忘生之徒均責成地方文武各
官嚴行拏究至該御史原摺所指之著名孖
氊陳老春無鼻泳等二名久已遠颺應由該
督等懸賞購緝務獲究辦
一該督等議覆該御史原奏嚴禁夷人久住省
館以絶弊源一條内稱喳噸嗹哋等夷業經
盡數驅逐回國等語臣等查定例夷商於銷
貨歸本後即隨原船回國立法至為嚴密自
喳噸嗹哋等夷盤踞省館把持洋務實為罪
魁惡首據該督等查明喳噸已於十八年冬
間被驅回國其嗹哋及賣烟奸夷吡咻咍等

十六名亦於上年勒繳烟土後盡數驅逐回國現在停止嘆夷貿易並不准該國夷人復行住省至咪唎㗆等各國良夷應請照該督等所議各國夷人來粵貿易者務令遵照定例於銷貨歸本後依限回國即間有行欠未清亦止准酌留一二夷人住冬清釐並於省館周圍地段安設柵欄防閑出入不准與内地民人私相交接其進省出省俱令委員按名點驗造冊繳查不得容其任意逗留致滋流弊

一該督等議覆該御史原奏禁止夷船灣泊省河以防偷漏一條内稱夷船到粵停泊黄埔

向用西瓜扁艇剝貨入省其各項運貨三板均不許駛入省河等語臣等查夾帶走私等弊全籍船隻運送本地瓜艇稽查尚易若夷船停泊省河防範尤難據該督等查明各夷商往來省埔所乘三板或係有艙或係無艙船身本小不能多載貨物先因三板往來向無定額易滋影射於十八年十一月間設立編號順字三板七隻載運夷人往來省澳現因停止嘆夷貿易恐其冒混進省現將順字三板一併裁撤所有咪唎㗡等國需用船隻應請照該督等所議由粵海關發給護照二張凡各國夷人進省及寄信往來均令另雇

民艇持照赴各礮臺隘口驗明方准內駛其
夷人三板概不准停泊省河以昭限制
一該督等議覆該御史原奏內地洋銀與紋銀
一律嚴禁出洋一條內稱紋銀出洋經節次
查辦之後較前大為斂迹至各夷商置貨餘
剩洋銀現擬不准帶回等語臣等查紋銀出
洋大干例禁而洋銀則否實則閩粵人之視
洋銀即與內地紋銀無異據該督等查明此
次夷船載運入口洋銀已經查驗者二百七
十三萬二千九百餘圓其未驗者尚不在此
數之內是此時外來洋銀實為旺盛而粵東
省城紋銀價值亦漸見平減似係禁止鴉片

之成效第夷情變幻不測物力聚散無常應
請照該督等所議責令洋商覈明夷人帶來
洋銀之數務令以銀準貨不使餘剩帶回仍
嚴督各洋商於夷船出口時切實查驗以杜
弊混
以上各條臣等公同參酌或變通舊例或循守
成規通商所以裕民貴興利而除弊撫近即以
柔遠在因時而制宜務當行之以實持之以恒
則夷情無不悅服而海防自就肅清矣所有臣
等遵
旨速議緣由謹繕摺具
奏伏祈

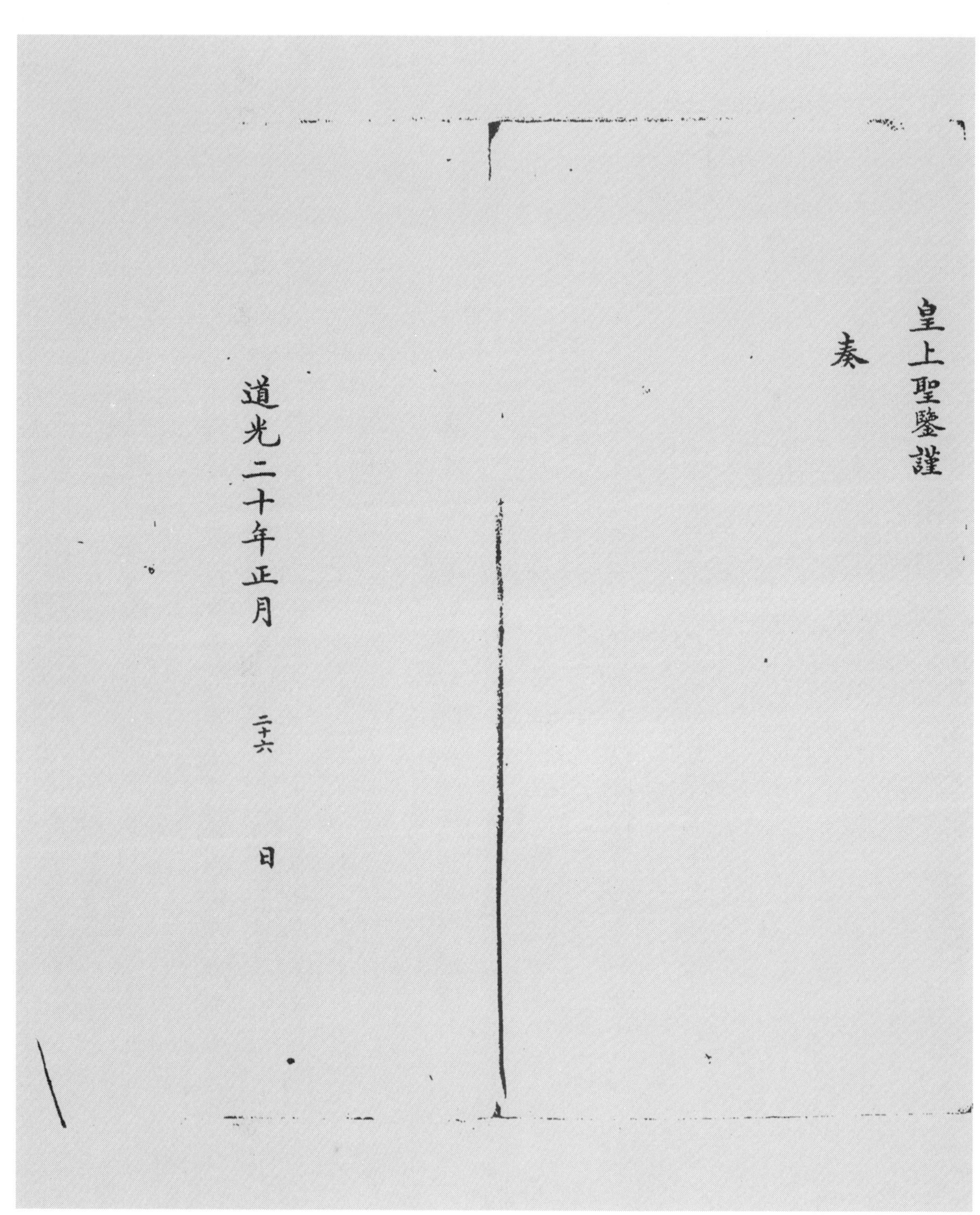

皇上聖鑒謹

奏

道光二十年正月二十六日

兩廣總督林則徐奏摺

領賞福壽字及鹿麅肉謝恩

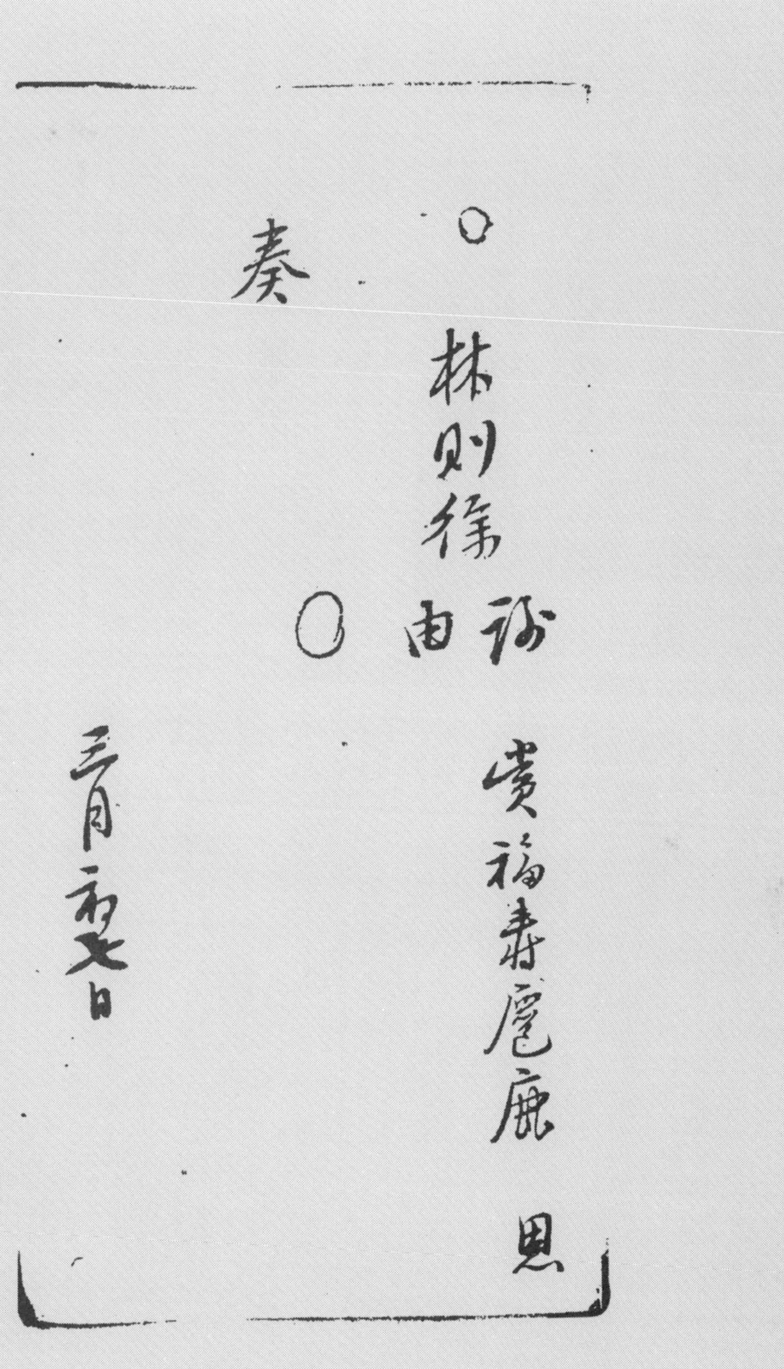
○林則徐謝
賞福壽麅鹿恩
○由
奏

兩廣總督林則徐奏摺　領賞福壽字及鹿麅肉謝恩
道光二十年二月初四日

兩廣總督臣林則徐跪
奏為恭謝
天恩事竊臣齎摺差回捧到
恩賞
御書福字壽字各一方鹿肉麅肉全分當即恭設香
案望
闕叩頭祇領欽惟我
皇上福祚延祺
壽釐錫羨
熙臺育物
鳴麻普被于芸生
慶榜羅英鹿稚齊賡于芊野乃使由庚之紀歲皆

孳子以綏皇
醲恩遙逮夫資始
寵賚頻叨夫
宸極捧
天題而加渥彩溢金壺欣地產之增饒甘分
玉食臣量移嶺海新拜
書綸勉慮
殿墀時榮蟻悃沐
隆施之愈遍極怀薄植以孫慚長欽祝協
三多合儀鳳遊麟而表瑞倍仰
盛宣重譯遠貢獒獻雜以輶識所有微臣感激下
忱謹繕摺叩謝

兩廣總督林則徐奏摺　領賞福壽字及鹿麋肉謝恩
道光二十年二月初四日

天恩伏祈
皇上聖鑒謹
奏
道光二十年三月初七日奉
硃批願卿福壽日增永爲國家宣力也欽此
二月初四日

林則徐片

再本年正月十七日准兵部咨開欽奉

上諭現在記名應用陸路總兵人員內頗少着各直

督撫提鎮於所屬副將內遴選曉暢營務諳練

營伍者保奏數員送部引見候朕記名以備

簡用欽此伏查臣係兵部尚書銜

命來粵雖閱一年而本年

旨調補兩廣總督到任兩省陸路副將尚須

逐一細加察看不敢輕率遽行列保合無

仰懇

天恩寬限細加選擇俟一年後有堪保

之員再行出具考語據實保

兩廣總督林則徐奏片　請展限保奏陸路總兵
道光二十年二月初四日

奏理合附片奏
聞伏乞
聖鑒謹
奏

道光二十年二月初七日奉
硃批依議欽此

兩廣總督　二月四日

兩廣總督林則徐奏摺　廣西試用同知鄭繼祖係臣妻胞侄應照例迴避改發補用

林則徐

廣西試用同知鄭繼祖應照例

迴避由

奏

交○

二月初七日

兩廣總督林則徐奏摺　廣西試用同知鄭繼祖係臣妻胞侄應照例迴避改發補用　道光二十年二月初四日

兩廣總督臣林則徐跪

奏為廣西省試用同知應行照例迴避恭摺奏

聞仰祈

聖鑒事竊查定例外省官員有関係刑名錢穀考核糾參者若外姻親屬妻之兄弟胞姪令官小者迴避總督有兼轄兩三省者其應行迴避另補之員本省雖無可調之缺總督所轄之鄰省亦准酌量改調又試用未經題咨得缺人員或已得缺未經實授者遇有迴避亦一体以鄰省改發試用等因茲臣調任兩廣總督統轄廣東廣西兩省查有廣西試用同知鄭繼祖籍隸福建閩縣由監生遵酌增例捐納同知分發廣西試用經據臣署

能否同前督臣鄧廷楨于試用期滿時察看
該員特亦肯出力
奏准留省補用查該員係臣妻之胞姪例應迴避除
移咨廣西撫臣梁章鉅並行司轉飭該員聽候
部覆飭遵外相應據實
奏明請
旨敕部將廣西試用同知鄭繼祖照例于臣所轄鄰省
另行掣籤改發補用謹循例繕摺具
奏伏乞
皇上聖鑒敕部議覆施行謹
奏
道光二十年三月初七日奉

兩廣總督林則徐奏摺　廣西試用同知鄭繼祖係臣妻胞侄應照例迴避改發補用

道光二十年二月初四日

硃批吏部議奏欽此

二月初四日

兩廣總督林則徐等奏摺　廣東各屬道光十九年秋冬二季續獲人犯數目

奏

林則徐等　拏獲盜犯多名由

9

三月初七日

兩廣總督林則徐等奏摺　廣東各屬道光十九年秋冬二季續獲人犯數目

道光二十年二月初四日

兩廣總督臣林則徐跪
廣東巡撫臣怡良
奏為廣東各屬續經拿獲匪犯名數恭摺具
奏仰祈
聖鑒事竊照上年七月內前督臣鄧廷楨會同臣怡
良將各屬文武先後拿獲續獲匪犯黃亞慈
等八百五十六名恭摺具
奏奉
硃批所辦好欽此維時臣怡良暨前督臣鄧廷楨
復經諄飭各屬文武或專派弁員加意嚴密
偵緝併咨會水陸提臣及嚴檄責成該管鎮道
實力督率毋許稍涉鬆勁茲計自上年七月具
奏後起截至十二月底止除所獲鴉片煙匪業
已另案

兩廣總督林則徐等奏摺　廣東各屬道光十九年秋冬二季續獲人犯數目　道光二十年二月初四日

廣省並無案命犯不計外續獲廣州府屬之南海
縣拿獲犯鄧亞超等四十名番禺縣拿獲
犯何亞錫等七十九名東莞縣拿獲犯羅亞
四等二十七名順德縣拿獲犯廖亞耀等六十九
名新會縣拿獲犯李樹志等六十二名香山縣
拿獲犯文業亞弟等六十九名三水增城新安新
寧清遠花縣龍門從化各縣暨佛岡廳拿獲
犯張亞燦等四十九名韶州府屬之曲江縣拿獲犯
楊石保等七十名樂昌仁化翁源英德各縣
拿獲犯周牛即周六壽等六十六名惠州府屬
之歸善縣拿獲犯黃亞閏等一百六十三名博
羅河源陸豐永安各縣拿獲犯李三古等
六十八名潮州府屬之海陽潮陽揭陽饒平澄
海普寧各縣拿獲豐順南澳陸豐等拿獲犯葉萬茂

原共六十九名肇慶府屬之高要新興鶴山高
明開平四會德慶封川開建各州縣拏獲犯
陳亞成等六十名高州府屬之茂名信宜電
白石城各縣拏獲犯陳亞廿等二十名雷州府屬
之遂溪海康各縣拏獲犯文亞二等三名廉
州府屬之合浦靈山各縣拏獲犯梁亞四等八
名連州屬之陽山縣拏獲犯姚字三等十四名
南雄州本屬及始興各州縣拏獲犯煥四等
二十二名嘉應州本屬及平遠鎮平長樂各州
縣拏獲犯葉亞添等八名羅定州本屬及西
寧各州縣拏獲犯黃亞駒等二名連山綏猺
廳拏獲犯鄧拘等十名共拏獲犯九百八十三
名陸續招解經臣 怡良暨前督臣鄧廷楨
親審研鞫或係割擄勒富擄贖誘拐或係

窩打架並賣娼暨以及結拜弟兄賭博搶竊並軍
流徒脫逃之犯內情罪重大各犯已飭趕緊研訊
確情由司核解審擬分別
奏題及咨部辦理其情節較輕止應枷杖擬禁
人犯即令地方官從速訊詳著落完結　臣
林則徐到任以後經檢查檔卷內分別已未
破各盜案開單飭屬嚴緝並即從前業已
獲犯逸出兼獲盜首而案內尚有逸犯亦嚴責令
按名嚴拿獲不許地方文武視為具文仍令置備印
簿以後將所獲各犯隨時登記現在陸續拘獲
之犯隨時解司審辦統俟數目除歸入每年彙
案分
奏外所有上年秋冬二季先後拏獲續獲匪犯多名
及現飭嚴加拿辦緣由　臣　等謹合詞恭摺具

奏伏乞

皇上聖鑒謹

奏

道光二十年二月初七日奉

硃批查緝甚好欽此

二月初四日

兩廣總督林則徐等奏摺

燒毀攏近英國商船之奸船並拏獲接濟漢奸

林則徐等 燒燬接濟夷船
匪船並拏獲漢奸
等由
奏
二月初七旨

兩廣總督臣林則徐
廣東巡撫臣怡良　跪

奏為英夷被逐出口之後仍在外洋寄椗遊逛現將攏近夷船各匪船痛加燒燬拏獲接濟漢奸嚴審懲辦使奸夷無所希冀以免覬望售私恭摺

奏祈

聖鑒事竊臣等前奉

諭旨斷絕英咭唎貿易將該國船隻盡行驅逐出口旋經欽遵辦理並列其罪狀宣布各夷復嚴禁他國夷商不許私代英夷帶運貨物即他國貨船出入盤查搜驗亦皆加倍從嚴業經節次

奏蒙

聖鑒在案查英夷貨船自驅出外洋之後節據水

人等查報陸續起椗揚帆駛出老萬山外各洋者
約有十餘隻而觀望留連不肯捨去者尚復不少並有
新從彼國來粵已過萬山始知封港因不准進口祇
在外洋徘徊寄泊者臣等既將該夷乞恩之字嚴
行批駁堅與之絶復令該縣給批字之通事引水
等嚴切傳諭以此次封港係欽奉

大皇帝特頒
諭旨因該夷抗違法度不許在粵通商斷難希圖
影射若不作速回帆設遇風火不測皆爾等自作
之孽悔何追惟該夷貪狡性成帶私者固思
乘間覓售即載貨者亦豈甘心棄地而義律虛
驕素著未肯受此折磨令斷其貿易布其罪狀伊

兩廣總督林則徐等奏摺　燒毀攏近英國商船之奸船並拏獲接濟漢奸
道光二十年二月初四日

既全無顏面勢必別萌詭謀于是海上傳聞謠
言不一有謂唤夷令集多埠兵船同來保護者有
謂來船一二隻滿載礮火將逗遛之貨船盡
於兵船者有謂該夷去秋求准通商已將新烟
載回夷埠令貿易既斷轉無顧忌奸夷載去
別貨仍將鴉片換來設計誘人玩法者臣等竊
思前兩說本係恫喝固不足信而自去年責令
繳烟以後多處海口早已戒備不虞況此時既絕
其通商豈可不防其叵測無論該夷有無兵船
續至即現在之吐噔嘩喻兩船來去度其意
抗之意妄誇礮利船堅多夷舶恃為護符謂可
阻我師之驅逐臣等若令師船整隊而出遠赴外

硃

洋併力嚴驅非不足以操勝算第洪濤巨浪風信
靡常即使將夷船盡數擊沉亦只尋常之事而
師船既經遠涉不能頃刻收回設有一二疏虞
所見甚是
轉為不值仍不如以守為戰以逸待勞之萬無一失
也惟聞一說以為貿易既斷轉無顧忌偷運貨
土烟來如果蓄此奸謀倍當防其流毒蓋粵洋
漁船蛋艇之多幾不可以數計其人貪利亡命無
不遠赴外洋而奸夷加意招徠啗以倍蓰之利即
一蔬一薪亦皆厚給其值並以鴉片烟土兌換使
之兩獲其利愈重財命愈輕故夷船寄椗雖遠而
利
冒險犯法以趨之者聞已衡相環集此又斷其貿
易之後更生一種弊端不可不亟亟剿除者臣等再

因思惟有以奸治奸以毒攻毒即與提臣關天培密
商將平時所養大小火船即雇漁蛋各戶教以如
何駕駛如何點放每船領以一二兵弁餘皆雇用
此等民人以為水勇先赴外洋島嶼分投埋伏候
至夜深各船俱睡熟遂密看風潮皆順即令一齊
放出乘勢火攻將此等環護夷船各匪船隨燒隨
拏許以燒得一船即給一船之賞如能近燒夷船
倍加重賞此臣等籌畫之辦法也茲據關天培函
稱正月二十七日丑刻原任游擊馬辰帶水勇四十名
由東涌上下瀝前進加都司銜之守備盧大鉞帶
水勇頭目盧麟等由屯門前進以都司用之守備
黃琮由后海青山前進把總楊雄超帶水勇四十名

兩廣總督林則徐等奏摺　燒毀攏近英國商船之奸船並拏獲接濟漢奸　道光二十年二月初四日

与千總王居國記委朱鎮邦余吳邦黃文祥區鎮
江分由長沙灣前進將近夷船寄椗之處出其不意
一齊發火復將噴筒火罐乘風拋擲燒去屠牛接
土之大海船一隻買運烟土之艚船一隻大罛小艇一隻
大扒艇一隻蝦笱扒艇三隻裝貨料仔艇一隻賣
果子餸餅之扁艇十五隻又將夷船高頭三板前
後延燒該夷船加駕駛逃開撲救漸熄未經沉毀
又燒燬海中沙灘所搭篷寮六處所有通夷各
奸民除在船燒斃及鳧水脫逃淹斃不計其數
外生擒身穿夷褲腳穿夷鞋之匪犯黃添幅
及擒獲匪犯陳水生喬亞矢林亞長鍾亞受劉
亞五袁亞二巫亞二吳得勝林亞得共十名據

硃

甚好

備弁管解來者審辦等情臣等查此次燒
燬運土及濟夷匪船大小共二十三隻篷寮六處
除燒斃淹斃各犯外生擒十名不惟足懾漢
奸之心亦可以寒夷之膽現將解到各犯嚴審
重辦以示儆戒出力之弁兵水勇由臣等分別擬
獎賚以昭激勸並飭時加查探如夷船尚未遠

硃

極是

颺匪船旋又趨附仍當相度潮信風勢再予會
合焚燒緣奸民貪利忘生懲創不得不重而奸
夷務誘人玩法拒絕亦不得不嚴至別國出入夷
船均遵禁令出具不敢夾帶鴉片並滋具不敢
賠代啖夷運貨切結臣等仍多派妥幹員弁于
各口加倍嚴查總期杜弊清源以仰副

聖主訓諭諄諄之至意所有現辦情形臣等謹會同
水師提督臣關天培粵海關監督臣豫堃合詞恭
摺具
奏伏乞
皇上聖鑒訓示謹
奏

道光二十年三月初七日奉
硃批所辦好另有旨欽此

二月初四日

兩廣總督林則徐等奏片　**諭令葡人驅逐英人出澳並呈譯出英人往來信件**

林則徐等片

再澳門寄居西洋夷人歷三百年之久
貨物自行收稅蓋屋轉賃他夷咦咭唎人
早已垂涎此地自嘉慶十三年間咦夷突佔
澳門礮臺旋經
天朝督兵驅逐經此西夷始有戒心而澳中夷
眾良莠不齊難保不被咦夷勾通煽誘
必使該夷胥明於大義上感
天朝恩澤下服夷眾方寧始可固藩籬而資
捍衛上年咦夷義律於繳清鴉片以後即
首在澳門裝貨之請經臣林則徐嚴切批駁
不許開端伊之詭計不行因而多方違抗七月

間將澳內五千七百英衆全行驅逐出澳若
任其兵船而該夷每以三板駛近澳門潛行窺
探是其處心積慮未嘗一日忘也前既不准
通商尤恐其鋌而走險於澳門水陸
加倍嚴防既經前督臣鄧廷楨
奏請將新附南澳鎮總兵惠昌耀移駐香山
協同經理臣等
奏請將高廉道易中孚駐澳彈壓均蒙
聖慈俞允其水陸官兵陸續派令布置澳內澳
外要隘其足敷籌計已無庸策應惟澳
地之商皆係外海漢奸貨船自經逐出之
後仍將名吐嚧嘩喻兩兵船為之護衛不

負嵎逆夷本年正月初六日同義律暨啞
駕三板船行入澳　臣等接據即飭藩司督
接據道府中營等以西洋夷目稟稱
澳內華夷雜處無從設圍恐致擾
動惡語稍傳自必驅逐等語　臣等諭令
限以日期驅逐淨盡其已烟商𠸄夷在
澳西洋貿易亦即暫停蓋馭夷不外操縱
二端而操縱莫要於貿易而夷性貪常不同
不以此為把握自責令西夷驅逐𠸄夷之效義
律也即出澳而尚有𠸄夷嚤喱唯咀二名逗
烟未去　臣等又將西夷貿易示諭暫停候
𠸄夷全逐出澳仍即照常通市得由洋夷

兩廣總督林則徐等奏片　諭令葡人驅逐英人出澳並呈譯出英人往來信件

道光二十年二月初四日

今在澳內者
天朝聲威可怕，而其出洋之兵一至夷界則畏
暎夷之強弱，以瞻前情形，難免。臣等查
其實因暎夷停其澳中貿易，則西夷
有詞可諉，而暎夷遂無地可容，迨其遠
去，而貿易復開，何至損西夷生計？但係
駕馭權宜之術，不能明宣，惟有據實密
陳，仰乞
聖垂鑒。至現准軍機大臣字寄，欽奉
諭旨：據奏西洋額英語封關禁海，又另片奏澳夷
與互市並以限制英夷，實心妥議具奏，等因。欽此。
寄。臣等與水陸兩提臣暨粵海關監督

備細熟商總期計出萬全雖前籌覈定
議另行會摺具
奏再現值防夷喫緊之際尤須時常探訪
夷情知其虛實以定控制之方茲
臣等訪獲英夷與西洋往來書信六封
密令諳曉夷字之人譯出漢文另錄清
摺恭呈
御覽謹
奏
道光二十年三月初五日奉
硃批所奏計議頗出萬全欽此

兩廣總督 二月四日

兩廣總督林則徐清單　**恭呈義律與澳門西洋兵頭近日往來密信**

鈔錄夷信

兩廣總督林則徐清單　恭呈義律與澳門西洋兵頭近日往來密信

道光二十年二月初四日

謹將訪獲暎夷義律吐嘧與澳門西洋兵頭近
日往來密信六封譯出漢文鈔録清摺恭呈
御覽
暎咭唎領事義律寄澳門西洋兵頭信
義律寄信與西洋兵頭敦阿特厘阿加西呵打
西爾威拉賓多現在暎咭唎在中國貿易首領
事為
欽差及省中官府所行强霸之事我今以暎咭唎國
家之名懇請求准將暎人存下貨物運至澳門
囤貯棧房依澳門章程納税今我所求之事並
非立意欲破中國人所定之章程將暎國貨物
在澳門出賣與中國人不過立意欲將暎國之

貨物放於平安之地步使各空船可以開身我令不必多言惟望爾貴人施仁厚之德與咲咭唎之人我甚感激不淺至我時常思想欲將澳門變爲長久大利益之處我等思想之事時候已至欲將貨物交澳門代理發賣其權係在爾貴人手上以我想來此事亦並未破中國人所立之章程今我求爾貴人熟思此事

一千八百四十年正月初一日在澳門洋面寓拉疑兵船上首領事義律印此外夷本年正月初一日乃是內地上年十一月二十七日理合聲明

西洋兵頭回信

西洋兵頭回覆管理咲咭唎在中國貿易首領

事貴人義律之前明鑒澳門兵頭等接得正月初一付來之信欲將嘆咭唎船上之貨物搬到澳門不過欲將各貨放於平安地步使各空船可以回國覲此信中之事我見得自己不能有如此大權回答此件大緊要之事兼以須依管理澳門地方之法律我亦無如此大權可能定奪此事故我即將首領事之信知會此處之西䋚底大家商議我等心中雖欲應承惟因中國官府禁止我等不准與首領事有來往我等雖欲將就首領事惟因例禁不能如我等所願故不得已推辭首領事所請現在我等並不為所失不能在澳做中國與外國貿易之利益而憂

愁乃為不能遵首領事請帶貨物到澳囤積之事而憂愁現在我亦不必多寫書信解明因何不依首領事所請帶貨到澳門囤貯之事蓋首領事曾在澳門居住數年諒已知道在澳西洋人與中國官府之交情尚望忠厚之嘆咭唎國王保護澳門以免我等受從來所未受過之艱難危險今我等已定奪不能如首領事所請故特寫此回信與首領事求首領事明鑒體察

一千八百四十年正月十六日在澳門敦阿特厘阿加西呵打西爾威拉賓多印此外夷本年正月十六日乃是內地上年十二月十二日理合聲明

嘆咭唎夷官吐嗡致西洋兵頭信

寫拉疑兵船船主吐嗞寄信與西洋兵頭敦阿
特厘阿加西呵打西爾威拉賓多我現在實不
隱瞞爾貴人因為中國官府出如此嚴重之告
示粘在澳門牆上其中言語唉咭唎住澳之人
讀之盡皆驚惶爾貴人亦知道保護唉咭唎人
之性命乃係我之專責目下之事乃關乎我之
重任欲遣一隻兵船進至澳門港口不獨為保
護在澳居住之唉咭唎人亦可以守着澳門以
為有事時退步之計而兵船進澳門併無打仗
之意我甚願意爾貴人不必理我等與中國之
事如此我亦十分恭敬爾貴人
一千八百四十年二月初四日在澳門洋面寫

拉疑兵船上吐[口齒]印此 外夷人二月初四日
乃是内地正月初二

日理合
聲明

西洋兵頭回信

接爾貴人來信云要遣兵船一隻進澳門港口之事似是與我等國中對敵蓋兵船進口乃歷來禁止之事即爾貴人之國家亦未必令爾攻敵我等之道理當水師官特魯里時亦併未有帶兵船進澳門港口之事今爾貴人之非我特講明如果欲遣兵船到澳門港口乃是不公義之事現在爾貴人所行之事與爾貴人去年所見甚是不同爾貴人若如此言行相違我必將爾貴人之事聲明與暎國及我等國家知道矣

伏望上天保護於爾貴人

一千八百四十年二月初四日在澳門敎阿特

厘阿加西呵打西爾威拉賓多印此

吐嗒又寄西洋兵頭信

我今對爾說知爾於本日付來之信我已經收

到今復有信與爾貴人現在唉咭唎人要在西

洋旗下居住爾肯保護否抑或爾竟任唉咭唎

各人如前六箇月被人苦磨不肯保護耶如果

貴是不能保護唉咭唎人須要唉咭唎人離去

澳門爾貴人據實說明我亦立將兵船撤去離

此處澳門港口并即將爾所說之話知會我本

國之人

一千八百四十年二月初四日在窩拉疑兵船
上吐嗐印此
西洋兵頭回信
本日内附来問我之信緣我乃係我等國王命来代理此處事情之人我今明回答與爾此處地方與我等國王所管之别處地方不同管别處地方可以給别國人居住若此處給别國人居住此處地方之居民即不得安静及受驚嚇之事斷斷不能難道現在唊咭唎人到船居住豈即有各樣擾害乎豈必須到此處居住以為保護乎前時唊咭唎人在澳門居住我亦曾一體保護此乃實在事情人所共知管理在中國

之唊咭唎貿易首領事曾讚揚於我即爾自己
亦曾稱揚於我惟現在此處之事情已比從前
不同中國人一封禁伙食所有各樣貿易事務
皆已敗壞矣爾亦知道我等國家與中國相交
之章程律例除却破壞船隻到來修理之外從
未有何等船隻進至澳門港口我今以我等國
家之名請爾出令吩咐海阿新兵船離去此處
港口俾我可盡心保護我國家之人民在此地
方得以平安唊咭唎人不要想我留他們在此
處居住我亦必守與中國人所定之章程定不
肯違背之只是中國與唊國兩邊之事我皆不
理如在爾之第一封信内所説一樣在爾不過

係為爾自己所受之重任故行如此冒失之事以違犯我等之法律在此等行為豈得謂之好道理此封信乃我在議事亭與西孥底等會議時所寫在爾只是指出暎咭唎人不在澳門居住之難處並不思及西洋五千人為暎咭唎人朋友之情亦受重累自首領事回到此處之後所有之貿易皆要停止所有之稅餉為西洋兵丁之費以為保暎咭唎人平日之平安爾亦當思念及之爾若不念我對爾說之事我即將近來九箇月內所有之事宣布與通天下知道求各國依公義判斷我又對爾說知爾所行之事不獨犯我國法律乃亦有犯於暎咭唎國家之

法律伏望上天保祐於爾
一千八百四十年二月初四日在議事亭内敍
阿特厘阿加西呵打西爾威拉賓多印此

覽

上諭　著將林則徐等保奏籌辦洋務出力員弁分別獎勵

道光二十年二月初十日内閣奉
上諭林則徐等奏查明籌辦夷務出力員弁遵旨保
舉並開單呈覽一摺廣東南雄直隸州知州余保
純著遇有不論何項知府缺出即行奏補仍交部
從優議敘廣州府知府珠爾杭阿佛岡同知劉開
域臨高縣知縣蔣立昂南海縣知縣劉師陸番禺
縣知縣張錫蕃新安縣知縣梁星源樂昌縣知縣
吳思樹均著交部從優議敘候補通判李敦業著
免補本班以同知升用龔耿光著補缺後以知州
升用試用知縣壽祺方玉達殷作梅陳裕垂均著
交部從優議敘廣州府經歷彭邦晦著以知縣補
用候補縣丞張起鵾著以縣丞即補候補州判丁

曰生候補府經歷縣丞羅江候補府經歷朱甸霖
均著於補缺後以應升之缺升用五斗司巡檢殷
輔著賞加州同銜樂會縣典史徐守和著以縣丞
補用候補從九品姚恭訓著補缺後以縣丞補用
候補鹽知事陳峻著補缺後以場大使補用候補
縣丞李錫綬候補從九品鈕兆祺王貽槐明兆台
均著儘先補用水師提標左營遊擊麥廷章著賞
戴花翎加叅將銜候補守備何芳著賞戴花翎遇
缺即補提標後營額外衛佐邦著賞戴藍翎以千
總升用增城營叅將陳連陞著以副將升用肇慶
水師叅將張斌著賞戴花翎香山協都司洪名香
著以遊擊升用新會營守備伍通標著以都司升

用督標千總黄者華把總張九經撫標把總劉文鳳均著賞戴藍翎未入流關東著以外海水師把總跤補書吏李裕昌著以從九品歸部儘先選用何丙勳著扣滿年限以從九品歸部儘先選用該部知道單併發欽此

上諭　著准林則徐等奏彭鳳池馬辰差遣得力以知縣都司補用

道光二十年二月初十日内閣奉
上諭林則徐等奏差遣各員得力懇請恩施等語湖
北漢陽縣縣丞彭鳳池已革湖南撫標右營遊擊
馬辰前經降旨交林則徐差遣委用茲據該督等
奏稱該二員不辭勞瘁隨時差遣得力彭鳳池著
發回原省以知縣遇缺即補馬辰著准其以都司
補用歸部即選以示鼓勵該部知道欽此

上諭 林則徐等所奏廣東布政使熊常錞患病著賞假兩個月

道光二十年二月十一日內閣奉

上諭林則徐等奏藩司患病請假一摺熊常錞著賞假兩個月欽此

兩廣總督林則徐題本　奏銷兩廣各屬督銷道光十八年份鹽引全完數目

道光二十年二月十六日

兩廣總督林則徐題本　奏銷兩廣各屬督銷道光十八年份鹽引全完數目

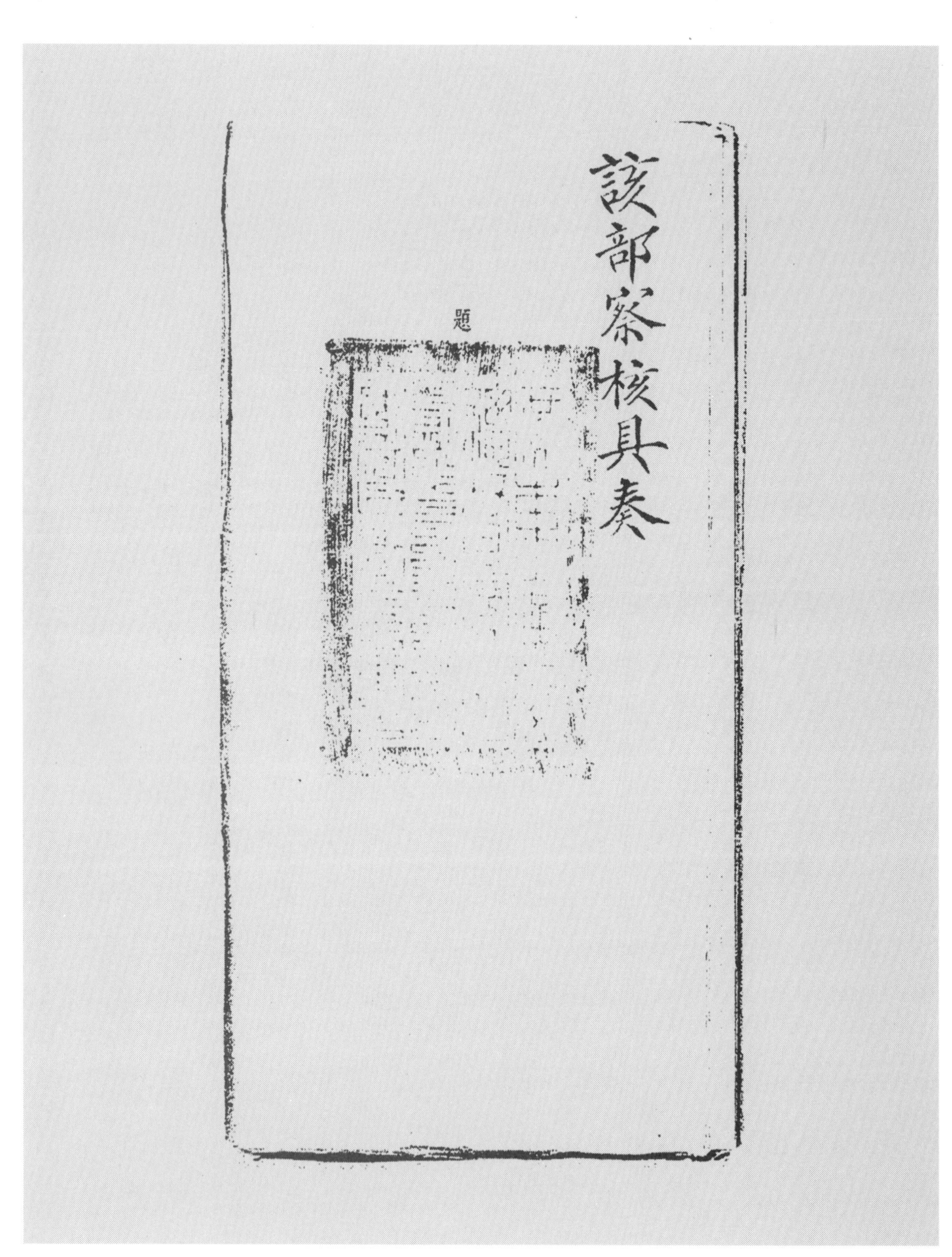
該部察核具奏
題

兵部尚書兼都察院右都御史總督廣東廣西等處地方軍務兼理糧餉臣林則徐謹
題爲更定鹽法考成
奏銷之例以示畫一之規事據署兩廣鹽運使王
篤詳稱竊照粵東鹽引先奉
奏准統歸次年歲底奏銷又酌定經管督銷各官
年月核算考成按年造册
題報又省河鹽務
奏准分設陸櫃運銷將各運商認銷之分數於年
終核計以定各地方官督銷考成又潮橋各埠
應銷嘉慶貳拾肆年分鹽引先因懸引積欠如
限清完正引未能同時並銷業奉
奏准展俟貳拾叁年分正引帶完之後自道光陸

年秋季起分作陸年接續帶銷每限應帶銷鹽
引叁萬肆千貳百貳拾陸道叁分肆釐已將初
貳叁肆限應銷鹽引按年清完照案隨同省河
奏銷當年餉引另冊詳請
題銷尚有伍陸兩限未完鹽引又値道光拾叁年
清釐潮橋疲懸引程積欠纍纍聚難勒限帶銷
復奉
奏准展俟積欠雜款暫停伍年再行分限完清後
接續按限帶銷隨奉部行應自道光貳拾柒年
起仰將潮橋嘉慶貳拾肆年伍陸兩限幾徵餉
引仍分兩年帶銷又潮橋各埠應輸道光叁年
分冬餉及肆年分秋餉亦奉

奏准照案仍展俟嘉慶貳拾肆年分餉引帶徵全
完後分作伍年接徵又潮橋各埠應徵道光拾
肆年分引餉因商力微薄懸埠甚多積引滯銷
於甫經辦竣拾叁年分引餉若以全年額餉責
令完足伍個月之間期限迫促商辦埠銷均有
未逮又經詳奏
奏准寬限展至道光拾柒年叁月造冊奏銷以後
每年趲早壹月計至道光叁拾壹年復歸原限
年底奏銷又省河各埠道光拾陸年分鹽引應
於道光拾柒年拾貳月年底奏銷緣是年夏秋
雨多水漲倉鹽被淹兼之東西兩場圍埝沖塌
產鹽短絀配運不繼籌辦課餉力有未逮詳奏

奏准展至道光拾捌年叁月底奏銷此後遞年遷
早壹月至道光貳拾年年底復歸原限奏銷飭
行遵照在案除潮橋各埠緩徵嘉慶貳拾肆年
分伍陸兩限引餉及接徵道光叁年冬肆年秋
潮橋引餉奉准另行分限現未屆限應俟屆限
另冊詳
題外所有省河各埠道光拾捌年分引餉應自道
光拾捌年拾貳月初壹日起至拾玖年拾月底
止爲壹年今道光拾玖年額銷道光拾捌年分
省河各埠鹽引各屬督銷全完數目造冊完成
該署兩廣鹽運使王篤查看得道光拾捌年分
廣東廣西及湖南郴州桂陽州江西南安府額

州府寧都州福建汀州府貴州黎平古州各府
州縣原額銷鹽引陸拾萬伍千捌拾叁道捌分
陸釐零又餘鹽改引壹拾柒萬陸千陸百玖拾
伍道又廣西省羨餘增引叁萬貳千柒百叁拾
貳道通共引捌拾壹萬肆千伍百壹拾道捌分
陸釐零內除潮州運同所屬各埠額銷鹽引貳
拾萬伍千叁百伍拾捌道捌釐零業奉
奏准展限遵照趲限應於道光貳拾年拾壹月造
冊奏銷俟屆限另冊造報外尚有省河各埠額
銷引陸拾萬玖千壹百伍拾貳道柒分柒釐零
已據各屬照數督銷全完合將各州縣全完數
目造冊具請

題

報再照道光拾捌年分省河鹽引業奉咨明以
道光拾捌年拾貳月初壹日起至拾玖年拾月
底止爲壹年按照實在督銷各官核算考成造
報至江西湖南貴州各省州縣督銷職名係應
繳到冊籍開造繳冊之後各州縣有無陞轉等
項無憑確查又各準勻撥引目已於各州縣督
銷鹽引項下分晰開造合併聲明等由造冊到
臣該臣看得粵東鹽引經前督臣李侍堯

奏明統歸年底奏報酌定經管督銷各官年月核
算考成又省河鹽務改埠爲綱經前督臣福康
安酌定章程

奏准分設陸櫃運銷將各運商認銷之分數於年

終核計以定各地方官督銷考成又潮橋各埠
應銷嘉慶貳拾肆年鹽引因懸引積欠扣限清
完正引未能同時併銷經前督臣阮元
奏准展俟嘉慶貳拾叁年正引帶完後自道光陸
年秋季起分作陸年核銷已將初貳叁肆限應
銷鹽引按年清完照案隨同省河奏銷當年餉
引另冊
題銷尚有伍陸兩限未完鹽引又值道光拾叁年
清釐潮橋疲懸引程積欠纍纍難勒限帶銷
經前督臣盧坤
奏准展俟積欠雜款暫停伍年再行分限完清後
接續核限帶銷奉准部行自道光貳拾柒年起

即將潮橋嘉慶貳拾肆年伍陸兩限緩徵餉引
仍分兩年帶銷又潮橋各埠應輸道光叁年分
冬餉及肆年分秋餉亦經前督臣盧坤
奏准照案仍展俟嘉慶貳拾肆年分餉引帶徵全
完後分作伍年接徵又潮橋各埠應銷道光拾
肆年分引餉因商力微薄懸埠甚多積引滯銷
於甫經辦竣拾叁年分引餉若以全年額餉責
令完足伍個月之間期限迫促商辦埠銷均有
未逮又經前督臣鄧廷楨
奏准寬限展至道光拾柒年叁月造冊奏銷以後
每年趲早壹月計至道光叁拾壹年復歸原限
年底奏銷又省河各埠道光拾陸年分鹽引應

於拾柒年拾貳月年底奏銷緣是年夏秋用多
水漲倉鹽被淹兼之東西兩場圍壆沖塌產鹽
短絀配運不繼籌辦課餉力有未逮亦經前督
臣鄧廷楨
奏准展至道光拾捌年叁月底奏銷此後遞年趲
早壹月至道光貳拾年年底復歸原限奏銷飭
行遵照在案除潮橋各埠彂徵嘉慶貳拾肆年
分伍陸兩限引餉及接徵道光叁年冬肆年秋
潮橋引餉奉准另行分限現未屆限俟屆限另
冊造報外今
奏銷道光拾捌年分鹽引據署兩廣鹽運使王篤
詳稱各府州縣原額銷鹽引陸拾萬伍千捌拾

叁道捌分陸釐零又餘鹽改引壹拾柒萬陸千
陸百玖拾伍道又廣西省羨餘增引叁萬貳千
柒百叁拾貳道通共引捌拾壹萬肆千伍百壹
拾道捌分陸釐零內除潮州運同所屬各埠額
銷鹽引貳拾萬伍千叁百伍拾捌道捌釐零亦
應遵照趕限俟屆限另冊造報外尚有省河各
埠額銷引陸拾萬玖千壹百伍拾貳道柒分柒
釐零已據各屬照數督銷全完合將各州縣全
完數目造冊詳請
題報再照道光拾捌年分省河鹽引奉准展至道
光貳拾年正月底奏銷所有各官督銷考成業
已咨明內部以道光拾捌年拾貳月初壹日起

至拾玖年拾月底止為壹年核照實在督銷各
官核算考成造報至江西湖南貴州各省州縣
督銷職名係據繳到冊籍開造繳冊之後各州
縣有無陞轉等項無憑確查又各埠匀撥引目
已於各州縣督銷鹽引項下分晰開造合併聲
明等由前來臣覆核無異除冊送部查核外臣
謹具
題伏乞
皇上聖鑒敕部議覆施行謹
題請
旨

兩廣總督林則徐題本　奏銷兩廣各屬督銷道光十八年份鹽引全完數目

道光二十年二月十六日

道光貳拾年貳月拾陸日兵部尚書兼都察院右都御史總督廣東廣西等處地方軍務兼理糧餉臣林則徐

兵部尚書兼都察院右都御史總督廣東廣西等處地方軍務兼理糧餉臣林則徐謹
題爲更定鹽法考成等事。該臣看得粵東鹽引統
歸年底奏報，酌定經管督銷各官年月核算考
成。又省河鹽務分設陸櫃運銷，將各運商認銷
之分數定各地方官督銷考成。又潮橋各埠應
銷嘉慶貳拾肆年鹽引，因懸引積欠，如限清完
正引未能同時併銷，經前督臣阮元
奏准展俟貳拾叁年正引帶完後，自道光陸年秋
季起分作陸年帶銷，已將初貳叁肆限應銷鹽
引隨同省河奏銷當年餉引另冊
題銷，尚有伍陸兩限未完鹽引。又值道光拾叁年
清釐潮橋疲懸引程，積欠纍纍，驟難勒限帶銷，
經前督臣盧坤
奏准展俟積欠雜款暫停伍年，再行分限完清後
接續按限帶銷，奉准部行，自道光貳拾柒年起
即將潮橋嘉慶貳拾肆年伍陸兩限緩徵餉引

仍分兩年帶銷又潮橋各埠應輪道光叁年分
冬餉及肆年分秋餉亦經前督臣盧坤
奏准照案展俟嘉慶貳拾肆年引餉帶徵全完後
仍分伍年接徵又潮橋各埠應銷道光拾肆年
分引餉因商力微薄期限迫促商辦埠銷均有
未逮又經前督臣鄧廷楨
奏准寬限展至道光拾柒年叁月造冊奏銷以後
每年趲早壹月復歸原限奏銷又省河各埠道
光拾陸年分鹽引應於拾柒年拾貳月年底奏
銷緣是年夏秋雨多水漲倉鹽被淹場學沖塌
產鹽短絀配運不繼籌辦課餉力有未逮亦經
前督臣鄧廷楨
奏准展至道光拾捌年叁月底奏銷此後遞年趲
早壹月至道光貳拾年年底復歸原限奏銷飭
行遵照在案除潮橋各埠嘉慶貳拾肆年秋
分伍陸兩限引餉及接徵道光叁年冬肆年秋
潮橋引餉奉准另行分限現未屆限俟屆限另
冊造報外今
奏銷道光拾捌年分鹽引據署兩廣鹽運使王篤
詳稱各府州縣原額銷鹽引陸拾萬伍千捌拾
叁道捌分陸釐零又餘鹽改引壹拾柒萬陸千
陸百玖拾伍道又廣西省羨餘增引叁萬貳千
柒百叁拾貳道通共引捌拾壹萬肆千伍百壹
拾道捌分陸釐零內除潮州運同所屬各埠額
銷鹽引貳拾萬伍千叁百伍拾捌道捌釐零亦
應遵照趲限俟屆限另冊造報外尚有省河各
埠額銷引陸拾萬玖千壹百伍拾貳道柒分柒
釐零已據各屬照數督銷全完詳請
題報等由前來臣覆核無異除冊送部查核外臣
謹
題請
旨

上諭　著准林則徐等保舉余保純遇有廣東應選知府缺出准其補用

道光二十年二月十九日奉

旨前據林則徐等保舉廣東南雄直隸州知州余保純當經降旨遇有不論何項知府缺出即行奏補兹據吏部奏稱請旨之缺例不准由外請補余保純著遇有廣東省應選知府無論各項缺出准其補用所有該省請旨七缺概不准其奏補以符定例欽此

圖書在版編目（CIP）數據

清宫林則徐檔案匯編.22/中國第一歷史檔案館　福建省林則徐研究會　編.—福州：海峽文藝出版社，2020.3

ISBN 978-7-5550-2129-2

Ⅰ.①清…　Ⅱ.①中…②福…　Ⅲ.①林則徐（1785~1850）—檔案資料—匯編　Ⅳ.①K827=52

中國版本圖書館CIP數據核字（2019）第265463號

清宫林則徐檔案匯編　22

中國第一歷史檔案館　福建省林則徐研究會　編

責任編輯　陳　婧
美術編輯　劉小岳
出版發行　海峽文藝出版社
經　　銷　福建新華發行(集團)有限責任公司
社　　址　福州市東水路76號14層　　**郵編**　350001
發 行 部　0591-87536797
印　　刷　福建新華印刷有限責任公司　　**郵編**　350011
廠　　址　福州市福新中路42號
開　　本　889毫米×1194毫米　1/16
字　　數　733千字
印　　張　33.5
版　　次　2020年3月第1版
印　　次　2020年3月第1次印刷
書　　號　ISBN 978-7-5550-2129-2
定　　價　300.00元